JN441053

로 컬 이 답 이 다

로컬 프로젝트
러닝 Vol.01

로컬이 답이다

로컬 프로젝트 러닝 Vol.01

박상희·오준현 지음

경희대학교 출판문화원

프롤로그

지역은 대학이 되고 대학은 지역이 되다

이 책은 로컬콘텐츠 중점대학 사업 3년 차와 1년 차인 두 대학이 함께, 대학과 지역이 어떻게 서로 배우고 함께 살아갈 수 있는지를 실천적 데이터와 서사로 엮어낸 공동의 기록이다. 제목이 말하듯 우리의 기본 가정은 분명하다. 답은 로컬에 있고, 그 답에 다가가는 가장 효과적인 방식은 프로젝트 러닝이다.

이미 세상은 넘쳐나는 콘텐츠로 가득하고 인공지능은 인류가 축적한 지식을 하루 만에도 새롭게 갱신할 수 있는 시대에, 대학은 지식을 전달하는 데 머무는 티칭에서 벗어나 배움의 장면을 설계하고 동반하는 코칭으로 전환해야 한다. 교수자는 교과와 비교과, 지역의 과제와 이해관계자를 한 자리에 맞물리게 하는 새로운 판을 짜고, 안전 장치를 갖춘 프로젝트를 설계해 학생이 현장에서 부딪히며 배우도록 돕는 안내자가 되어야 한다. 학생은 과제를 수행하는 학습자이면서 동시에 도시의 시민으로 참여해 자신의 작업을 공공의 언어로 설명하고 다음 시도를 스스로 설계할 수 있어야 한다.

평가는 결과물의 완성도만이 아니라 과정을 어떻게 기록했는지, 어떤 근거로 판단하고 수정했는지, 그 경험이 다음 단계로 어떻게 이어지는지에 주목하며, 우리는 이러한 전환을 하나의 선언이 아니라 운영 가능한 문법으로 만들기 위해 사례와 도구, 데이터와 기록을 차곡차곡 쌓아 왔다. 이 책은 그 변화의 설계도이자, 실천이 쌓여 이론이 되는 과정을 증명하는 보고서다.

우리가 출발선에서 마주한 것은 '네 가지 사막'이다. 공간 사막 Spatial Desert 은 지리적 · 제도적 접근성의 불평등이 학습 선택지를 축소시키는 현실을 뜻한다. 사유의 사막 Thinking Desert 은 문제정의와 가설설계, 예측 불가능성에 대응하는 회복탄력성의 고갈을 가리킨다. 교수법의 사막 Pedagogical Desert 은 표준화된 수업 설계가 한 가지 정답에만 집중하고, 그 과정에서 협업과 실천을 배제하는 상태를 말한다. 제도의 사막 Policy Desert 은 정책 권한이 중앙에 과도하게 집중되며, 정량 성과 지표가 협력의 과정을 충분히 반영하지 못하는 체계로 인해 대학과 지역 간 지속 가능한 협력이 저해되는 구조적 문제를 말한다. 이 네 사막은 서로 맞물려 인구 감소와 교육 불평등의 악순환을 증폭시킨다는 점에서 오늘의 위기를 '구조적'으로 만든다.

이에 대한 우리의 대답은 *교육 공유지 Educational Commons 를 대학과 지역이 협력하여 구축하는 일*이다. 교육공유지는 단지 '지식을 나누는 공간'이 아니라, 학습을 함께 배우고 만들고 관리하고 다시 쓰게 해주는 공공 기반이다. 수업에서 정한 문제와 시제품은 골목, 시장, 공공시설 같은 현장으로 나가 실제로 시험해 보고, 그때 생긴 데이터와 의견은 다시 강의와 과제에 반영되어 선순환을 만든다. 평가는 결과물의 완성도만 보지 않고, 누구와 어떻게 협력했는지, 책임을 어떻게 나눴는지, 실행 과정이 어땠는지도 함께 살피는 다층적 방식으로 바뀌어야 한다.

공유지를 가동하는 전술로 우리는 디자인 액티비즘과 브랜드 액티비즘을 결합했다. 디자인 액티비즘은 수업을 문제정의, 가설 설계, 현장 검증, 공개 피드백의 선순환으로 재편해 학생을 과제 생성자로 세운다. 브랜드 액티비즘은 그 결과물을 캠페인, 정책, 연례 프로그램으로 연결해 도시의 규범과 제도 속에 배치한다. 이처럼 학습, 정책, 시장, 커뮤니티를 하나의 흐름으로 묶으면, 교육은 단발 프로젝트가 아니라 지역에 축적되는 역량이 된다.

각 장은 이러한 관점을 서로 다른 맥락에서 다룬다.

1년 차 경희대학교는 수원 행궁동을 '살아 있는 학습현장'으로 삼아, 전통시장, 골목, 공방, 주거지에 걸친 현장 실험 거점을 설계하고 로컬콘텐츠 창업을 위한 최소 학위 과정인 마이크로디그리를 통해 콘텐츠 발굴, 브랜드 개발, 공간 창업을 한 흐름으로 엮었다. 이 과정의 실천 브랜드 '다닥다닥Da+R Da+C'은 'Closer Together, Stronger Together'라는 약속 아래, 타운 MICE, 로컬브랜딩, 창업을 결합하는 교육-경제 공동체를 구현한다.

3년 차 서울예술대학교는 MAD ANSAN을 키워드로, 예술대학의 다학제적 창작 역량을 지역 생태로 번역했다. 유휴시설을 전환한 거점 '코스모스Cosmos'를 '학교 담장 밖 캠퍼스'로 운영하며, 시민대학, 팝업 인큐베이팅, 로컬스튜디오를 통해 학습, 실험, 사업화의 환류를 일상화했다. 나아가 지자체, 공기업(LH), 소상공인과의 4자 거버넌스로 주거, 교육, 창작을 통합하는 도시형 모델을 시험하고 있다.

이 사업이 필요한 이유는 분명하다. 첫째, 인구 구조와 산업이 빠르게 바뀌면서, 대학이 가까이 있어도 그 교육이 일과 삶으로 이어지는 실질적인 선택지로 작동하지 못한다. 둘째, 대학의 존재 이유는 '인증 중심 교육 체계'가 아니라 '지역의 공공적 학습 인프라'를 설계 및 운영하는 촉매로 이동하고 있다. 셋째, 로컬의 문제는 단일 학문으로 해결되지 않기에 학제 간 협업과 현장 기반 PBL이 기본값이 되어야 한다. 우리는 바로 이 지점에서 사업을 정책 경쟁이 아닌 지속 가능한 실험과 실천의 체계로 전환할 것을 제안한다.

우리가 이 책을 쓰는 이유는 각 대학의 프로젝트를 단순한 결과

보고가 아니라 선행 사례로서 다른 지역, 다른 대학에서 응용 및 발전시켜 실행할 수 있는 프레임워크로 공유하기 위해서다. 문제 프레이밍, 로컬 아카이브, 디자인 스프린트, 공공 확산, 현장 적용을 선순환으로 묶는 운영 원리, 학생과 주민, 상인과 행정이 함께 설계하는 공진화 방식, 그리고 정량과 정성 지표를 함께 축적하는 방법을 구체적으로 제시한다. 그리고 우리는 성과만 기록하지 않는다. 실패와 보완의 과정을 투명하게 남겨 다음 실행자가 시행착오 비용을 줄이도록 돕는다. 셋째, 무엇을 어떻게 평가할 것인지에 대한 전환을 제안한다. 관계와 책임, 실행을 공정하고 신뢰 가능하게 측정하는 평가 실험을 제시하고 토론을 촉발하고자 한다. 넷째, 3년 차 사업에 접어든 만큼 앞으로 진입할 대학이 더 수월하게 사업을 설계하고, 이미 진입을 시도하는 대학도 이 사업의 취지를 분명히 이해해 탄탄한 사업계획을 세울 수 있도록 실무 지침과 참고 사례를 제공한다.

이 책은 선언문이 아니라 실제로 쓰는 작동 매뉴얼에 가깝다. 독자는 여기에서 교육과 정책, 시장과 커뮤니티를 하나로 묶는 로컬콘텐츠 교수법의 프레임과 체크리스트, 그리고 현장 사례의 데이터와 프로세스 맵을 확인하게 될 것이다. 더불어 '점'의 독창성과 '선'의 연결, '면'의 확산이 어떻게 상권 형성과 교육 공유지의 탄생으로 이어지는지, 두 대학의 서로 다른 맥락을 관통하는 하나의 원리로 체감하게 될 것이다.

마지막으로, 우리의 의지는 네 가지 사막을 지나며, 교육의 오아시스를 만들고자 했다. 교육, 정책, 시장, 커뮤니티를 하나의 흐름으로 연결하는 방식을 설계하고 작동시키고 있다. 이 책이 더 많은 현장에서 바로 활용할 수 있는 실무 지침이 되길 바란다.

더 가까이 연결하고 더 강한 연대를 통해 지역은 대학이 되고, 대학은 지역이 된다. 결국, 교육은 장소를 활용하는 활동이 아니라 장소(지역)를 만드는 실천이다.

2025년 12월

경희대학교 로컬콘텐츠 중점대학 사업단장

박상희

차 례

1년 차

경희대학교

Closer Together, Stronger Together : Da+R Da+C Community *

대학과 지역이 함께 만드는
교육·경제 공동체 실험

* 다닥다닥[Da+R Da+C]은 Design Activism focuses on Rebranding과 Design Activism focuses on Community의 약자로, 지역 활성화를 지향하는 디자인 실천주의 교육 모델이다. 경희대학교 로컬콘텐츠 중점대학이 제안한 이 모델은 발음 그대로 '다닥다닥 붙어 있다'는 의미를 동시에 전달한다. 이는 대학과 지역이 더욱 가까이 밀착하고 강력하게 연대함으로써 교육과 경제가 결합된 지역 공동체의 방향성을 상징한다.

1장
우리는 왜 로컬을 택했는가

니콜라스 힐만은 '교육의 사막Education Desert'이라는 개념을 통해 오늘날 대학이 마주한 현실을 정확히 지적했다. 학생들이 교육의 기회를 얻지 못하는 것은 능력의 문제가 아니라, 단지 그들이 살아가는 '장소' 때문이라는 것이다. 나 역시 지난 25년간 브랜드 전문가로 일하며 이 '사막'의 풍경을 너무도 가까이에서 보아왔다.

처음 15년은 자본주의의 정점에서, 기업과 제품의 브랜드를 다루며 '브랜드 캐피탈리즘Brand Capitalism'의 세계를 살았다. 그러나 2015년부터는 눈을 돌려 국가와 도시, 그리고 로컬이라는 공공의 대상을 브랜딩하기 시작했다. 브랜드가 이윤의 언어에서 시민의 언어로, 시장의 도구에서 사회의 윤리로 이동할 수 있다는 가능성을 경험한 시기였다. 이 과정에서 나는 '브랜드를 만드는 디자이너'를 길러내는 것만으로는 충분하지 않다는 사실을 분명히 보았다. *이제 필요한 것은 사회적 감수성과 책임을 지니고 현장에서 변화를 만들어 내는 실천가를 키우는 일이다.*

한국의 84% 어촌이 소멸 위기에 놓여 있고, 지방 청년들이 도시로 떠나는 현실은 단순한 통계가 아니라 사회의 균열을 보여주는 신호다. 로컬의 위기는 곧 한국의 위기다. 청년이 움직이고 사고의 폭을 넓히지 않는다면, 로컬에도, 한국에도 미래는 없다. 우리가 숭배해 온 '글로벌'과 '첨단기술' 역시 뿌리 없는 나무일 뿐이다. *로컬이라는 토양이 없으면 글로벌은 존재할 수 없고, 적정기술로서 삶에 녹아들지 못한 첨*

단기술은 결국 인간과 동떨어진 허상에 불과하다.

그런 맥락에서 경희대학교 로컬콘텐츠 중점대학은 출발했다. 교육의 접근성이 불균형하고, 정답만을 요구하는 사고, 일방적 전달식 수업, 지표에 집착하는 제도가 대학의 생기를 메마르게 했다. 나는 실천적 브랜드 전문가에서 실천가를 기르는 브랜드 교육자로 전환하며, 이 현실을 네 가지 사막–사유의 사막, 제도의 사막, 공간의 사막, 관계의 사막–으로 보았다. 그리고 이 사막 위에 '배움의 오아시스'를 만들고자 했다. 그것이 곧 장소 만들기 Place–Making 로서의 브랜드 교육이며, 로컬이 답이라는 우리의 신념이자 실천의 시작이다.

1. WHY_네 가지 사막

(1) 공간의 사막 Spatial Desert : 삶과 실천으로 이어지지 못하는 배움의 공간

교육의 사막은 말 그대로 '배움의 길이 말라가는' 상태이다. '교육의 사막'은 니콜라스 힐만 Nicholas W. Hillman 이 지적했듯 대학이 없어서만 생기는 현상이 아니다. 대학이 가까이 있어도 전공의 선택 폭이 좁고, 학생 지원이 부족하고, 지역의 일과 산업 그리고 진로가 서로 엮이지 않으면 배움의 길은 쉽게 메마른다. 물리적 거리는 가깝지만 내가 원하는 교육과 실제로 제공되는 교육 사이의 질적 거리는 멀어지기 쉽다. 이 간극이 쌓이면 '가까이 있는데도 좋은 선택이 아니다'라는 역설이 일상이 된다. 숫자와 보고서로만 알던 문제가 아니다. 지역 어촌의 상인과 청년을 만나고, 빈 점포를 새로 쓰는 프로젝트를 진행하며, 지방 대학의 수업과 지역 일자리 사이에 놓인 단절을 반복해서 확인했다. 배움은 교실에서 분명 시작되지만, 지역의 문제와 사람을 마주하고 실제 일을 해보는 순간에야 비로소 앞으로 나아간다. 나는 그 지점에서 교육의 사막이 어떻게 생겨나는지 보았다. 대학은 가까이에 있는데 학생이 원하는 전공과 경로가 보이지 않고, 지역은 사람이 필요하지만 배움과 연결되지 않으니 기회가 사라진다. 이 간극을 줄이기 위해 우리는 교실의 학습이 생활 현장으로 자연스럽게 이어지고, 현장의 피드백이 다시 교육 과정으로 돌아오는 구조를 설계한다. 그렇게 배움과 장소를 다시 잇는 순간, 교육은 삶이 되고 사막은 오아시스로 바뀐다.

이 경험이 나를 하나의 결론으로 이끌었다. 배움이 장소와 연결될 때 교육은 삶이 된다. 학위나 자격증만으로는 충분하지 않다. 배움이 지역의 문제와 사람, 그리고 실제 일의 흐름 속에서 작동할 때 지식은 움직임이 된다. 그래서 우리는 가까운 곳에서도 세계 수준의 배움이 가능하도록, 교실에서 시작한 학습이 생활 현장으로 이어지고 다시 교육 과정에 반영되는 구조를 설계하고자 한다.

그래서 우리는 지역과 산업이 실제로 요구하는 역량을 묶은 마이크로디그리Microdegree를 설계했다. 교실에서 시작한 학습이 시장과 골목 그리고 공공시설 같은 생활 현장으로 자연스럽게 이어지고, 현장에서 받은 피드백을 다시 커리큘럼에 반영하는 순환을 기본 원리로 삼았다. 아울러 정책 파트너와의 협력을 통해 교실과 현장 그리고 정책이 함께 작동하도록 설계했다. 이렇게 함으로써 '가까이 있지만 좋은 선택이 아니다'라는 역설을 '가까이에서 시작해 넓게 확장되는 배움'으로 바꾸고자 한다.

(2) 사유의 사막Thinking Desert : 문제정의의 힘이 메마른 상태

대학이 가까이 있어도 생각의 토양이 메말라 있으면 배움은 움직이지 않는다. 듀이John Dewey는 『하우 위 싱크How We Think』(1910)에서 반성적 사고Reflective Thinking의 다섯 단계[1]를 제시하고, 『논리: 탐구의 이론Logic: The Theory of Inquiry』(1938)에서는 탐구를 불확정한 상황Indeterminate

Situation을 결정적인 상태로 바꾸는 통제된 전환으로 정의했다. 그러나 관리와 계획 중심의 학교 경험에 익숙해지면, 스스로 문제를 정의하고 불확실성에 대응하는 힘이 약해지기 쉽다. 배움은 남이 정한 정답을 찾는 일이 되고, 사유의 근육은 점점 쓰이지 않는다.

이런 환경에서는 새로운 맥락을 읽어 문제를 만들어 내는 능력이 줄어든다. 배움의 목적이 시험 대비로 좁아지면서, 대학에 와서도 탐구성과 주도성, 책임을 전제로 한 실천 학습이 충분히 자라기 어렵다. 결국 학교가 있어도 배움의 내적 엔진이 작동하지 않고, 교실에서 시작한 학습이 지역과 사회의 문제 해결로 이어지지 못한다. 교육의 사막이 단순한 거리 문제가 아니라 사고의 문제로 증폭되는 지점이다.

우리가 선택한 해법은 수업의 흐름을 다시 짜는 일이다. 먼저 학생이 스스로 문제를 정의한다. 다음으로 가설을 세우고, 작은 실험 계획을 만든다. 이어서 생활 현장으로 나가 검증한다. 시장과 골목, 도서관과 주민센터 같은 장소를 살아 있는 실험실로 삼아 사람들의 반응을 듣고 데이터를 모은다. 마지막으로 공개 피드백을 받으며 결과를 고치고, 고친 내용을 다시 수업과 교육과정에 반영한다. 이 과정을 한 번으로 끝내지 않고, 수차례 반복한다.

이 순환이 자리 잡으면 배움은 정답 찾기에서 벗어나 실제 문제를 다루는 활동이 된다. 학생은 문제를 스스로 세우고, 근거를 가지고 주장하며, 타인의 피드백을 받아 더 나은 해법으로 고쳐 나가는 경험을 축적한다. 사유의 사막을 건너는 길은 특별한 재능이 아니라 잘 설계된

1 1910년 판 『How We Think』에서 듀이는 '반성적 사고'를 난관, 곤란을 '느끼는 것'에서 출발해, 난관의 자각—문제의 위치 파악과 정의—가능한 해결의 제안(가설)—추리적 전개—관찰 및 실험을 통한 수용 및 기각으로 이어지는 절차로 정리했다.

순환에 있다. 생각하고, 만들어 보고, 확인하고, 고치는 일상이 쌓일 때 배움은 다시 살아 움직인다.

(3) 교수법의 사막 Pedagogical Desert : 표준화 수업이 정답 학습으로 고정되는 문제

수업이 표준화된 설계에 갇히면 학습은 쉽게 정답 찾기로 수렴한다. 평가는 암기와 속도를 중심으로 움직이고, 질문과 탐구는 뒤로 밀린다. 스콧 프리먼 Scott Freeman (2014)의 대규모 메타분석은 능동적 학습이 전통 강의보다 성취를 뚜렷이 높이고 낙제율을 낮춘다고 보고한다. 존 해티와 헬렌 팀퍼리 John Hattie & Helen Timperley (2007)는 질 높은 피드백이 학습을 가장 강력하게 매개한다고 정리한다. 디자인 교육의 전통에서도 도널드 쇤 Donald Schön (1983)은 디자인 스튜디오 등 실제 맥락에서 드러나는 행위 중 성찰이 지식과 실천을 잇는 핵심 메커니즘임을 강조한다. 이러한 근거는 전달 위주 강의가 본질적으로 불리한 조건에서 출발함을 보여준다.

문제는 왜 이 방식이 반복되는가에 있다. 성과 지표에 과도하게 의존하는 제도와 과밀한 행정이 전달 중심의 강의를 재생산한다. 상호작용이 많은 팀 프로젝트와 공개 비평은 뒷전으로 밀리고, 수업은 지역의 현장과 정책, 산업의 흐름에서 분리된다. 그 결과 학생은 협업과 실행, 책임의 훈련을 충분히 받지 못한다. 이는 사유의 사막을 더 깊게 하고, '가까이 있어도 좋은 선택이 아니다'라는 교육의 사막을 고착시킨다. 우리는 평가와 운영의 문법부터 바꾼다. 평가는 지식의 재현만 보지 않는다. 관계 형성, 책임 분담, 실행의 난이도와 지속성을 함께 본다. 이를 위해 세 가지를 기본값으로 삼는다.

- 공개 피드백 Public Critique 은 외부 전문가와 시민이 참여하는 공개 점검 자리로, 작업의 문제정의, 근거, 영향력을 질문 중심으로 검토한다.
- 과정 아카이빙 Portfolio as Process Archive 을 통해 결과물만 모으지 않는다. 리서치 노트, 스케치, 실패와 수정의 기록, 인터뷰 원자료, 의사결정의 근거를 시간 순으로 저장해 학습의 '증거 사슬'을 만든다. 아카이빙 자체가 메타인지 훈련이 되도록 한다.
- 형성 평가 Formative Assessment 는 단일 점수를 매기는 대신, 학기 전반에 걸쳐 피드백과 자기 성찰을 구조화하는 방식으로 운영된다. 매주 '무엇을 배웠는가 Learned ', '무엇이 좋았는가 Liked ', '다음에 무엇을 시도하고 기대하는가 Long for '의 3L을 짧게 기록하게 하여 학습자가 스스로 성장의 방향을 확인하도록 돕는다. 팀원 간 상호피드백도 같은 문장 틀로 진행해 비교 가능성과 일관성을 확보한다.

수업의 흐름도 다시 짠다. 학생이 문제를 정의하고, 근거를 모아 가설을 세운다. 소규모 실험을 설계해 생활 현장에서 검증한다. 시장과 거리, 도서관과 주민센터 같은 공간을 살아 있는 교실로 삼아 사용자 반응과 데이터를 모은다. 공개 피드백을 받은 뒤 결과를 고치고, 고친 내용을 다음 과제와 다음 학기에 연결한다. 이 순환을 한 번의 행사로 끝내지 않고 학기 전반에 걸쳐 반복한다.

이렇게 운영하면 배움은 정답 찾기에서 벗어나 실제 문제를 다루는 활동이 된다. 학생은 증거로 주장하고, 타인의 피드백을 자원으로 삼아 해법을 개선하며, 스스로의 배움을 언어로 정리하는 힘을 기른다. 교수법의 사막을 건너는 길은 특별한 재능이 아니라 잘 설계된 순환과 기록, 그리고 긍정적 자기 성찰의 꾸준함에 있다. 수업이 이 리듬을 갖추는 순간, 배움은 다시 성장한다.

(4) 제도의 사막Policy Desert : 중앙집권과 성과지표가 교육을 점수와 순위로 환원하는 구조

의사 결정이 윗선에만 집중되고 평가가 숫자로만 이루어지면, 교육은 순식간에 점수와 순위 경쟁으로 바뀐다. 사회과학자 도널드 캠벨Donald Campbell은 1976년에 발표한 연구에서 '평가 지표에 지나치게 의존할수록, 그 지표가 오히려 목표를 왜곡하고 부작용을 낳는다'라고 경고했다.

성과와 예산을 강하게 연결하면 교육이 더 효율적으로 운영될 것 같지만, 실제 현장은 달랐다. 미국의 여러 주에서 성과연계 재정PBF을 도입했을 때의 기대는 '투입 대비 성과가 높아지고 졸업생이 늘어나는 것'이었지만, 시간이 지나 확인해 보니 결과는 달랐다. 졸업률이 눈에 띄게 오르지 않았고, 오히려 저소득층이나 지원이 필요한 학생이 불리해지는 부작용이 드러났다. 대학이 단기 성과를 내기 쉬운 집단에 자원을 집중하고, 도움이 더 필요한 학생에게는 투자가 줄어드는 현상이 반복된 것이다. 니콜라스 힐만과 데이비드 탠드버그David Tandberg, 알리사 프라이어Alisa Fryar의 연구들(2015, 2018)은 이런 경향을 중장기적으로 살펴보며, '지표가 강해질수록 목표가 흐려질 수 있다'는 사실을 상기시킨다.

문제의 핵심은 제도를 경쟁 중심으로 설계하고, 예산과 평가를 단기 성과에만 맞추는 관행에 있다. 새로운 시도를 해보고 실패에서 배우는 시간이 사라지면, 교수법의 혁신은 일회성 행사로 소모되고, 지역과 함께 성장하는 장기적 학습 계획은 작동하지 않는다. 제도가 점수와 순위 중심으로 굳어질수록 교육의 사막, 사유의 사막, 교수법의 사막이 서로를 밀어 올리며 악순환이 심화된다. 접근성을 높이고 수업 방식을 바꾸더라도, 제도 차원에서 이를 뒷받침하는 선순환 장치가 없다면 그 변화는 기록되지도, 다음 세대로 이어지지도 못한다.

우리는 제도의 문법부터 새로 쓴다. 지자체와 산업계, 대학과 공공기관이 한 팀이 되어 공동의 목표를 세우고, 그 목표에 맞춰 예산을 함께 쓰며, 같은 기준으로 성과를 점검하는 구조를 정례화한다. 학사 일정은 지역 사업과 상권 행사 일정에 맞추어 조정해, 교육과 현장, 정책이 한 리듬으로 움직이도록 한다. 평가는 더 이상 숫자만을 보지 않는다. 참여 인원, 매출 변화, 체류 시간, 전환율 같은 정량 지표와 함께, 관계의 질, 책임의 분담, 실행의 난이도, 시민의 피드백 같은 정성적 기준을 나란히 다룬다. 이렇게 얻은 결과는 다음 학기의 수업 설계와 다음 해의 사업 계획에 바로 반영되어, 점수를 위한 평가가 아니라 개선과 축적을 위한 평가로 자리 잡는다.

핵심은 간단하다. 이미 마련된 제도와 기준은 존중하되, 그것을 그대로 답습하는 데 그치지 않고 지역과 함께 새롭게 조정하고 갱신해

네 가지 사막

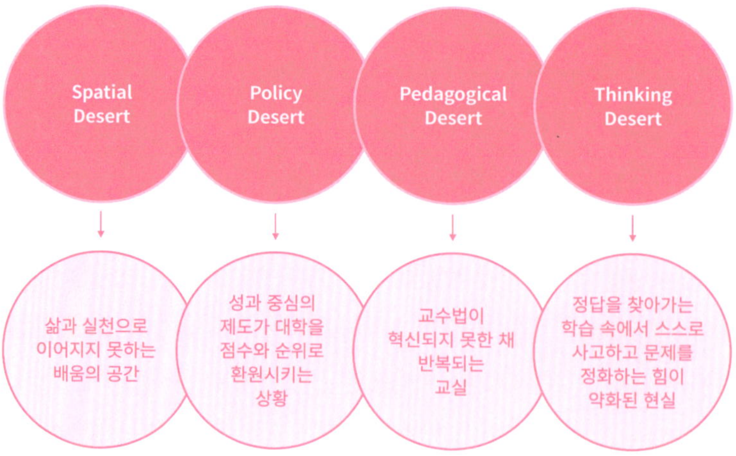

가는 대학으로 나아가는 일이다. 그렇게 해야 제도의 사막을 넘어설 수 있다. 점수와 순위의 언어를 넘어 경험이 쌓이고 배움이 이어지는 축적의 언어로 바뀔 때, 비로소 교육은 다시 성장의 궤도를 찾는다.

(5) 네 사막은 왜 서로를 증폭시키는가

관계는 단순하다. 배움의 선택지가 줄어들면 스스로 문제를 찾고 해결하려는 힘이 약해지고, 수업은 자연스럽게 정답만을 찾는 방식으로 굳어진다. 이렇게 생긴 '움직이지 않는 배움'은 또다시 단기 성과와 순위를 중시하는 제도 속에서 정당화된다. 결국 네 가지 사막이 맞물리면, 인구 감소와 교육 불평등이 서로를 키우며 악순환이 이어진다.

이 악순환을 끊기 위해서는 교육의 방향을 바꾸어야 한다. 배움을 단순한 '지식 전달'이 아니라 사회를 이해하고 바꾸는 과정으로 전환해야 한다. 학생이 지역의 문제를 관찰하고 사람들과 함께 해결책을 모색하는 경험이 수업의 중심이 될 때, 교실은 자연스럽게 세상과 연결된다. 교육은 완성된 답을 가르치는 것이 아니라, 스스로 질문을 던지고 해답을 찾아가는 훈련이 되어야 한다. 그렇게 생긴 과정과 기록이 쌓이면, 그것이 곧 한 지역의 학습 자산이자 정책의 근거가 된다. 대학이 이 축적의 구조를 꾸준히 운영해 나갈 때, 배움은 더 이상 단절된 활동이 아니라 사회와 함께 자라나는 생태가 된다.

결국 핵심은 한 줄로 요약된다. 배움이 가까운 곳과 촘촘히 연결될수록 교육은 실천이 되고, 실천은 도시의 상식이 된다. 다시 말해, 배움은 장소에서 완성된다. 가까이에서 연결될수록 교육은 행동이 되고, 행동은 지역의 일상으로 스며든다.

2. HOW_사막을 거쳐 공유지 Educational Commons 로

지금 우리가 끊어야 할 악순환은 분명하다. 교육의 접근성은 줄고, 문제를 스스로 정의하는 힘은 약해지며, 수업은 정답만 찾는 방식으로 굳어가고, 제도는 지표와 순위를 좇는다. 이 네 가지가 서로 얽혀 배움을 일회성 활동으로 만들고 있다. 이를 뒤집기 위해 우리는 네 가지 전환을 동시에 추진한다.

먼저, 마이크로디그리로 접근성을 새로 설계한다. 가까운 곳에서도 수준 높은 교육을 받을 수 있도록 지역 맥락에 맞춘 소규모 전공과 실습 코스를 개설하고, 배운 내용을 바로 현장에서 시험할 수 있게 한다.

둘째, 현장 실험 거점(이하 Site Lab)을 통해 학습과 생활 현장을 잇는다. 교실에서 세운 가설을 시장과 골목, 도서관, 주민센터 같은 생활공간으로 옮겨 직접 시험하고, 그 경험과 데이터를 다시 수업 설계에 반영한다. 현장은 한 번 다녀오는 체험이 아니라 학기 전 과정을 관통하는 실험실이 된다.

셋째, 평가를 점수 중심에서 과정 중심으로 바꾼다. 결과만 보는 대신, 무엇을 배우려 했는지, 어떤 근거로 시도했는지, 어떤 피드백을 받고 어떻게 고쳤는지를 평가한다.

넷째, 대학과 지자체, 민간, 공공이 협력할 수 있도록 4자 거버넌스를 정례화한다. 공동 목표를 세우고, 예산과 일정, 평가를 함께 관리한다. 참여 인원이나 매출 변화 같은 수치뿐 아니라 관계의 질, 책임의 분담, 시민의 피드백 등 정성 지표를 함께 축적해 다음 설계에 반영한다.

이 네 가지 전환이 맞물릴 때 비로소 교육 공유지가 작동한다. 공유지는 지식을 쌓아 두는 창고가 아니라, 함께 배우고 관리하며 나누는 공공의 학습 기반이다. 한쪽에서는 수업과 생활 현장이 맞물려 짧은 주기의 실험과 개선이 반복되고, 다른 한쪽에서는 정책과 시장이 그 결과를 제도적으로 뒷받침한다.

이 방향은 이미 실행 단계에 들어섰다. 수업은 지역의 생활 리듬에 맞춰 운영되고, 현장에서 얻은 경험은 다음 학기의 교과와 지역 일정에 반영되어 교육 모델을 한층 발진시킨다.

가까운 곳에서 좋은 선택을 만들고, 현장에서 검증하며, 평가는 과정과 증거로 전환하고, 모든 주체가 일정과 목표를 함께 맞추면 사막은 공유지로 바뀌고, 대학과 지역은 하나의 학습과 경제 공동체로 작동하기 시작한다.

3. WHERE_ 대학이 지역과 만나는 지점

경희대학교 국제캠퍼스는 행정구역상 용인시 기흥구에 있지만, 학생과 교직원의 생활 동선은 자연스럽게 수원으로 이어진다. 그중에서도 행궁동은 수원화성과 전통시장, 골목 상권, 문화시설이 가까운 거리 안에 모여 있는 독특한 생활권이다. 강의실에서 다듬은 아이디어와 시제품을 시민 앞에서 바로 시험하고, 그 반응을 토대로 다시 고칠 수 있는 환경이 잘 갖춰져 있다는 점에서 학습의 현장으로 적합하다.

우리가 주목한 이유는 행궁동이 행정적 중심지라서가 아니라, 도시의 일상과 역사, 사람의 흐름이 자연스럽게 만나는 지점이기 때문이다. 경희대학교 로컬콘텐츠 중점대학은 중소도시 타운 MICE 연구의 일환으로 1,200명을 대상으로 한 외부 인식 조사를 실시해, 기존의 행정 구역이 아닌 체류와 경험을 중심으로 한 새로운 생활권 체계를 제안했다. 이 과정에서 수원은 '어디에 무엇이 있는가'보다 '어떻게 이어지고 경험되는가'로 정의되었고, 그 결과 행궁동은 수원 도시 이미지의 핵심 축으로 떠올랐다.

물론 행궁동이 완벽한 무대는 아니다. 안내 체계와 접근성, 정보의 일관성은 구역마다 편차가 있고, 도보 연결이나 교통약자 동선, 다국어 안내 등은 여전히 개선이 필요하다. 전통시장은 풍부한 역사와 정체성을 지녔지만, 편의시설과 안내 서비스, 외국인 방문객을 위한 홍보가 부족해 체류가 짧게 끝나는 경우도 많다. 우리는 이러한 불균형을 학습의 과제로 삼는다. 빈틈은 결함이 아니라 교육의 재료이며, 학생과 시민이 함께 설계하고 운영을 고쳐 나가며 축적할 수 있는 살아 있는 교과서다. 이런 과정을 통해 대학은 지역의 현실 속으로 들어가고, 지역은 대학의 배움 속에서 새로운 가능성을 찾는다.

(1) 도시학적 특성: 역사와 생활이 교차하는 실험 무대

행궁동은 정조의 개혁 정신이 깃든 역사 공간이자, 지금의 일상이 살아 있는 생활 공간이다. 성곽과 행궁, 시장과 골목이 자연스러운 동선으로 이어져 있어, 강의실에서 세운 가설을 바로 현장에 적용하고 시민의 반응을 받아 다시 수정하는 일이 가능하다. 이런 순환 자체가 학습이 되고, 학습의 결과는 다시 지역의 일상 속으로 스며든다.

- 세계문화유산 수원화성을 중심으로 형성된 고유한 역사 경관
- 200년 역사의 영동시장 등 9개의 전통시장이 밀집한 생활권
- 경희대 국제캠퍼스, 수원도시재단, 수원문화재단 등 문화, 교육 거점의 집중

이러한 배경은 경희대학교가 지역과 연계하여 교육, 연구, 실천을 통합하는 Site Lab을 구축할 수 있는 기반이 된다.

(2) 경제적 기반: 전통 상권에서 시작되는 로컬 브랜드 실험

행궁동의 경제적 기반은 오랜 역사와 두터운 지역 네트워크를 가진 전통 상권에서 비롯된다. 남문시장, 영동시장, 팔달문시장 등 200년이 넘는 시장들은 여전히 도시 경제의 중심축으로 작동하며, 수원 시민의 생활 경제와 지역의 상징적 정체성을 함께 지탱해 왔다. 이러한 상권의 존재는 로컬 브랜드 실험이 현실적으로 뿌리내릴 수 있는 경제적 토양이 된다.

- 남문시장, 영동시장, 팔달문시장 등 200년 이상의 역사성을 지닌 상권
- 지역 소상공인과의 협업을 통한 리브랜딩 프로젝트 가능성
- 경희대의 창업 지원 프로그램(마이크로디그리, 스타트업 해커톤 등)과 연계한 로컬 창업 생태계 조성

즉, 산업 중심의 도시경제에서 창의 기반의 로컬 창업과 브랜딩 생태계로 전환할 수 있는 환경이다.

(3) 사회적 구조: 여러 이해관계자가 함께 운영하는 방식

행궁동은 주민과 상인, 청년 창업자와 관광객이 공존하는 다층적 사회 구조를 갖고 있다. 사업 초기부터 수원도시재단, 수원문화재단, 영동시장상인회 등이 주축이 되어 형성한 협력 거버넌스는 실험의 지속 가능성을 높이는 핵심 동력이다. 재단은 행정적 지원과 공간 운영을 조율하고, 상인회는 현장의 목소리를 전하며 청년 창업자와 학생이 시장 속에서 직접 배울 수 있는 기회를 제공한다. 덕분에 전통시장은 단순한 거래의 장을 넘어, 새로운 브랜드가 태어나고 지역의 자산이 현대적으로 재

해석되는 실험 무대로 바뀌었다.

- 전통시장 상인들의 삶과 청년 창업자들의 실험이 교차
- 수원시, 수원문화재단, 지역경영회사 등 다양한 파트너 기관과의 긴밀한 협업
- 주민, 소상공인, 학생, 지자체가 함께 참여하는 타운 MICE 지붕 없는 컨벤션 운영

이러한 구조는 대학 교육을 지역 사회와 직결시키는 참여형 PBL 모델을 가능케 한다.

(4) 문화적 토양: 로컬에서 세계로 확장되는 콘텐츠

경희대학교는 Universe–Education–University라는 철학을 토대로 행궁동을 글로컬 창작 허브로 발전시키고 있다. 행궁동은 전통과 현대 문화가 겹쳐지는 콘텐츠의 토양이다. 우리는 Site Lab을 통해 작은 단위의 전시와 페스타, 팝업을 설계하고, 그 과정을 커뮤니티 베이스드 디자인의 원칙으로 기록하고 표준화한다.

- 국제학술대회, 로컬페스타 등 글로벌 학술 및 문화행사 개최
- 로컬콘텐츠를 세계로 확장하는 Local to Global 전략 추진

이러한 활동은 대학을 단순한 교실이 아닌, 지역과 세계를 연결하는 통합적 교육 플랫폼으로 구현하는 실천이다. 이렇게 정리된 모듈은 다른 생활권에서도 재사용할 수 있으며, 경희대학교가 지향하는 Local to Global 전략의 출발점이 된다.

4. WHAT_ 실천이 자리 잡은 방식

경희대학교는 행궁동을 다섯 개의 생활권으로 구분했지만, 더 중요한 것은 구역의 이름이 아니라 그곳에서 무엇을 해나갈 것인가이다. 우리는 작게 시작하되 자주 실험하고, 시민의 반응을 받아 고치며, 그 과정을 기록해 다음 학기에 한 단계 더 나아가는 것이다. 목표는 일회성 행사를 늘리는 것이 아니라, 지역의 일상 속에서 배우고 만드는 힘을 길러내는 데 있다.

먼저 청년이 쉽게 도전하고 빠르게 배울 수 있는 기회를 만든다. 팝업스토어, 공간 주체들과의 회의, 소규모 교류 프로그램을 열어 아이디어를 바로 시험하고 시민과 피드백을 주고받는 구조를 만든다. 단기 성과보다 시도와 수정이 반복되는 리듬을 중시하고, 그렇게 만들어진 콘텐츠와 브랜드가 지역의 일상 속에 자연스럽게 자리 잡도록 한다.

걷는 경험은 단순히 이동의 수단이 아니라 머무르고 관계를 맺는 과정으로 다시 설계된다. 사람들의 발걸음이 머무를 수 있도록 그늘과 쉼터를 두고, 골목의 리듬에 맞는 작은 구조물과 열린 공간을 배치해 걸음 사이의 여백을 만든다. 그 여백은 잠시 쉬어 가는 자리이자, 지역의 이야기가 오가는 작은 무대가 된다. 이렇게 길이 멈춤과 대화를 품게 되면, 거리는 단순한 통로가 아니라 사람과 사람, 세대와 세대를 이어 주는 배움의 장으로 바뀐다.

지역의 손기술과 제작 문화는 현재의 언어로 번역한다. 공방의 기술과 이야기를 조사해 기록하고, 협업 상품과 전시로 풀어내며, 제작 과정을 시민이 가까이에서 볼 수 있도록 연출한다. 제작의 가치가 자부심과 구매로 이어질 때, 동네의 창작 생태는 스스로 성장한다.

전통시장은 이제 단순한 거래의 공간이 아니라, 문화와 디자인이 만나 지역의 활력을 다시 세우는 무대로 바뀌고 있다. 오래된 상인의 경

행궁동 대상지 구역화

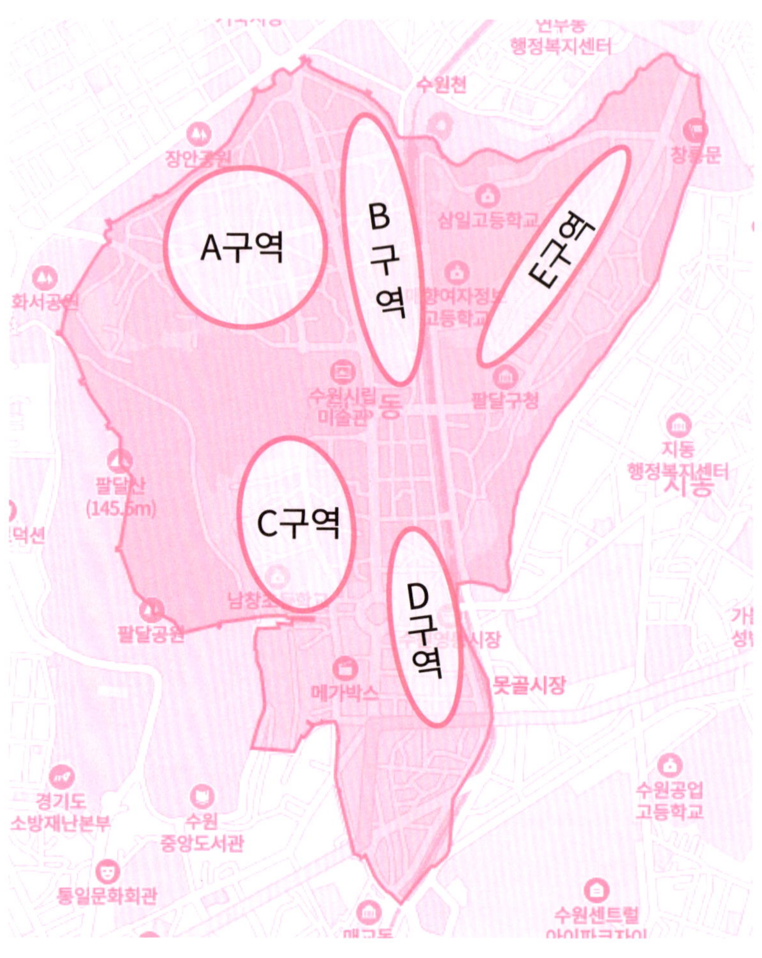

행정복지센터
수원천
장안공원
창룡문
삼일고등학교
A구역
B
구
역
E구역
화서공원
고등학교
수원시립
미술관
동
팔달구청
지동
행정복지센터
지동
팔달산
(145.5m)
C구역
D
구
역
팔달공원
못골시장
메가박스
수원공업
고등학교
경기도
소방재난본부
수원
중앙도서관
통일문화회관
수원센트럴

험과 청년 디자이너의 감각이 한자리에 모여, 시장을 상품이 아닌 이야기와 사람의 공간으로 다시 읽어 내기 시작했다. 시장 골목 곳곳이 전시장이 되고, 가게의 간판과 포장지가 지역의 정체성을 전하는 매개가 된다. 이런 변화는 상인과 시민, 디자이너가 함께 만든 작은 실험에서 비롯되었다. 상인에게는 자신의 가게를 새롭게 바라보는 계기가 되고, 학생에게는 배움을 사회적 실천으로 옮기는 첫 무대가 된다.

이러한 활동은 한 점에서 시작해 골목으로, 그리고 생활권 전체로 넓어진다. 필요할 때는 지역을 넘어 다른 도시와도 연결한다. 제주 등 다른 지역에서 운영하는 학기 단위 프로그램과 연계하고, 국제캠퍼스의 다문화 학생들이 참여해 로컬의 배움을 세계 여러 도시의 맥락으로 확장한다. 중요한 것은 특정 지역의 성공 사례가 아니라, 어디서든 응용할 수 있는 프레임워크를 축적하는 것이다. 그렇게 가까운 곳에서 좋은 선택이 반복될 때, 배움은 지역과 도시의 일상이 된다.

다음은 경희대학교가 수원 내 생활권역을 다섯 개(A~E)로 나누고 구역별 특화 프로젝트를 전개하는 내용이다.

- A권역(행리단길): MZ세대가 즐겨 찾는 거리로, 청년 팝업과 코워킹 공간, 창업 지원 거점을 조성해 외국인 방문객과의 교류를 유도한다.
- B권역(순례길): 오래된 가게와 새 점포가 공존하는 거리로, 간판·조명·보행 동선을 정비해 누구나 걷고 머무르고 싶은 길로 만든다.
- C권역(공방거리): 예술 공방과 로데오 거리가 함께 있는 지역으로, 제작 공개 프로그램과 야간 축제, 로컬 브랜딩 활동의 중심지로 발전시킨다.
- D권역(전통시장 밀집지): 남문시장·영동시장·팔달문시장 등 아홉

개 시장이 모여 있는 권역으로, 시장 리브랜딩과 청년몰 협업을 통해 체험형 창업 모델을 추진한다.

- E권역(주거지): 주민 공동체와 협력해 마을의 정체성을 정리하고 생활 환경을 개선하며, 일상 속 창업과 로컬 브랜딩이 지속될 수 있도록 지원한다.

이렇게 생활권의 구체적인 활동이 서로 이어지며, 대학의 교육은 지역의 실천으로, 실천은 다시 지역의 변화로 연결된다.

(1) 2025 수원 행궁동, 점–선–면 확장 전략

1) POP–UP 창업거점: 행리단길

행리단길은 젊은 층과 외국인 방문이 많은 거리다. 여기에서 학생들은 팝업스토어와 마을 단위의 컨퍼런스 형식 프로그램을 운영하며 청년 창업과 국제 교류를 시험한다. 작은 팝업이라는 '점'에서 시작해 골목 상권이라는 '선'으로 넓히고, 다시 지역 전체라는 '면'으로 이어가는 확장 모델을 기본 전제로 삼는다.

2) 공방거리: 매개지역의 리크래프트Re:craft 전략

공방거리는 행리단길과 시장 권역을 잇는 다리 역할을 한다. 경희대는 리크래프트 프로젝트로 공방의 자산을 조사하고 기록하며, 협업 상품과 굿즈, 시각물을 개발한다. 전통시장 상점가 특화상품 발굴 사업과 연계해 공방별 대표 상품을 다시 해석하고 브랜드화하여, 공방거리를 제작과 브랜드가 만나는 허브로 키운다.

3) 남문시장: 문화관광형 시장 활성화

남문시장은 아홉 개 시장이 모여 있는 전통 상권이자, 청년몰과 관광이 만나는 복합 거점이다. 경희대는 백년시장 아케이드에서 국내외 디자이너와 학생 100명이 참여하는 대규모 포스터전을 열어, 로컬 창업자·상인·학생이 함께 만드는 문화관광형 활성화 모델을 실험한다. 전통시장을 거래 중심의 공간에서 문화·관광·창업이 결합된 플랫폼으로 전환하려는 시도다.

세 구역은 각기 다른 색을 지니지만, 경희대학교의 교육 모델 아래에서 콘텐츠 발굴, 브랜드 개발, 공간 기반 창업으로 자연스럽게 이어지는 유기적 학습의 장을 이룬다.

(2) 서브 로컬 확장, 전국 및 국제적으로 확장되는 인터 로컬 Inter-Local

1) 2025 제주도 사회혁신학기제

경희대의 서브 로컬 전략은 한 거점에 머무르지 않는다. 학기 단위로 지역을 옮기며 배우는 방식을 택한다. 2025년 1학기에는 제주를 무대로 사회혁신학기제를 운영했다. 교실 밖에서 지역 문제를 정의하고, 현장에서 실험하고, 공개 발표로 마무리하는 프로젝트 기반 학습을 본격 가동했다. 이 학기제는 러닝 Learning 과 베케이션 Vacation 을 결합한 체류형 학습을 적용해, 학생이 낯선 생활권에 오래 머물며 지역과 상호작용하도록 설계했다. 이를 위해 2024년에 제주대학교와 체류형 학습 협력을 체결했고, 2025년에는 제주도와 전남 영암군과 연계하여 제주 신흥 1리, 제주 대정읍, 전남 영암을 주요 학습 무대로 삼았다. 한 학기 동안 14명의 학생이 기획, 영상, 디자인, 조리 네 팀으로 구성되어 현장 프로젝트를 수행했으며, 전공 선택 또는 일반 선택 6학점과 교양 9학점, 총 15학점을 인정받았다. 이 운영 방식은 한 지역에서 검증한 수업과 현장,

정책과 시장의 연결을 다른 지역으로 옮겨가며 학기마다 되풀이하는 Inter Local 전략의 첫 실증 사례로 기록되었다.

2) 국제캠퍼스 기반 글로벌 서브 로컬

경희대학교 국제캠퍼스는 전국과 전 세계의 학생이 모이는 다지역·다문화의 교차점이다. 행궁동에서 시작된 로컬 교육은 자연스럽게 국제화 교육으로 확장되며, 서로 다른 도시의 로컬을 직접 연결하는 인터로컬 학습 플랫폼으로 발전할 가능성을 지닌다. 현재 경희대학교는 일본 구마모토의 라이브 디자인 스쿨Live Design School과 협력의 초석을 놓고 있다. 양 기관은 현지 교류와 성과 공유, 전시와 학습 교환이 결합된 새로운 협력 모델을 구상하고 있으며, 이는 일본의 커뮤니티 기반 디자인과 한국의 로컬콘텐츠 실천을 서로 배우는 장을 마련하기 위한 준비 단계다.

라이브 디자인 스쿨이 지향하는 운영 철학은 '살아보고, 만들고, 배우는' 지역 실천형 교육이다. 공개 강의와 현장 조사, 실행 단계의 동행 멘토링을 하나의 흐름으로 엮어 지역 기반 프로젝트를 완성하는 구조를 갖고 있다. 이러한 방식은 경희대학교가 축적해 온 현장 실험 거점 중심의 학습, 실행, 공개 피드백 구조와 자연스럽게 연결된다.

이 협력이 현실화될 수 있었던 배경에는 다닥다닥 커뮤니티의 기반이 된 지역 활성화 캡스톤디자인 경험이 있다. 누적 600명 이상의 학생이 100개가 넘는 로컬 프로젝트를 수행하면서 현장 운영의 원리와 평가 체계를 다듬었고, 수업과 현장, 정책과 시장을 잇는 교육 공유지 구조를 실제로 구현해 왔다. 이 경험이 바로 국제 협력의 기반이 되고 있다.

현재는 구마모토 리드 디자이너와의 협약을 체결해 협력 기반을 마련하는 단계다. 2025년에는 교육의 방향과 주제를 조율하고, 2026년부터는 양 지역의 생활권을 연결하는 교차 필드워크와 공동 수업을 시범 운영할 예정이다. 이후 공개 크리티을 통해 결과물을 점검하고, 공동 전시와 캠페인으로 확산하며, 참여와 책임, 실행 난이도 같은 정성 지표를 축적해 재현 가능한 교육 모델로 발전시킬 계획이다.

이 준비 과정은 단순한 교류가 아니라, '로컬에서 세계로 Local to Global'라는 구호를 실질적인 운영 모델로 구체화하기 위한 기반 조성 단계이다. 다시 말해, 행궁동의 학습이 구마모토와 만나면서 로컬의 경험이 세계적 실천으로 확장되는 새로운 학습 생태계의 출발점이 되고 있다.

5. WHO_ 교육을 움직이는 네 개의 축

경희대학교 로컬콘텐츠 중점대학의 거버넌스는 지자체, 공공기관, 민간, 대학이 각각의 역할을 분명히 하면서도 한 흐름으로 연결되도록 설계되어 있다. 교실에서 정의된 문제와 시제품은 전통시장, 골목, 마을 공간 같은 Site Lab에서 시험되고, 그 결과는 다시 정책과 상권 운영, 교과 설계로 되돌아가 선순환 구조를 이룬다.

(1) 지(지자체): 수원시

수원시는 생활권의 행정 지원과 제도적 연계를 맡아 교육이 지역 정책과 동시에 움직이도록 돕는다. 특히 도시비전팀과의 관학연구 「미래도시 수원」은 본 사업의 이론적 토대이자 실행 모델의 출발점이 되었다. 이 연구를 통해 수원형 타운 MICE 개념이 정립되고, 지역의 이미지·브랜드 인지도 조사 결과가 교육과 사업 기획의 근거로 활용되었다. 이를 바탕으로 수원시는 학사 일정과 주요 사업 일정을 연계해, 수업의 결과물이 곧 도시의 실험이자 정책의 파일럿이 되도록 지원했다. 이러한 협력 구조 덕분에 행궁동 실험은 지역 전략사업과 긴밀히 호흡하며 진행될 수 있었다.

(2) 관(공공기관): 수원도시재단, 수원문화재단, 수원컨벤션센터

세 기관은 지역의 프로그램을 기획하고 운영하며, 필요한 공간과 홍보, 행사 인프라를 제공해 교육과 문화, 관광이 자연스럽게 이어지도록 했다. 특히 수원도시재단은 첫해부터 핵심적인 파트너로, 전통시장 프로젝트에서 상인회와 대학을 연결하고, 학생에게 도시의 구조와 생활권 맥락을 설명하는 현장 브리핑을 진행해 이해를 높였다.

경희대학교는 이 기반 위에서 수업 결과물(브랜드, 전시, 퍼포먼스 등)을 공개 피드백 형식으로 도시와 문화 프로그램에 반영했고, 수업의 성과가 캠페인, 연례행사, 정책 제안으로 확산되도록 했다. 또한 글로컬상권협의체 활동, 행궁동 주민자치회, 사회적기업 교육 등과 연계하여 지역 실행력 강화를 지원했다. 공공기관이 무대를 만들고, 대학이 배움과 실험을 채우며, 지역 파트너가 현실의 요구와 가능성을 제시할 때, 변화는 일회성이 아닌 축적 가능한 성과로 남는다.

(3) 산(민간기업, 소상공인)

민간 파트너와 소상공인은 지역 실험의 가장 가까운 협력자다. 공존공간은 시장 내 빈 점포를 리노베이션해 팝업 공간을 제공하고, 한국리노베링은 브랜드 컨설팅과 운영 자문을 맡았다. 로컬브랜드포럼은 전국의 로컬 브랜드 100여 곳과 네트워크를 형성해 학생이 현장 인턴십으로 진입할 수 있는 통로를 마련했다.

소상공인과 상인회는 공동 설계자로 참여해 시장 리브랜딩과 제품 공동 개발, 현장 영업을 함께 추진한다. 이러한 민간 역량은 경희대학교의 콘텐츠 발굴, 브랜딩, 공간 기반 창업 흐름(마이크로디그리 3종)과 결합되어 공방 협업 프로젝트인 Re:craft와 다닥다닥 마켓(백상회)[2] 같은 문화관광형 시장 활성화로 이어져, 교육과 경제가 만나는 구체적인 모델을 만들어 냈다.

(4) 학(대학)

경희대학교는 호텔관광대학 문화엔터테인먼트학과, 예술디자인대학 시각디자인학과, 환경조경디자인학과가 함께 K-ARISE 마이크로디그리(로컬콘텐츠마케팅, 로컬브랜드매니지먼트, 지역공간디자인)를 공동 운영하고 있다. 학기 말에는 로컬코크리에이션랩을 통해 주민, 상인, 지자체가 함께 참여하는 산학협력 프로젝트를 수행하고, 그 성과를 사회에 공개한다. 대학은 교육의 설계자이자 조정자로서, 교과와 비교과, 현장과 정책, 그리고 민간의 실험을 하나의 구조로 엮는 역할을 맡고 있다.

경희대학교는 서울예술대학교를 비롯한 로컬콘텐츠 중점대학들과의 협력을 단계적으로 확대해 나갈 예정이다. 현재는 로컬 프로젝트러닝 교과서를 공동 집필하고, 다년차 대학과 함께 로컬 연구의 초석을 마련하기 위한 연대 활동을 이어가며 대학 간 교류의 토대를 다지고 있다. 이를 바탕으로 향후에는 공동 세미나, 연구 워크숍, 학제 간 전시 및 캡스톤디자인 교류 프로그램 등을 추진해 각 대학이 축적한 로컬 실험과 교육 노하우를 서로 공유하고, 이를 통해 새로운 지역 협력 모델을 발전시킬 계획이다.

이러한 연대는 대학이 지역의 울타리를 넘어 '대학 간 인터로컬 네트워크'로 확장되는 첫걸음이다. 경희대학교는 앞으로 이 협력 체계를 통해 로컬 교육의 경험을 전국 단위로 확산시키고, 교육, 연구, 실천이 이어지는 지속 가능한 학습 생태계를 만들어 갈 것이다.

2 백상회는 '100개 콘텐츠 X 100년 시장'이라는 구호를 전시장 바깥의 삶으로 끌어내린 경희대학교의 전통시장 리브랜딩 실험이다. (3장에서 설명)

거버넌스 역할

주체	핵심 역할	학교와의 매칭	대표 활동
수원시	생활권 계획, 행정, 예산 연동	학사, 생활권, 상권 동시 연동	구역별 프로젝트, 점선면 확장, 타운 MICE 운영
공공기관	프로그램 거점, 운영, 홍보	공개 피드백, 전시, 캠페인 플랫폼	국제학술대회, 로컬페스타, 사회적 확산, 공보
산업체	공간, 운영, 유통, 멘토링	리노베이션, 팝업, 유통 협업	Re:craft, 다닥다닥 마켓: 백상회, 인턴십 및 채용 연계
대학	교과, 평가, 아카이브	콘텐츠, 브랜딩, 공간 창업 파이프라인, 공동수업 및 연구	마이크로디그리 등 교과 및 비교과과정 운영, 공동 세미나

마지막으로, 경희대학교의 실천 브랜드 '다닥다닥Da+R Da+C'[3]은 이러한 대학 간 연대와 지역 협업의 상징으로 기능한다. 수업의 결과와 현장의 경험은 다른 대학과의 공동 프로젝트로 확장되고, 축적된 데이터와 평가 지표는 정례화되어 공유된다. 이렇게 구축된 협력 구조는 교육 공유지의 모델을 한층 넓혀, 지역과 대학, 그리고 대학 간의 시너지를 지속적으로 확장시켜 나갈 것이다.[3]

3 다닥다닥(Da+R Da+C, Design Activism focuses on Rebranding, Design Activism focuses on Community)은 경희대학교 로컬콘텐츠 중점대학 사업의 비전과 실천을 외부 이해관계자와 공유하기 위해 탄생한 실천적 브랜드이다. (2장에서 설명)

(5) 왜 이 거버넌스가 필요한가(필요성)

교육과 지역은 따로 존재하지 않는다. 네 가지 사막이 서로 얽혀 교육의 활력을 잃게 하듯, 제도의 단절과 협력의 부재는 지역의 성장도 가로막는다. 이를 바로잡기 위해서는 마이크로디그리를 통한 접근성 개선, Site Lab을 통한 사회적 인프라 확충, 문제정의-실행-피드백 중심의 평가 전환, 지·산·학·관의 4자 거버넌스 제도화가 함께 작동해야 한다. 각 기관이 제 역할을 다하고 그 결과가 서로 연결될 때만, 교실에서 시작된 변화가 도시의 정책과 생활로 이어질 수 있다.

(6) 무엇을 기대할 수 있나

이 구조가 자리 잡으면, 학생과 대학은 기획, 실행, 확산의 전 과정을 직접 경험하며 창업, 브랜딩, 공간 운영 역량을 갖춘 로컬 크리에이터로 성장한다. 과정 아카이브를 기반으로 한 학습 구조 덕분에 후속 기수는 더 빠르게 적응하고 배울 수 있다.

지자체는 생활권 전략을 실증 데이터와 결합해 정책의 정확도와 지속성을 높인다. 실험이 점에서 선으로, 선에서 면으로 확장되며 체류와 소비, 재방문이 늘어나 도시의 활력이 커진다. 공공기관은 교육 성과를 문화·관광 프로그램에 연계해 지역 브랜드와 문화경제를 활성화하고, 지역 거점의 활용률과 시민 참여를 함께 끌어올린다.

민간과 소상공인은 리노베이션, 팝업, 브랜딩을 통해 매출과 고객 경험을 개선하며, 신상품과 공동 브랜드 개발로 새로운 시장을 연다. 대학과의 협업을 통해 인턴십이 채용으로 이어지는 인재 순환 구조도 만들어진다.

결국 '이유 Why'가 방향을 세우고, '장소 Where'가 출발점을 만들며, '방식 How'이 변화를 움직인다. 그 과정에서 '과제·사업 What'이 설계되고 실행되며, 마침내 '사람 Who'이 그 길을 이어간다.

이 다섯 가지가 한 리듬으로 맞물릴 때, 도시는 함께 배우고 함께 성장하는 공동체가 된다.

2장
오아시스를 찾아서: 경희대학교 로컬콘텐츠 중점대학의 방향성

1장에서 우리는 대학을 둘러싼 네 가지 사막을 살펴보았다. 이제 2장은 그 메마른 풍경을 어떻게 건너고, 어디서 새로운 오아시스를 만들 것인가를 이야기한다. 우리가 세우려는 것은 '사업'보다 먼저 '태도'다. 배움을 삶 속에서 시험해 보는 끈기, 낯선 문제를 자기 일로 끌어안는 용기, 작은 시도에서 배우고 다시 고쳐 나가는 책임감이 그것이다. 우리는 이를 창업가 정신이라 부르지만, 여기서 말하는 창업은 회사를 세우는 일만을 뜻하지 않는다. 한 번의 팝업, 골목의 동선을 바꾸는 실험, 한 점포와의 협업처럼 일상 속 작은 행동으로 변화의 점을 찍는 실천 전체를 가리킨다. 중요한 것은 성패의 결과가 아니라, 배움이 현실을 움직였는가라는 질문이다.

2024년 서울 '피크닉PICNIC'[4]에서 열린 「회사 만들기, 엔터프러너십」 전시를 보며, 흩어져 있던 생각들이 하나로 모였다. 그 전시는 창업을 거창한 법인 설립이 아니라 스스로 삶을 경영하려는 태도로 보여주

4 피크닉PICNIC은 서울에 자리한 독립적 문화·전시 플랫폼으로, 디자인과 예술, 도시문화, 창업가 정신을 주제로 전시·강연·워크숍·출판을 연계해 온 공간이다. 2024년에는 「회사 만들기, 엔터프러너십」 전시를 통해 창업을 단순한 법인 설립이 아니라 '스스로 삶을 기획·실행하고 실패를 학습으로 전환하는 태도'로 조명했으며, 다양한 창업 사례와 대화를 통해 관람자가 자신의 맥락에서 의미를 재정의하도록 이끌었다. 본문에서 말하는 '나의 생각이 환기되고 정리된 계기'로서의 맥락은 이 전시에 대한 관람 경험을 가리킨다.

었고, 누군가의 성공담이 아닌 각자의 자리에서 의미를 만들고 협력해 나아가는 감각을 일깨웠다. 그 경험은 내 생각을 환기시키고 정리해 준 결정적인 계기였으며, 대학 안에서 오아시스를 만드는 일도 바로 이러한 감수성과 실천에서 출발해야 한다는 확신을 주었다.

창업가 정신의 고전적 상징 가운데 한 사람인 어니스트 섀클턴Ernest Shackleton은 남극 탐험 도중 배가 얼음에 갇혀 침몰했을 때, 항로를 바꾸고 배를 버리는 결단을 내렸다. 그는 다섯 명의 동료와 함께 길이 7m 남짓한 개방형 구명정 제임스 케어드James Caird (엔듀어런스호의 보조 보트)를 타고 거센 남대서양을 건너 남조지아섬에 도착해 구조를 요청했다. 모든 대원이 살아 돌아온 이 여정은, 목표를 바꾸더라도 목적을 지키는 리더십, 실패를 자산으로 바꾸는 태도가 공동체를 살릴 수 있음을 보여준다. 이것이 우리가 말하는 오아시스의 기술, 즉 변화 속에서도 방향을 잃지 않고 다시 나아가는 힘이다.

이 철학은 경희대학교 로컬콘텐츠 중점대학이 지향하는 비전과도 닿아 있다. 우리가 말하는 교육의 오아시스는 새로운 공간이 아니라, 배움의 방식이 바뀌는 순간에 만들어진다. 그 방향을 떠받치는 핵심 철학은 세 문장으로 정리할 수 있다. 첫째, 배움은 교실에서 시작하지만 장소에서 완성된다. 둘째, 실천 없는 지식은 쉽게 메마르고, 지식 없는 실천은 금세 소모된다. 셋째, 우리는 과정을 기록하고, 그 증거로 평가하며, 다음 설계에 반영한다.

1. 경희대학교 로컬콘텐츠 중점대학의 비전, 미션, 핵심 가치

경희대학교 로컬콘텐츠 중점대학의 비전은 인터로컬 생태계를 이끄는 시민을 길러내는 데 있다. 한 지역의 성과를 다른 지역으로 확장하고, 더 넓게는 세계와도 연결할 수 있는 글로컬 역량을 갖춘 인재를 키워

경희대학교 로컬콘텐츠 중점대학 사업단 개요

구분	내용	
비전	인터로컬 생태계를 주도하는 현장중심형 로컬크리에이터 육성	
미션	01 로컬 크리에이터 육성 LEVEL UP!	로컬 콘텐츠 발굴, 로컬 디자인 및 브랜딩 전문가 교육과정 운영으로 창의적 창업 인재 육성
	02 로컬 브랜드 강화 POWER UP!	지역 문제 해결과 콘텐츠 발굴을 통해 지역 특성화 브랜딩을 강화하고 지속 가능한 가치를 창출
	03 학생 창업과 지역 비즈니스 LINK UP!	학생 창업자와 기존 지역 비즈니스(소상공인, 지역 기업)를 연결하여 협력과 네트워크를 강화하고, 공동 성장 도모
	04 지속 가능한 지역 상권 활성화 VALUE UP!	로컬 콘텐츠를 활용한 브랜딩 프로젝트로 지역 문제를 해결하고 지역 경제와 문화를 활성화
	05 로컬 콘텐츠 글로벌 확장 SCALE UP!	글로벌 네트워크 구축을 통해 로컬 콘텐츠를 세계화하고, 국제 시장에서의 경쟁력 강화

추진목표

구분	1차년도 2025년	2차년도 2026년
학위취득	마이크로디그리 50명	마이크로디그리 50명,
비교과	학생, 소상공인 500명	학생, 소상공인, 전통 시장 500명
창업	창업 10팀	창업 10팀

운영원칙

- 전 생애주기 창업교육 혁신 모델 완성
- 지역과 지역을 잇는 인터로컬 생태계 구축
- 로컬상권 활성화
- 글로벌 창업 연계 지원

교육과 지역경제가 함께 움직이는 변화를 만든다. 여기서 지향하는 인재상에는 관계인구[5]의 관점이 녹아 있다. 로컬 크리에이터는 시민으로서 지역에 뿌리내리되, 관계인구의 방식으로 여러 지역을 잇고 확장하는 역할을 수행한다.

이 비전을 실현하기 위한 미션은 네 가지로 요약된다. 첫째, 초등과 중고등을 거쳐 대학과 평생교육까지 이어지는 전 생애주기 창업교육을 세운다. 둘째, 행궁동을 거점으로 지역 간 교차 학습과 교차 실험을 운영해 인터로컬 생태계를 조성한다. 셋째, 타운 MICE를 바탕으로 전통시장과 골목, 공공거점을 촘촘히 연결해 로컬 상권을 활성화한다. 넷째, 로컬 브랜드의 국제 공동 전시와 캠페인, 파트너 네트워크를 통해 세계 무대로 나아갈 기반을 마련한다. 전 과정에서 학생과 시민이 지역의 구성원으로 참여하고, 다른 지역과의 지속적 관계망을 형성해 관계인구의 저변을 넓힌다.

사업단의 실행 전략은 다섯 방향으로 정리된다. 첫째, 레벨 업 Level Up , 교육과정의 품질을 높여 학습의 깊이와 난도를 끌어올린다. 둘째, 파워 업 Power Up , 디자인 스프린트와 메이커톤으로 아이디어를 운영안과 시제품으로 빠르게 전환한다. 셋째, 링크 업 Link Up , 지자체와 공공기관, 민간과 소상공인이 같은 일정과 목표를 공유하도록 연결을 촘촘히 한다. 넷째, 밸류 업 Value Up , 지역 자산을 이야기와 디자인, 서비스

5 거주자는 아니지만 관광객처럼 일회성 방문에 그치지 않고, 특정 지역과 지속적으로 관계를 맺고 기여하는 사람들을 말한다. 예로는 정기 방문자, 원격근무자, 두 거점 생활자, 지역 프로젝트 참여자(자원봉사 · 멘토 · 기부자), 해당 지역 학교 · 직장 출신 네트워크 등이 포함된다. 이 개념은 일본의 인구감소 대응 논의 속에서 정립되었고, 2018년 일본 총무성 総務省 '관계인구 창출 연구회'가 정책 프레임으로 공식화했다. 실무적으로는 "정주 population 와 관광 visit 사이의 제3의 범주"로 이해하면 된다.

추진전략 체계도

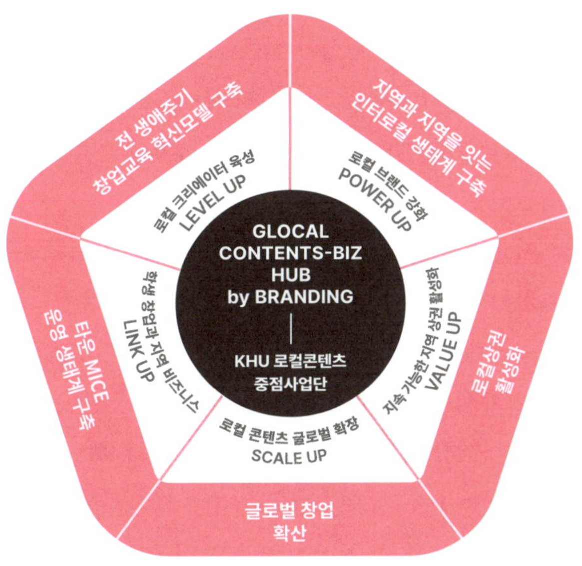

로 번역해 체감 가치를 키운다. 다섯째, 스케일 업Scale Up, 작은 시도에서 시작해 인접 골목과 생활권으로 넓히고, 다른 지역과 해외로 이어지는 확장 경로를 설계한다. 이 다섯 축은 시민으로서의 로컬 크리에이터가 지역에 정착하고, 동시에 관계인구의 방식으로 다른 지역과도 지속적으로 연결되도록 뒷받침한다.

교육 운영은 PBL 기반의 세 가지 마이크로디그리를 중심으로 이뤄진다. 로컬콘텐츠마케팅, 로컬브랜드매니지먼트, 지역공간디자인매니지먼트마이크로디그리가 그 축이다. 모든 과정은 커뮤니티 베이스드 디자인Community-Based Design의 원칙을 따른다. 이는 전문가나 기관이 일방적으로 설계하는 방식이 아니라, 지역 주민, 상인, 학생, 행정이 함께 문제를 정의하고 해법을 만들어 가는 참여형 디자인 접근법이다. 현장의 지식과 생활 경험을 존중하며, 설계의 전 과정(조사, 아이디어 도출, 실행, 피드백)에 공동의 주체로 참여한다는 점에서 의미가 크다. 이러한 방식은 결과보다 과정을 중시하고, 완성된 산출물보다 관계의 형성과 지속 가능성을 더 중요한 가치로 본다. 커뮤니티 베이스드 디자인은 지역이 스스로 배우고 성장할 수 있는 구조를 만드는, 경희대학교 로컬콘텐츠 중점대학의 핵심 운영 철학이다.

결국 이 사업은 수업과 현장, 정책과 시장을 하나의 흐름으로 묶는 운영 체계를 구축하는 일이다. 가까운 곳에서 좋은 선택을 만들고, 현장에서 검증하며, 그 결과를 다음 설계로 되돌리는 과정을 반복할 때 지역은 대학의 확장 교실이 되고 대학은 지역의 일상 속으로 들어간다. 우리가 지키려는 핵심 가치는 다섯 문장으로 정리된다. 현장성으로 생활의 문제와 맞닿아 배우고, 연결성으로 다양한 주체를 같은 일정과 목표로 묶고, 창의성으로 지역 자산을 새로운 언어로 번역하며, 공동체성으로 시민 참여를 전제로 운영하고, 확장성으로 다른 지역과 세계로 자연스럽게 이어지게 한다. 로컬의 가치를 이해하고 실천하며 지역과 대학, 나아가 세계가 함께 움직이는 교육과 경제의 생태계를 만들겠다는 것이 우리의 지향점이다.

'인터로컬 인터컬리지Inter Local Inter College'는 경희대학교 로컬콘텐츠 중점대학의 내부 운영 체계이자 협업 철학이다. 생활권과 학과, 지자체와 민간 파트너가 일정과 목표를 조율하고 평가 기준을 공유하며 함께 움직이도록 설계되어 있다. 마이크로디그리, Site Lab, 공개 크리틱, 과정 아카이빙을 정기적으로 연결해 학습과 실행이 단절되지 않게 운영한다. 경희대의 여러 전공과 외부 파트너가 어디서 무엇을, 어떤 흐름과 기준으로 협력할지 합의하는 운영의 문법이자, 캠퍼스와 지역을 하나의 학습 생태로 잇는 연합 플랫폼이다.

교육과정 3개년 목표

외부와의 접점을 여는 이름은 '다닥다닥Da+R Da+C'이다. 이는 단순한 로고가 아니라, 우리의 방식과 약속을 한 문장으로 보여주는 공공 커뮤니케이션 브랜드다. 이름에는 두 가지 뜻이 담겨 있다. 하나는 가까운 곳에서 작은 시도를 반복하며 가장 적합한 해법을 찾아간다는 의미이고, 다른 하나는 서로 더 가깝게 연결되어 더 강한 공동체로 성장하자는 다짐이다. 이 이름 아래에서 시민과 상인, 지자체와 기업이 한눈에 이해하고 함께 움직일 수 있도록 행사 배너, 포스터, 보도자료의 어조, 온라인 콘텐츠, 팝업 키트, 현장 안내 등 모든 소통 방식을 한 흐름으로 통합한다. 결국 '다닥다닥'은 우리의 비전과 미션, 원칙을 대중의 언어로 번역해 전달하는 얼굴이다.

정리하자면, 외부를 향해 '다닥다닥'이 우리의 생각과 가치를 명확히 전하고, 내부에서는 '인터로컬 인터컬리지'가 그 약속을 일상의 운영과 협업 과정으로 실현한다.

2. 다닥다닥 브랜드 철학: 더 가까이, 더 강하게 연결된 커뮤니티를 위하여

다닥다닥 Da+R Da+C, Design Activism focuses on Rebranding, Design Activism focuses on Community 은 경희대학교 로컬콘텐츠 중점대학의 비전과 실천을 지역사회와 공유하기 위해 만들어진 실천형 브랜드다. '다닥다닥'이라는 말은 본래 사이좋게 바짝 붙어 있는 모습을 뜻하지만, 여기서는 사람과 공간, 로컬과 도시, 가게와 커뮤니티가 더 가까이 연결되는 공동체의 미래를 상징한다.

브랜드가 그리는 비전은 더 가까이, 더 강하게 연결된 지속 가능한 커뮤니티로, 우리는 사람과 공간, 지역과 도시를 긴밀히 잇고, 협업과 창의적 실천을 통해 지역의 회복력 있는 미래를 상상한다.

이를 실현하기 위한 세 가지 방향은 다음과 같다. 첫째, 회복력 있는 연결 Resilient Reunion 로 사람과 로컬, 브랜드와 공간이 단절되지 않고 이어지며, 변화에도 다시 일어설 수 있는 유연한 관계망을 만든다. 둘째, 창조적 협력 Creative Collaboration 으로 지속 가능한 창업과 브랜드 협업을 통해 작고 실험적인 시도가 스스로 자라나도록 돕는다. 셋째, 맥락소비 Contextual Consumption 는 지역의 역사와 문화, 생활의 결을 이해하며 소비가 단순한 구매가 아닌 참여와 공감의 경험으로 이어지게 한다.

이 비전은 4C 미션 Contents, Creativity, Community, Collaboration 으로 구체화된다. 동네의 역사와 문화를 이야기로 엮고 Contents , 디자인적 사고로 문제를 다시 정의하며 Creativity , 마을, 가게 그리고 창업가가 서로 배우고 돕는 네트워크를 만들고 Community , 행정, 공공, 민간과 대학이 함께 프로그램과 정책을 조율한다 Collaboration .

더 가깝고 더 강력한 지역 공동체, 다닥다닥

다닥다닥

Closer Together, Stronger Together

Closer Together, Stronger Together

요약하면, 다닥다닥은 연결의 힘으로 단단해지고, 협력의 힘으로 움직이며, 이야기의 힘으로 설득하는 브랜드다. 오늘의 작은 시도가 내일의 새로운 가능성을 만들고, 그 가능성이 다시 공동체 속에서 다듬어져 더 넓은 변화로 확산된다.

브랜드의 태그라인 'Closer Together, Stronger Together'는 이 철학을 한 문장으로 압축한다. 더 가까이 모이고, 더 강하게 실천할 때, 로컬에서 시작된 변화는 도시로 확장된다. 다닥다닥은 이름 자체가 약속이다. 지역과 대학, 사람과 사람이 밀도 있게 연결되어 작은 시도를 자주 만들고, 그 경험을 다시 다음 설계로 이어가는 순환, 바로 그 흐름이 우리가 말하는 다닥다닥의 철학이다.

3. 다닥다닥 브랜드 구조도: 타운 MICE '다닥다닥커뮤니티'

다닥다닥Da+R Da+C은 대학과 지역이 촘촘히 연대해 도시 전체를 캠퍼스이자 실험장으로 바꾸는 운영 체계다. 이 체계의 상단에는 비전과 미션이 있다. 현장에서 움직이는 로컬 액티비스트Activist를 길러 인터로컬 생태계를 주도하고, 전 생애주기 창업교육을 정착시키며, 타운 MICE와 지역 간 확장을 함께 추진하는 방향이다.

이 방향이 현실이 되려면 '디자인 액티비즘'[6]과 '브랜드 액티비즘'[7]이라는 두 개의 엔진이 함께 작동해야 한다. 디자인 액티비즘은 수업의 흐름을 문제를 정의하고 가설을 세우며 현장에서 검증하고 공개적으로 피드백을 받는 순환으로 바꾸어 학습을 실행과 연결하고, 브랜드 액티비즘은 그 결과를 캠페인과 전시, 정책과 연례 행사로 사회에 배치해 의미를 넓힌다. 우리는 이 이중 구조가 작동하며 지역 내에 만들어지는 교육 공동체 전반을 '교육 공유지'라고 부르며, 교실에서 시작한 일이 현장과 정책, 시장과 지역 커뮤니티를 오가며 계속 이어지도록 공

다닥다닥 브랜드 구조도

비전			
더 가깝고 더 강력한 지역 공동체, 다닥다닥			

미션		
회복력 있는 연결	창조적 협력	맥락 소비

다닥다닥 실행 브랜드			
다닥다닥 메이커스	다닥다닥 커뮤니티	다닥다닥 마켓	다닥다닥 페스타
로컬코크리에이션랩	로컬인사이트 세미나	백상회	로컬 이벤트
로커톤	로커톤	로컬 팝업스토어	로컬 공연
로컬메이커톤	로컬 스타터스	다닥다닥경희로운 디자인사무소	로컬프로그램

작동원리	
디자인 액티비즘	브랜드 액티비즘

공 인프라의 형태로 운영한다. 3장에서 우리는 이 공유지가 실제로 어떤 규칙으로 움직이는지를 자세히 살펴볼 것이다. 그 전에, 이번 장에서는 경희대학교 로컬콘텐츠 중점대학의 브랜드 구조도를 간단히 소개하고자 한다.

이 구조도에는 배움이 어떻게 만들어지고, 어디로 흘러가는지가 담겨 있다. 다닥다닥의 주요 결과물인 팝업, 전시, 로컬 페스타, 공공 공간 프로젝트는 모두 학생이 주도하는 로커톤과 정규 교과인 로컬코크리에이션랩에서 시작된다. 아이디어가 교실에서 만들어지고, 현장에서 시험되며, 다시 다음 단계의 학습으로 이어지는 것이다.

로컬코크리에이션랩은 세 가지 마이크로디그리와 연결되어 있다. 학생들은 지역의 이야기를 발굴하고, 브랜드를 세우며, 공간을 새롭게 사용하는 방법을 배우고 실험한다. 이 과정에서 배움은 책 속 이론이 아니라 도시 안에서 움직이는 경험으로 바뀐다.

로커톤은 서울캠퍼스와 국제캠퍼스가 함께 진행했다. 호텔관광대학, 소프트웨어융합대학, 예술디자인대학의 학생들이 전공의 경계를 넘어 팀을 이루어 지역 상인들과 협력했다. AI 기술과 디자인 프로토타이핑을 접목해 짧은 주기의 실험을 진행했고, 일부는 실제 팝업스토어로 구현되었다. 시장과 골목, 공공공간 같은 생활 현장에서 이루어진 실험들은 시민의 의견과 데이터를 남겼고, 이 경험은 곧바로 다음 학기 수

6 "디자인을 사회 · 환경 변화의 촉매로 활용하는 실천"을 가리키는 개념으로, 2009년 알라스테어 푸아드 루크 Alastair Fuad-Luke 의 저서 『Design Activism: Beautiful Strangeness for a Sustainable World』가 학술적으로 널리 알려지게 한 용어다. 그는 디자이너의 기술 · 상상 · 제작 행위를 민주적 · 공공적 가치 실현과 연결하는 것을 '디자인 액티비즘'으로 규정하며, 상업적 의뢰에 종속되지 않는 사회변혁 지향의 디자인 실천을 체계화했다. 사상적 선구로는 빅터 파파넥 Victor Papanek 의 『Design for the Real World』(1971) 등 사회적 · 윤리적 디자인 전통이 거론된다.

7 이 개념은 마케팅 학자 필립 코틀러 Philip Kotler 와 전략가 크리스티안 사카르 Christian Sarkar 가 『Brand Activism: From Purpose to Action』(2018)에서 체계적으로 제시 · 정의한 용어다. 그들은 브랜드가 단순한 '선의의 사회공헌 CSR '을 넘어 사회 · 환경 · 경제 · 정치 · 법 · 경영 거버넌스 등 여섯 영역에서 공적 가치를 옹호하고 제도 변화를 촉진하는 공적 · 정치적 실천을 총칭해 "브랜드 액티비즘"이라 불렀다. 이후 연구들은 이를 "기업이 사회 전체의 최선(공익)을 증진하기 위해 공적 현안에 공개적으로 입장하고 행동하는 전략"으로 정리한다. 개념의 계보는 코틀러 · 잘트만의 '소셜 마케팅'(1971)과 기업의 정치적 역할 논의(예: Scherer & Palazzo, 2011)까지 거슬러 올라가지만, 오늘날 통용되는 '브랜드 액티비즘'이라는 명칭과 6대 영역 프레임을 본격화한 것은 코틀러와 사카르의 작업이다.

업의 내용으로 반영되었다.

여름 학기에는 로컬코크리에이션랩이 중심이 되어 여러 팝업과 공공 프로젝트가 열렸다. 대표적인 예로, 환경조경, 주거환경, 산업디자인 전공 학생들이 지역 장인과 주민, 전문가와 함께 만든 도심 속 쉼터 구조물이 있다. 이 프로젝트는 사람들이 잠시 머물고 쉴 수 있는 장소를 만들자는 아이디어에서 시작되었으며, 실제로 지역의 보행 동선과 체류 공간을 한층 풍부하게 만들었다. 이런 작은 시도들이 쌓여 '걷고 머무는 도시'라는 새로운 일상적 경험을 만들어 가고 있다.

이 학습의 흐름은 타운 MICE와 결합될 때 도시 전체로 확장된다. 학술대회, 전시, 팝업, 로컬 페스타가 한 도시의 리듬 속에서 이어지고, 참여자는 하나의 지도만으로 회의, 체험, 식사, 관광, 숙박을 자연스럽게 연결하며 경험한다. 프로그램은 한 번으로 끝나지 않는다. 공개 피드백을 통해 다음 시즌의 방향을 조정하고, 일정과 공간, 참여 방식을 계속 다듬어 나간다.

결국 다닥다닥의 핵심은 배움을 지역의 현실 속으로 옮겨 놓은 것이다. 교실에서 나온 생각은 현장에서 실험되고, 그 결과는 다시 교육과 정책, 상권 운영으로 되돌아간다. 학생은 배우는 사람인 동시에 실천하는 시민으로 성장하고, 지역은 대학의 참여를 통해 스스로를 새롭게 디자인한다. 이 흐름은 행궁동 전체를 '교육이 살아 있는 도시'로 바꾸는 토대가 된다.

4. 교과과정 및 비교과과정 설계: 구조도 실행을 가능하게 한 교육 설계, 교과와 비교과의 맞물림

구조도가 실제로 작동하려면 교과와 비교과가 하나의 몸처럼 맞물려야 한다. 우리는 비전과 미션을 수업의 원리로 번역하고, 학생이 주도하는 제작 파이프라인을 통해 결과물을 만든 뒤, 생활권 현장에서 검증하고, 필요한 경우 정책과 타운 MICE로 연결해 확산하는 흐름을 기본 리듬으로 삼았다. 이때 교실과 현장, 행정과 시장이 따로 놀지 않도록 교과K-ARISE와 비교과K-LENS를 서로 엮어, 수업의 결과가 곧 지역의 변화가 되도록 설계했다.

(1) 교과과정: K-ARISE Kyung Hee-Activism for Regional Innovation & Synergy Education

K-ARISE는 행동을 통해 지역과 대학이 함께 일어서게 한다는 뜻의 실천형 교육 모델이다. 수업은 세 단계로 구조화되어 있다. 먼저 로컬 다이브 단계에서 지역의 자산과 정체성을 깊게 읽고, 이어지는 로컬 파이브 단계에서 디자인과 브랜딩과 도시 공간을 다학제적으로 심화하며, 마지막 로컬 하이브 단계에서 현장에서 공동체와 함께 적용하고 공유

교과과정 모델 기본 구조 4Stones Model

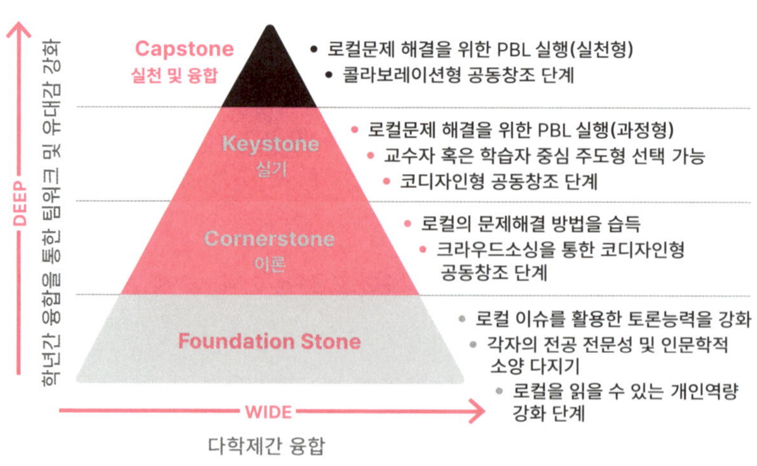

한다.

이 흐름을 지탱하는 교수법은 문제, 프로젝트, 참여, 실천의 네 요소와 파운데이션스톤, 코너스톤, 키스톤, 캡스톤 4Stones: Foundationstone, Cornerstone, Keystone, Capstone 의 네 단계 구조를 결합한 캡스톤 기반 프로젝트 학습이다. 결국 문제정의, 가설 설계, 현장 검증, 공개 피드백의 순환이 교과의 기본 문법이 된다.

이 모델은 학제 간 마이크로디그리 세 가지로 구체화된다. 각 과정은 9학점으로 운영하며 마지막에는 현장 연계형 캡스톤디자인 수업을 통한 실천, 팝업스토어, 로컬하이브를 통한 인터십을 수행할 수 있다.

- 로컬브랜드매니지먼트는 지역 자산을 바탕으로 전략 수립에서 아이덴티티 디자인, 현장 실천 캠페인까지 전 과정을 실습한다. 소비자행태와브랜드전략, 아이덴티티디자인, 브랜드패키지디자인이 마이크로디그리를 구성하는 교과목이며, 로컬코크리에이션랩1과 연동해 실제 협업 파트너(기업, 기관, 소상공인, 스몰브랜드 등)와 브랜딩 솔루션을 완성한다.
- 로컬콘텐츠마케팅은 지역의 이야기를 IP Intellectual Property (지식 재산)로 개발하고 상업화하는 과정을 다룬다. 엔터테인먼트마케팅, 축제이벤트기획, 지역문화콘텐츠기획이 관련 교과목이며, 로컬코크리에이션랩2를 통해 창업 가능성을 검증한다.
- 지역공간디자인매니지먼트는 도시와 상권 환경을 재해석해 공간기반 창업으로 잇는다. 교과목은 도시공간디자인론, 경관해석과재현, 스몰브랜드창업과운영으로 구성되어 있으며, 로컬코크리에이션랩3에서 현장 실천을 수행한다.

마이크로디그리 교과과정 특징

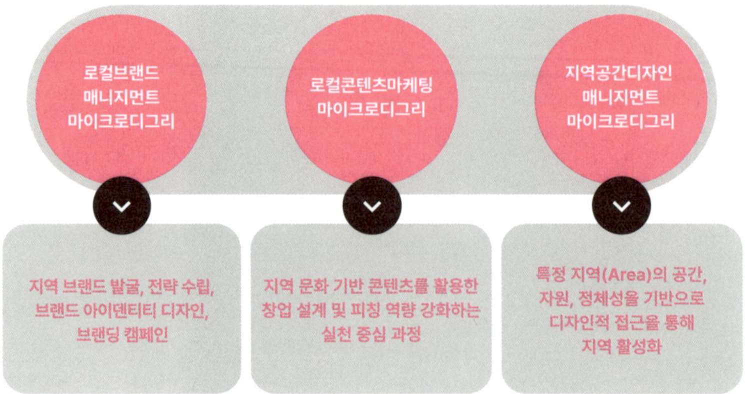

마이크로디그리의 현장 실천 대상지는 행궁동의 다섯 생활권, 행리단길과 순례길과 공방거리와 전통시장과 주거지를 Site Lab으로 지정하여 수업 결과물을 팝업과 야간 축제와 시장 리브랜딩 같은 형태로 구현된다. 점에서 시작한 실험이 골목 네트워크라는 선으로, 다시 생활권과 도시라는 면으로 확장되도록 미리 구조화한 교과과정의 특징이다.

연차 설계는 지역, 국내, 국제의 순서로 단계화했다. 2025년에는 학부 전공 융합형 마이크로디그리 세 가지를 신설하고 운영하며, 로컬 사회혁신 학기제는 한 학기 15학점으로 운영한다. 교양과 배분 이수와 전공 선택을 조합해 구성하며, 학생이 지역에 머물고 연구하고 발표하는 체류형 학습으로 교과의 순환을 현장으로 확장한다.

(2) 비교과과정: K-LENS Kyung Hee-Local Empowerment & Nexus System

K-LENS는 교과에서 만든 가설과 시제품을 빠르게 현장으로 가져가 시험하고, 다시 교과로 되돌려 주는 가속 장치다. 로커톤과 메이커톤,

공개 피드백과 전시, 타운 MICE와 캠페인이 대표 프로그램이며, 모든 비교과 활동은 커뮤니티 베이스드 디자인 원칙에 따라 주민과 상인과 청년과 공공이 함께 기획하고 실행하고 평가한다. 핵심 모듈은 다음과 같이 설계 및 운영된다.

- 로컬팝업스토어: 공모, 선발, 제작지원, 공간임대까지 일괄 지원해 수업 성과를 테스트 베드로 전환한다.
- 로컬페스타: 상인회, 지역경영회사 등 대외 거버넌스 파트너와 함께 숍인숍, 야간마켓, 영화제 등 타운 MICE형 콘텐츠를 공동 기획한다.
- 로컬인턴십: (사)로컬브랜드포럼LBF과 연계하여 전국 100여 로컬기업 네트워크에서 체험형, 프로젝트형, 채용연계형 인턴십을 제공한다.
- 로컬 해커톤(로커톤): 지역 탐방, 문제정의, 해법 도출, 피칭, 멘토링의 전 과정을 통해 창업 아이디어를 발굴하고, 수상 및 후속지원으로 팝업스토어 운영, 브랜드 개발, 유통을 잇는다.
- 다닥다닥 경희로운 디자인 사무소: 하계 계절학기 종료 후 약 한 달간 남문시장 일대에서 학생 디자이너가 상시 상담, 시각화, 브랜딩을 제공하는 '마을 사랑방' 역할을 수행한다.
- 초·중·고 로컬씽킹워크숍: 지역자원 탐험, 문제정의, 기획, 피칭의 과정을 통해 차세대 로컬러를 육성한다.
- 평생교육원 과정(3040/5060/60+): 리브랜딩, 디지털 상거래, 시니어 창업 등 생애주기 맞춤형 교육으로 교과 성과를 지역의 재도약 역량으로 확장한다.

이 비교과 축은 타운 MICE로 고도화된다. 국제학술대회 및 초대전과 연계해 국내·외 학생, 교수, 이해관계자 100여 명이 1~2박(최대 2~3일) 체류하며, 기본 학술 프로그램 외에 팝업, 페스타, 현장 투어에 참여하도록 동선을 설계한다. 체류는 곧 소비와 재방문으로 환류되어, 교육 성과가 지역 상권의 활력으로 변환된다.

(3) 교과 – 비교과의 결속: 교실의 문법이 도시의 프로그램이 되도록

교과와 비교과는 따로 움직이지 않는다. 교과가 문제를 찾고 설계하는 일을 맡는다면, 비교과는 그 결과를 현장에서 시험하고 널리 퍼뜨리는 일을 담당한다. 수업 시간에 세운 가설은 바로 지역 현장으로 옮겨 검증되고, 거기서 얻은 경험과 피드백은 다시 교과 과정에 반영되어 다음 학기의 과제로 이어진다. 이렇게 교실과 현장이 연결되면, 배움은 자연스럽게 지역의 정책과 상권 프로그램으로 이어지고, 교육과 지역이 함께 성장하는 선순환이 만들어진다.

생활권별로 마련된 현장 거점에서는 학기 중에는 실험을, 방학 동안에는 확산을, 다음 학기에는 발전을 이어갈 수 있도록 운영했다. 평가는 시험 점수보다 문제를 어떻게 정의했는가, 어떤 근거로 시도했는가, 현장에서 무엇을 배우고 어떻게 바꿨는가를 중심으로 이루어진다. 학생들은 이를 과정 아카이브로 남기고, 공개 비평을 통해 서로의 성과를 나누며 성장한다.

학습의 흐름은 학부 단계에서 시작해 현장 인턴십, 팝업 운영, 민관 협업 프로젝트로 이어진다. 이렇게 쌓인 성과는 마이크로디그리 이수와 과정 아카이브로 기록되어, 학생이 스스로의 전문성을 증명할 수 있는 근거가 된다. 결국 교실에서 만든 아이디어는 지역의 프로그램으로, 현장의 경험은 다시 교육의 자산으로 쌓이며, 배움과 실천이 함께 돌아가는 구조가 완성된다.

(4) 왜 이 설계가 구조도를 '작동'시키는가

우리가 제안한 구조도는 교육이 공간을 소비하는 데서 멈추지 않고, 공공의 장소를 함께 빚어 가는 과정으로 전환될 때 힘을 얻는다. K-ARISE는 교실에서 만드는 결과를 완결된 산물이 아니라 현장에서 다시 다듬을 전제로 놓고, 짧은 주기의 현장 적용과 공개 점검을 통해 수업의 내용과 방식이 스스로 갱신되도록 한다. K-LENS는 이렇게 다듬어진 결과를 시민이 직접 참여하고 체험할 수 있는 프로그램으로 펼친다. 팝업과 공개 피드백, 전시와 캠페인이 그 통로가 된다. 여기에 타운 MICE가 촉매제로 더해지면 지역과 대학, 민간과 행정이 목표와 예산, 평가를 정례화하고 같은 달력으로 움직이게 된다. 그 순간 수업에서 시작된 변화는 상권의 활력과 지역 브랜드 경쟁력으로 이어지는 선순환을 만든다.

3장
운영: 기획-실행-환류의 전 과정

1장에서는 네 가지 사막을 직시했고, 2장에서는 다닥다닥이라는 구조와 비전으로 나아갈 길을 세웠다. 이제 3장은 구체적으로 어떻게 움직였는지를 보여준다. 경희대학교 로컬콘텐츠 중점대학의 1년 차 운영은 교과K-ARISE 마이크로디그리와 비교과K-LENS 두 축을 맞물려, 디자인과 브랜딩의 실천을 실제 생활권에 박아 넣는 일에 초점을 맞췄다. 교실 안에서는 문제를 정의하고 가설을 세운 뒤 현장에서 확인하며, 공개 자리에서 의견을 반영해 다음 시도로 이어지는 학습 리듬을 꾸준히 돌렸다. 지역에서는 그 결과를 캠페인, 전시, 팝업, 국제 학술 행사와 같은 열린 장면으로 펼쳐 학생과 교원, 상인과 주민, 방문객 누구나 와서 보고 함께 해보고 즐길 수 있게 만들었다. 핵심은 수업의 시간표와 도시의 달력을 정밀하게 맞추어, 교실의 탐구가 곧바로 동네의 프로그램이 되도록 한 것이다.

교과는 문제 설정과 설계, 제작에, 비교과는 현장 적용과 사회적 확산에 힘을 실었다. 수업에서 나온 초안은 지체 없이 생활권의 현장 실험 거점으로 옮겨 실제 사람과 장소 속에서 손봐졌고, 그 경험은 정책과 상권 운영의 과제와도 연결되었다. 다시 그 결과가 커리큘럼과 과제뱅크를 업데이트하며 다음 학기의 출발점이 되었다. 이처럼 교실과 현장, 행정과 시장이 한 줄로 이어지도록 설계를 고도화했기 때문에, 2장에서 제시한 구조(비전과 미션, 액티비즘, 제작 파이프라인, 현장 점검, 정책의 축

교과 - 비교과 구조도

진, 교육과 경제의 동시 작동)가 계획이 아니라 실제 운영으로 전환될 수 있었다.

경희대학교 로컬콘텐츠 중점대학의 1년 차 운영을 가능하게 한 힘은 세 가지 결속 원리였다. 첫째, 현장과 수업의 동시 진행이다. 생활권별 거점을 교실의 주간 계획과 시의 행사 일정에 함께 반영해, 학기 동안에는 소규모 시도와 조정을 반복하고, 방학에는 확산과 정비에 집중하며, 다음 학기에는 배운 것을 반영해 한 단계 높였다. 둘째, 평가의 관점 전환이다. 정답을 맞히는 시험보다 '무엇을 문제로 보았는가, 어떤 근거로 가설을 세웠는가, 실제 적용 뒤 무엇이 어떻게 달라졌는가, 공

로커톤 포스터

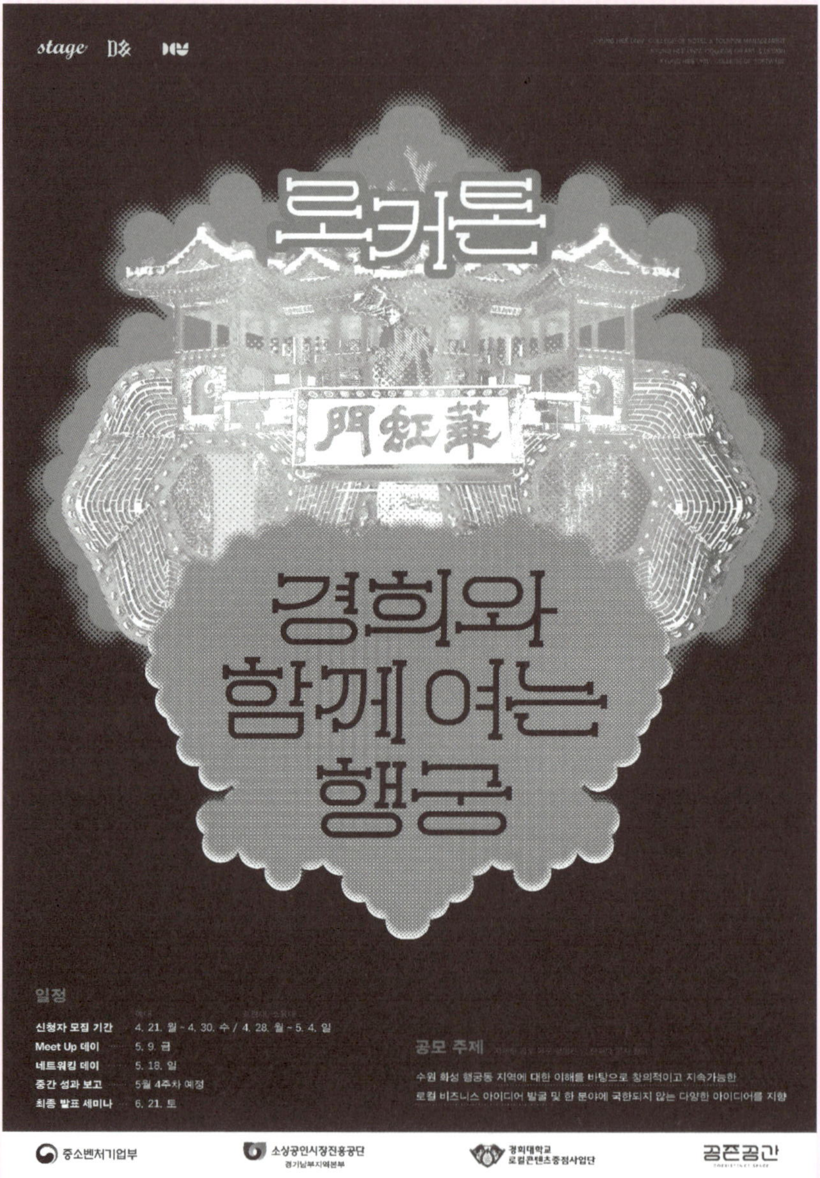

stage
로커톤
門紅華
경희와
함께 여는
행궁
일정
신청자 모집 기간 4. 21. 월 ~ 4. 30. 수 / 4. 28. 월 ~ 5. 4. 일
Meet Up 데이 5. 9. 금
네트워킹 데이 5. 18. 일
중간 성과 보고 5월 4주차 예정
최종 발표 세미나 6. 21. 토
공모 주제
수원 화성 행궁동 지역에 대한 이해를 바탕으로 창의적이고 지속가능한
로컬 비즈니스 아이디어 발굴 및 한 분야에 국한되지 않는 다양한 아이디어를 지향
중소벤처기업부
소상공인시장진흥공단
경기남부지역본부
경희대학교
로컬콘텐츠중점사업단
공존공간

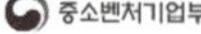

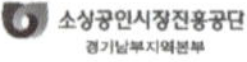

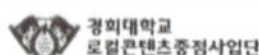

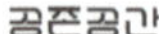

개 자리에서 어떤 통찰을 얻었는가'를 핵심 기준으로 삼았다. 결과물만이 아니라 관계와 역할, 실행 과정과 개선 기록을 담은 과정 아카이브와 공개 토론을 기본 형식으로 채택했다. 셋째, 연차와 경로의 연계다. 학부 단계의 마이크로디그리에서 출발해 현장 인턴십, 팝업 운영, 민관 협업 프로젝트로 자연스럽게 이어지도록 설계했고, 성과는 마이크로디그리 이수 및 공개 포트폴리오, 소상공인시장진흥공단 성과공유회와 각종 창업 아이디어 경진대회, 사업단 데모데이 등을 통해 대외적으로도 확인했다. 수상 여부와 무관하게 주도적으로 임한 팀에는 현장 실험의 기회를 열어, 기회의 폭을 넓혔다.

1. 기획(사전 설계): 교과와 비교과의 결합, 생활권 캘리브레이션[8]

1년 차의 설계는 '대학과 현장이 만들어 내는 아이디어가 로컬에서 실행되는' 경로를 만드는 일에 맞춰졌다. 교과 쪽에서는 로컬브랜드매니지먼트, 로컬콘텐츠마케팅, 지역공간디자인매니지먼트마이크로디그리를 가동해 콘텐츠 발굴과 브랜딩 개발, 공간 기반 창업을 단계적으로 익혔다. 동시에 비교과가 이 과정을 뒷받침하도록 연중 일정을 설계했다. 팝업, 로컬 페스타, 현장 인턴십, 타운 MICE를 시기별로 배치하고, 로컬브랜드포럼과 연계한 인턴십, 지역의 가장 큰 축제인 수원화성문화제 주간과 연계한 로컬팝업스토어 및 페스타 운영안을 미리 설계해 수업에서 나온 시안을 바로 현실의 무대로 옮길 수 있게 했다.

이 모든 '캘리브레이션'에는 시간이 필요했다. 수원시와의 행정 일정, 수원도시재단의 행사 캘린더, 행궁동 골목 상권과 지역경영회사

8 원래는 계측 · 공학 분야에서 표준값과 비교해 오차를 보정 · 정렬하는 절차를 뜻한다. 교육 · 도시 운영 맥락에서는 계획(목표 · 지표 · 시간표)을 현장 조건(공간 · 이용자 · 제약)에 맞게 반복적으로 맞춰가는 조정 과정을 의미한다.

인 공존공간의 운영 계획, 소상공인의 영업 시간과 제약을 하나하나 맞추는 과정이 몇 달간 이어졌다. 그 조율 과정에서 각자의 리듬과 기대가 공유되었고, 덕분에 학기 중 실험, 방학 중 확산, 다음 학기 고도화라는 연쇄가 현장에서 끊기지 않고 이어질 준비가 갖춰졌다. 이제부터는 그 설계가 어떻게 실제 프로그램으로 구현되었는지, 생활권과 주제별로 차례로 살펴본다.

2. 실행 1: 로커톤에서 메이커톤, 그리고 팝업으로

(1) 실행 프로세스

무엇보다 먼저 왜 로커톤을 했는가를 분명히 했다. 로컬의 문제는 디자인 하나로 풀리지 않는다. 매출 구조, 동선, 고객 경험, 공공디자인, 스토리텔링이 얽혀 있다. 책상 위에서만 다룰 수 없는 주제들이다. 그래서 학생이 교실에서 만든 가설을 바로 사람과 장소 속으로 던져 보고, 지역의 상인과 주민, 방문객이 함께 살펴보며 문제를 다시 정의하는 장을 만들고자 했다. 로커톤은 그 출발선이었다.

1) 공고 · 모집 · 오리엔테이션(4~5월)

공고와 모집은 4월 21일부터 5월 4일까지 진행했다. '경희와 함께 여는 행궁'이라는 이름으로 서울캠퍼스와 국제캠퍼스가 함께 로컬콘텐츠 해커톤을 시작했다. 공모는 로컬 인사이트를 바탕으로 문제정의, 가설, 현장 검증, 공개 피드백의 흐름에 맞춰 설계했고, 최종 산출물은 현장 팝업과의 연계를 전제로 안내했다. 참여자는 공식 집계 기준 190명으로, 호텔관광대학, 소프트웨어융합대학, 예술디자인대학 등이 다학제로 참여했다.

로커톤 프로세스

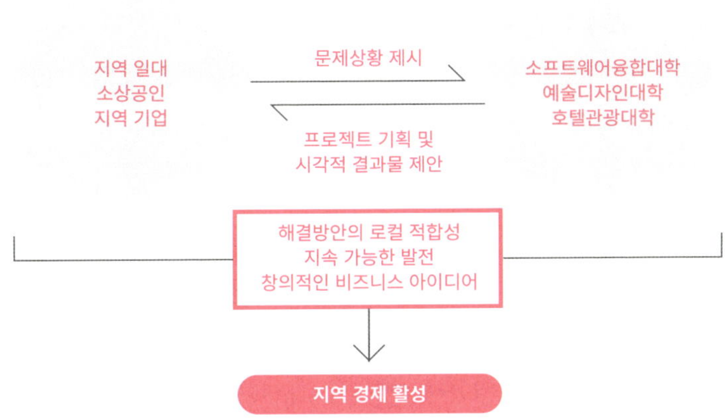

로커톤 밋업데이

2) 밋업Meet-Up 데이 & 네트워킹데이(5월)

5월에는 밋업데이와 네트워킹데이를 열었다. 밋업데이는 영동시장을 포함한 소상공인 35곳과 학생팀의 일대일 만남으로 구성했다. 오래 운영해 온 노포부터 신생 브랜드, 한복과 판소리 같은 전통문화 기반의 상점, 중소기업 규모를 넘은 로컬브랜드까지 스펙트럼이 넓었다. 소상공인들은 매출 구조, 회전율, 메뉴 구성, 공간 동선, 안전과 접근성, 홍보 채널 같은 '실제 과제'를 솔직하게 꺼내 놓았다. 학생들은 사전 조사와 관찰 노트를 들고 가설을 키우거나 버리며, 다음 단계에서 시험할 최소 실행안을 구체화했다. 이 자리를 성사시키고 조정한 것은 지역경영회사 '공존공간'이었고, 수원도시재단은 시장 상인회와 협의해 장소와 시간을 확보해 주었다. 특히 영동시장에서의 밋업데이 경험은 이후 영동시장과의 연속 협업으로 자연스럽게 이어졌다.

네트워킹 데이는 호텔관광대학에서 열렸다. 서울캠퍼스의 호텔관광대학, 국제캠퍼스의 예술디자인대학과 소프트웨어융합대학 학생들이 뒤섞여 팀을 꾸렸다. 세 개 단과의 학생회가 주도하며 자율적으로 주제를 재구성했고, '전공을 합쳐야 제대로 해결된다'는 공감대를 바탕으로 28개 팀이 결성됐다. 이 과정은 위에서 지시하는 과제가 아니라 학생 스스로 설계한 연대였고, 다음 단계의 실행력을 크게 끌어올렸다.

3) 발표 및 평가(6월 말)

가설의 타당성(현장 근거), 실행 가능성(예산과 운영), 파트너십 구조, 맥락 소비 설계를 핵심 기준으로 공개 피드백을 진행했다. 팀들은 리서치와 관찰 로그, 인터뷰 등 현장 근거를 제시하고, 공간과 운영과 예산의 현실성, 확산 시나리오를 함께 검증받았다.

심사는 소상공인시장진흥공단, 로컬크리에이터 교육 전문기관

한국리노베링, 공간과 비즈니스 모델 평가 역량을 갖춘 더 제너럴리스트가 맡았다. 심사단은 특히 실제 팝업 전개와 창업 전환 가능성에 주목했다. 총 29개 팀이 발표했고, 이 가운데 9개 팀을 2차 고도화 대상으로 선정했다. 선정 팀과 학생의 적극적 참여 의사에 따라 최종적으로는 로커톤에서 5개 팀(경안야행, 행궁디팡팡, 불효나잇, 행궁다과, 행궁찬장)이 팝업 실행까지 이어지는 중점 육성팀으로 지정해 브랜딩, 공간과 운영, 협력 파트너십을 집중 보완했다.

4) 메이커톤(8~9월, 2회): 현장 적용 수준으로 고도화

멘토단은 상권 운영과 오퍼레이션을 담당하는 지역경영회사, 제품과 서비스 관점의 청년 창업가, 사용자 경험 기반 공간 디자이너, 가로 환경과 가이드라인을 총괄하는 수원시 도시디자인단, 네이밍과 스토리와 캠페인을 자문하는 브랜드 전문가 등 8인 체제로 구성했다. 과제 특성에 맞춰 멘토단을 매칭해 실행안을 정교화했다. 7월의 1차 메이커톤에서는 페르소나와 경로 분석으로 핵심 고객 여정을 도출하고, '다닥다닥 커뮤니티 지도'[9]와 연동한 맥락소비 Contextual Consumption (장소, 사건, 이야기와 맞물린 소비) 설계를 구체화했다. 동시에 안전과 허가 이슈를 사전에 점검하고, 메뉴와 패키징, 사이니지, 리플렛 등 시제품을 제작해 현장 적용 가능성을 검증했다. 평가는 '현장 제약을 기회로'라는 원칙 아래 실험 팝업을 전략으로 전환하는 관점에서 이뤄졌으며, 로컬코크리에이션랩의 '제약의 창의적 전환, 실험성의 전략적 활용' 프레임과도 일치했다.

9 다닥다닥 커뮤니티 지도는 행궁동의 학습, 체류, 소비, 재방문을 함께 설계하는 현장형 안내서다. 수업의 가설과 시제품, 주민 · 상인 제안을 묶어 볼거리, 먹거리, 만들거리, 머물거리, 배울거리 등 핵심적인 100개의 포인트를 선별해 지도 한 장에 담았다. 목적은 지역의 길을 정리하고 스토리로 연결해, 학생 · 시민 · 방문객이 자연스럽게 배우고 즐기며 소비하도록 돕는 것이다.

메이커톤 현장

8월의 2차 메이커톤에서는 비용과 수익 구조를 정밀화하고, 체류형 이벤트를 전제로 한 예약과 회차 운영 시나리오를 확정했다. 상인과 공간과 행정 간 협력 계약을 정리해 실행 거버넌스를 명문화했고, 홍보물과 안내물의 브랜드 가이드를 최종 확정해 커뮤니케이션의 일관성을 확보했다. 마지막으로 타운 MICE 연동 계획을 확정했다. 국제학술대회 참가자 약 100명의 1박 또는 2박 체류 동선에 팝업스토어를 유기적으로 배치해 회의, 전시, 체험, 관광, 식음료, 숙박을 하나의 흐름으로 설계했다. 이를 통해 체류와 소비를 높이는 동시에 학술 행사와 지역 상권이 서로를 강화하는 선순환 구조를 구축했다.

5) 팝업 운영(9.23~9.27): 타운 MICE 현장 검증

9월 23일부터 27일까지는 현장 팝업 운영으로 마무리했다. '로컬 브랜드 매니페스토' 공개 행사와 학술 심포지엄, 전통시장 전시 '백상회'(9월 25일부터 10월 14일까지), 다닥다닥 팝업스토어를 하나의 동선으로 묶어 수원형 타운 MICE를 첫 구현했다. 이 닷새 동안 시민과 방문객은 누구나 프로그램에 합류할 수 있었고, 학생과 상인, 연구자, 행정이 같은 거리를 오가며 서로의 결과물을 경험했다. 그 자리에서 모은 데이터와 제안은 곧장 교실로 돌아와 다음 학기 과제가 되었고, 일부 팀은 현장 인턴십과 테스트 판매를 거쳐 지속 운영 단계로 진입했다.

요약하면, 로커톤-메이커톤-팝업으로 이어지는 연계 구조는 교실의 시제품을 도시의 축제형 경험으로 확장되고, 이를 다시 교육과 지역 운영의 표준으로 되돌리는 통로가 되었다. 무엇보다 중요한 성과는 신뢰였다. 35개 소상공인 팀이 스스로 과제를 꺼내 놓고 학생과 한 자리에 앉았고, 190명의 학생이 서로 전공의 벽을 허물고 29개 팀을 스스로 꾸렸으며, 지역 경영조직과 공공기관이 연결과 지원의 역할을 맡았다. 이 결속이 생태계의 기초 체력을 만들었다. 그래서 우리의 실행 보고서는 단지 '무엇을 했다'의 목록이 아니라, '누가, 어떻게 함께했기에 가능했는지'에 대한 기록이기도 하다.

(2) 사례

1) 사례1. 경안야행 X 경안당: 음악, 와인 그리고 디저트, 밤의 행궁을 걷다

'2025년 소상공인 역량강화사업 지원단체 교육 부문 대상 수상'

'경안야행'은 정조가 사도세자를 그리워하던 마음을 오늘의 감각으로 되살린 퓨전국악(전통음악에 현대적 편성·연출을 결합한 공연) 기반의 야간 체류형 프로그램이다. 무대는 행궁동의 한옥 카페 '경안당' 앞마당. 이 공간의 상징인 감나무를 중심으로 테이블과 의자를 낮게 배치해 '앉아 듣는 정원 공연'의 분위기를 만들고, 90분 러닝타임의 공연과 와인&디저트 페어링 코스를 하나의 서비스 경험으로 엮었다. 1인 3만 5천 원의 예약 좌석제(24석)로 운영하여 공연 감상, 디저트 코스, 근거리 산책으로 이어지는 완곡한 리듬을 설계했다. 프로그램은 9월 26일에 열렸으며, 장소는 수원시 팔달구 화서문로31번길 8-15 '경안당'이다. 이 일정과 동선은 타운 MICE 주간의 팝업 프로그램으로 편성되어 학술대회, 전시 관람 이후 자연스럽게 연결되도록 배치되었다.

음악은 경희대학교 포스트모던음악학과가 주도한 신작 음원 프로젝트 '그리워할 戀'을 토대로 구성했다. 학생들이 직접 5곡을 작사, 작곡하고 연주 및 보컬을 맡았으며, 지도교수가 총괄 프로듀싱을 담당해 디지털 앨범을 발매했다. 앨범은 국악 차트 3위까지 오르며(발매 플랫폼 국악 카테고리 기준), 실험성과 대중성을 함께 증명했다. 이 레퍼토리는 '경안야행' 현장에서 그대로 살아 움직였다. 악기 편성은 가야금 등 전통 악기에 건반, 드럼, 베이스가 맞물리는 형태로 구성했고, 클라이맥스

경안야행 거버넌스 및 협업내용

거버넌스 및 협업 내용	대학	포스트모던음악학과	행궁다움 재해석 음원개발(IP등록) 디지털음반발매
		조리서비스경영학과	디저트개발 와인-디저트 페어링 조리
		문화엔터테인먼트학과	고객경험 설계
		산업디자인학과	고객경험 디자인
	민간기업 및 소상공인	경안당	문제 및 과제 제안 공간 제공 멘토링 현장 실천 지원
		지역 기반 전문가	멘토링 및 현장 실천 지원
	공공기관	소상공인시장진흥공단	행정적, 제도적 지원
		수원도시재단	현장 실천 지원
	지자체	수원시	현장 실천 지원

에서는 관객 합창과 여음을 살리는 언플러그드 파트로 공간의 질감을 강조했다. 무대 뒤편 처마선과 감나무의 실루엣, 마당의 잔광이 만들어 내는 한옥의 레이어는 음악적 서사의 배경이자 무대 장치가 되었다.

공연을 '듣는 것'에서 '머무르며 경험하는 것'으로 확장한 장치는 서비스 경험 설계Service Experience Design였다. 예술디자인대학 산업디자인학과와 호텔관광대학 문화엔터테인먼트학과 학생들이 협업해 사전 예약, 현장도착, 착석, 시음, 감상으로 이어지는 여정을 세밀하게 디자인했고, 특히 공연의 테마와 어울리는 와인과 디저트 페어링을 '코스'로 구성해 맥락소비를 유도했다.

조리서비스경영학과는 제철 재료와 지역 스토리를 반영한 디저트를 개발 및 조리하고, 테이스팅 노트와 플레이팅을 공연의 악장과 대응시키는 연출로 감각의 리듬을 맞췄다. 하나의 플레이트가 끝나면 음악의 분위기 또한 전환되고, 잔이 비워질 즈음 이야기의 장면도 다음으로 넘어가도록 '스토리텔링을 담은 미각'을 구현한 셈이다.

운영 측면에서는 로커톤과 메이커톤의 학습 환류가 현장의 완성도를 끌어올렸다. 해커톤 단계에서 학생 팀은 '정조의 기억을 현재형 감각으로 번역하자'를 핵심 문제정의로 삼고, 관객의 체류 시간을 늘리는 서사형 공연과 식경험 시나리오를 제안했다. 이후 8명의 전문 멘토(지역경영회사, 청년창업가, 공간디자이너, 수원시 도시디자인단, 브랜드 전문가 등)와 함께 두 차례 메이커톤을 치르며 러닝타임, 좌석 간격, 음량, 동선, 가격대를 정교화했다. 특히 공연 러닝타임과 F&B 가격대 조정, 숙소, 공연, 야식으로 이어지는 야간 동선 설계, 안전 및 소음 가이드는 멘토링 피드백을 반영해 재설계한 대표 과제였다. 그 결과, 학술행사 종료 후 참가자들이 숙소에서 도보로 이동해 공연을 즐기고, 인근 야식 코스로 이동하는 '밤의 회로'가 안정적으로 작동했다. 이러한 설계는 타운 MICE 주간의 다닥다닥 커뮤니티 맵에도 연동되어 현장 안내와 예약 전환을 도왔다.

'경안야행'은 공간, 음악, 미각을 교차시키되, 모든 요소를 '행궁의 밤'이라는 하나의 이야기 축에 묶었다. 무대 전면에는 앨범의 리드 모티프를 시각화한 간결한 안내 사인를 두고, 후면에는 경안당의 처마선과 정원 수목이 자연스러운 배경막이 되도록 조도를 낮췄다. 관객 안내 문구는 공연의 프롤로그, 인터미션, 에필로그에 맞춰 나누어 배포했고, 공연 말미에는 '그리워할 戀'의 디지털 스트리밍 링크와 '밤의 행궁 가이드'를 수록한 소책자를 제공해, 공연 이후의 소비와 산책이 다시 지역으로 이어지도록 배려했다. 프로그램 소개와 장소, 일정 정보는 리플릿에도 수록되어 국제학술대회 참가자와 일반 시민의 접근성을 높였다.

경희대학교 × 다담다담

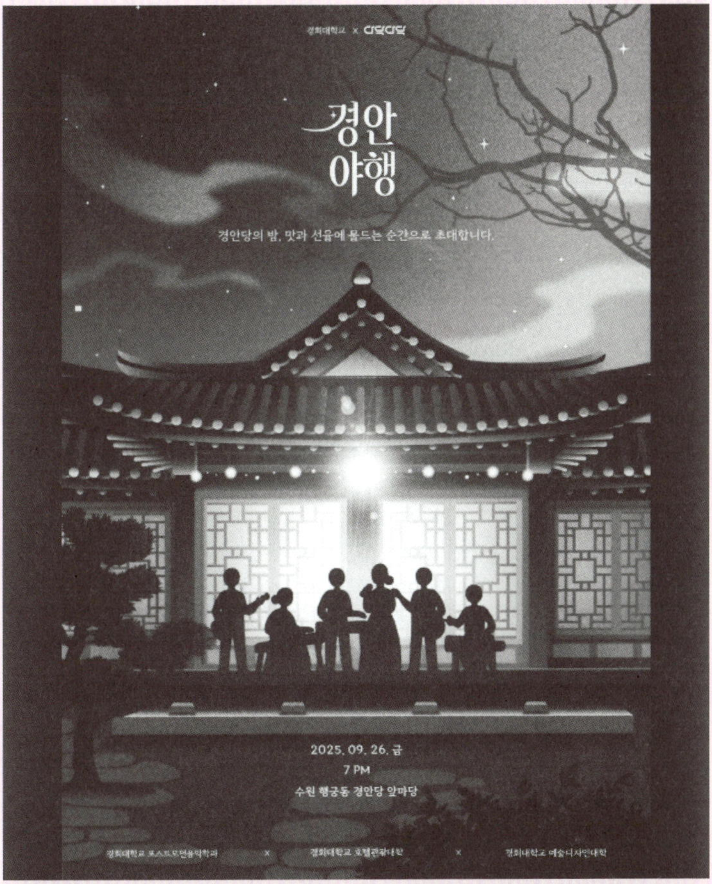

경안
야행

경안당의 밤, 맛과 선율에 물드는 순간으로 초대합니다.

2025. 09. 26. 금
7 PM
수원 행궁동 경안당 앞마당

경희대학교 포스트모던음악학과 × 경희대학교 호텔관광대학 × 경희대학교 예술디자인대학

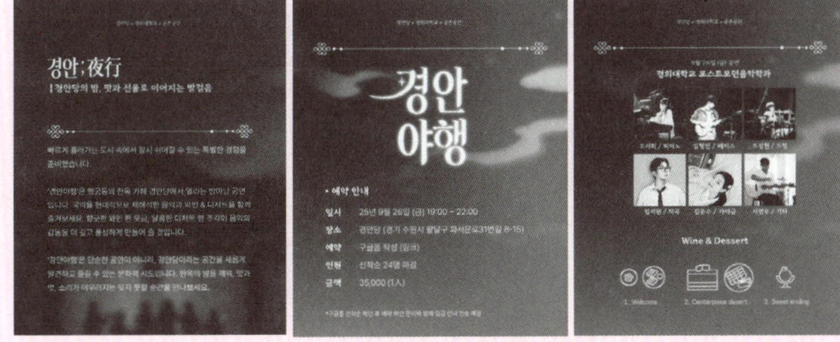

무엇보다 이 프로젝트의 핵심 성과는 학제 간 융합과 현장 적용이다. 포스트모던음악학과는 신작 음원을 '현장 공연'으로, 산업디자인학과와 문화엔터테인먼트학과는 '서비스 경험'으로, 조리서비스경영학과는 '미각 서사'로 각자의 전문성을 연결했다. 덕분에 공연은 음악 행사를 넘어, 지역의 이야기, 상권, 숙박이 만나는 타운 MICE형 야간 콘텐츠 프로그램으로 자리 잡았다. 이 구조는 학술대회 및 국제초대전의 주간 일정과 맞물려 '도착, 참여, 체류, 소비'로 이어지는 회로를 완성했고, 팝업 주간 전반의 흐름 속에서 '경안야행'이 야간 체류를 책임지는 키 프로그램으로 작동하도록 했다.

요약하면, '경안야행'은 한옥 마당이라는 특수한 장소성과 새롭게 제작된 국악 기반 레퍼토리, 코스로 설계된 미각 경험, 로커톤, 메이커톤에서 팝업으로 이어지는 교육 루프, 타운 MICE 일정과의 정합적 매칭이 서로 맞물리며 맥락소비를 현실로 만든 사례다. 공연이 끝나도 여운이 지역에서 계속되도록 음원을 듣고, 골목을 걷고, 한 잔을 더 하며, 밤의 행궁을 '걷는' 경험을 남기는 것, 그것이 '경안야행'이 설계한 가장 조용하지만 강력한 성과였다.

2) 사례2. 행궁찬장 X 남수마을협동조합: 우리 동네, 우리 손으로 채우는 냉장고

행궁찬장은 남수마을협동조합에 설치된 공유 냉장고를 중심으로 주민, 소상공인, 협동조합이 함께 만드는 커뮤니티 기반 식품 나눔을 한 단계 끌어올리는 시도다. 우리는 세 가지 목표를 분명히 했다. 첫째, 공유 냉장고의 인지도를 높여 다양한 세대가 쉽게 이용하도록 만들 것. 둘째, 자발적 기부를 늘려 안정적인 기부자 풀을 확보할 것. 셋째, 냉장고를 단순 보관함이 아니라 마을 커뮤니티 센터로 확장하고 지속 가능한 운영 구조를 세울 것. 프로젝트는 다닥다닥 팝업 기간인 9월 23일부터 9월 27일까지 남수동 청춘공방에서 오픈 파일럿으로 구현했다. 남수마을협동조합 공유 냉장고는 기부, 보관, 나눔의 선한 순환을 이미 만들고 있었다. 그러나 재고 현황을 한눈에 보기 어렵고, 유통기한 관리와 품목 분류가 수기 의존이라는 점, 알림과 홍보의 부재로 이용률 변동이 큰 점이 지속성을 해치는 요인이었다. 많이 들어오는 날에는 과잉이 생기고 어떤 날에는 비는 문제를 해결하기 위해 기술, 브랜드, 운영 설계를 더한 업그레이드를 제안했다.

핵심은 AI 기반 기록, 시각화 시스템과 커뮤니티 운영 프로토콜을 한 세트로 설계하는 것이었다. 소프트웨어융합대학 인공지능학과가 프로토타입을 개발했다. 기부나 입고 시 사진 촬영 또는 바코드와 QR 등록으로 품목명을 자동 인식하거나 반자동 선택하고, 유통기한과 수량, 카테고리를 입력하면 현재 냉장고 상태 대시보드가 실시간으로 갱신된다. 부족 품목은 추천 리스트로 표시해 다음 기부를 안내한다. 수업의 문제정의, 가설, 현장 검증, 공개 피드백 패턴을 현장에 적용해 개선점을 즉시 반영했다. 정해진 요일에 품질과 선반 정리를 맡는 찬장지기 자원봉사 역할을 만들고, 상인회와 협동조합과의 주간 점검을 제안했다.

설치가 끝난 날, 협동조합 주민들과 수원도시재단, 상인회장이 함께 작은 마을 잔치를 열었다. 그 자리에서 한 어르신이 말했다. "AI는 어렵고 무서운 기술인 줄만 알았는데, 이렇게 우리 삶을 편하게 바꾸는 데 쓰일 수 있다니 신기하네요. 꼭 실제로 쓰이게 되면 좋겠어요." 그 한마디가 프로젝트의 의미를 다시 깨닫게 해주었고, 우리가 가야 할 방향을 더욱 확실히 해주었다.

개발은 경희대학교 소프트웨어융합대학 인공지능학과가 시스템을, 산업디자인학과가 디자인을 맡았다. 연계는 수원시와 수원도시재

행궁찬장 개발 앱

행궁찬장 AI활용 기부 시스템

단, 상인회가 정책 및 행정 자문을 제공하고, 남수마을협동조합이 현장 운영을 담당했다. 운영은 다닥다닥 커뮤니티(남수동 청춘공방, 9월 23일~9월 27일)와 장소와 시간을 맞춰 진행해 방문자 유입과 맥락소비가 자연스럽게 이어지도록 설계했다.

이번 단계는 프로토타입 시범 운영에 한정되었으며, 아래 내용은 관찰에 기반한 잠정적 시사점이다. 현장 안내와 시연만으로도 초면 이용자의 진입 장벽이 낮아지는 경향이 보였고, '무엇이 있는지 몰라서 못 오던' 이용자는 대시보드를 통해 재고를 파악하며 참여 의사를 보였다. 부족 품목 알림을 활용한 목표형 기부는 수요와 공급 불일치 완화 가능성을 보여주었고, 재고·유통기한 확인 시간은 단축될 수 있음을 확인했다. 주민, 상인, 학생의 공동 운영 리허설을 통해 '찬장지기' 자원봉사 모델의 정례화 필요성이 드러났으며, 타운 MICE 동선에 연동했을 때 나눔 참여가 인근 상권 소비로 연계될 여지가 관찰되었다. 정식 도입 전, 동일 프로토콜로 장기간, 다회차 검증과 지표 기준 확정이 필요함을 확인했다.

학습 포인트는 세 가지로 정리된다. 첫째, 기술은 목적이 아니라 지역에 맞춘 적정기술이어야 한다. 인공지능과 데이터 도구는 멋진 시연보다 현장에 맞춘 적용에서 힘을 발휘한다. 우리는 기능을 기록과 시각화에 연결해 상인과 운영 주체가 스스로 의사결정을 할 수 있도록 도왔다. 둘째, 존엄성과 안전을 최우선으로 삼는다. 과도한 정보를 모으지 않고, 개인정보 비수집 원칙을 지키며, 위생과 안전, 유통기한 우선 원칙을 철저히 적용해 기술 활용이 시민의 신뢰와 직결되도록 했다. 셋째, 브랜드는 약속이라는 점을 확인했다. 나눔은 일회성 캠페인이 아니라 지역의 일상 운영 방식으로 자리 잡는다.

3) 사례3. 행궁동약사들 X 행궁다과: 수원 약과로 잇는 세대 간 경험

'행궁동약사들' 팀은 행궁다과와 협업하며 초기의 체험형 디저트 코스 기획을 과감히 접고, 패키지 디자인 리뉴얼이라는 본질 과제로 초점을 재정렬했다. 전통을 지키면서도 수원을 대표하는 기념품으로 자리매김하려면 무엇이 필요한지, 브랜드의 핵심 문제를 정확히 해결하는 방향으로 전환한 것이 이번 프로젝트의 핵심이다.

초기 안은 약과를 로컬의 기념 디저트로 경험하게 하는 팝업과 동선 설계였다. 그러나 행궁다과 관계자 인터뷰와 현장 점검을 거치며 지금 당장 가장 절실한 과제는 패키지 리뉴얼임이 확인되었다. 전통성은 유지하되, 선물성과 휴대성, 정보 신뢰, 매장 운영 효율을 동시에 충족하는 디자인이 필요했다. 팀은 4월부터 로커톤을 통해 아이디어를 만들고, 이후에도 끊임없이 소통하며 행궁다과의 실제 요구에 맞춰 방향을 수정했다. 결과적으로 디저트 제조나 체험형 프로그램은 운영하지 않았고, 모든 역량을 리브랜딩 설계에 집중했다.

아이디어 도출 단계에서 팀은 '수원의 일상 디저트인 약과를 도시 기념품으로'라는 큰 방향을 제시했고, 메이커톤에서는 이를 리브랜딩 패키지 키트로 구체화했다. 매 회차마다 행궁다과의 피드백을 받아 시안, 사양, 공정 난이도를 수정했다. 목표는 전통을 손상하지 않고도 수원의 대표라는 정체성을 분명히 보여주는 것이었다. 라벨은 제품명, 맛과 용량, 섭취 가이드, 보관법을 핵심으로 삼아 간결한 정보 체계로 통일했다. 패키지는 소용량, 기념 세트, 선물형의 세 가지 구조 가이드를 마련해 포장 난이도와 소요 시간, 원가를 최적화했다. 스토리 카드는 수원과 행궁, 약과의 연결성을 파악할 수 있도록 표준화했다. 이 세 요소가 결합해 맛, 스토리, 사진의 흐름이 정보 신뢰와 전통가치에 트렌드 부합이라 완결형 패키지 경험을 제안한다.

행궁다과 팝업스토어

행궁다과 패키지 리디자인

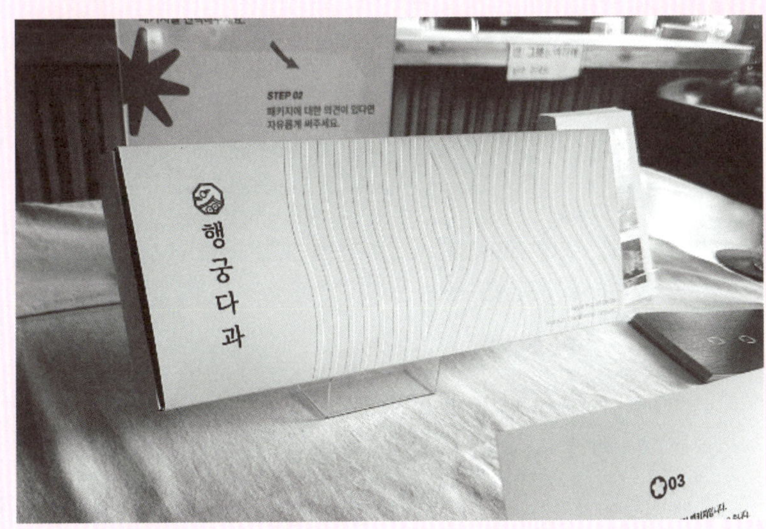

이번 협업의 가치는 '하고 싶었던 것'이 아니라 '지역에 지금 필요한 것'에 맞춰 초점을 재설계했다는 데 있다. 팀은 자신들의 강점인 브랜드 전략과 시각 설계를 전면에 내세우되, 인터뷰와 현장 검증을 통해 전통성, 선물성, 운영성이라는 기준을 세웠다. 그 결과, 행궁다과를 수원의 기념 디저트로 거듭나게 한다는 목표가 시각 체계와 운영 매뉴얼이라는 구체 해법으로 제시되었다.

프로토타입을 실제로 적용하기 위해서는 몇 가지 현실적인 준비가 필요하다.

먼저 사용할 재료와 사양을 확정하고, 그에 맞는 제작처와 협력업체를 정해야 한다. 라벨 표기나 다국어 안내 문구도 미리 검토해, 제품이 다양한 환경에서 활용될 수 있도록 준비한다. 패키지를 조립하고 설치하는 과정에서는 동선과 인력 배치를 세심히 계획해야 하며, 완성 후에는 사람들에게 자연스럽게 다가갈 수 있도록 작은 시연 행사나 홍보 활동을 병행하는 것이 좋다. 이 모든 단계는 지역의 협력 소상공인들과 충분한 논의와 합의 속에서 진행되어야 하며, 무엇보다 실제 사용자가 편리하게 느낄 수 있도록 현장의 목소리를 반영하는 것이 중요하다. *리브랜딩은 새로 만드는 일이 아니라, 지금 필요한 것을 정확히 바꾸는 일이다.*

3. 실행 2: 로컬코크리에이션랩(로컬콘텐츠 융합 PBL)에서 캡스톤디자인(고도화), 그리고 팝업으로

(1) 설계 취지

로컬코크리에이션랩은 로컬마이크로디그리를 설계할 때 세 개 트랙에 공통으로 편성한 핵심 교과다. 지역의 문제를 발견하고 과제를 발굴한 뒤, 각 마이크로디그리(로컬브랜드매니지먼트, 로컬콘텐츠마케팅, 지역공간디자

로컬마이크로디그리 구조

마이크로디그리 \ 구분	Foundationstone	Cornerstone	Keystone	Capstone
	비교과 활동	전공선택(이론)	전공선택(실습)	전공필수 (PBL,CBL)
		6학점		3학점
로컬브랜드 매니지먼트 마이크로디그리	로컬 브랜딩 기초를 익히고 지역 자산과 정체성을 이해	디자인 방법론과 로컬리티 이해를 위한 이론과 기초 학습	로컬 자산을 활용해 브랜딩 심화 실습 진행	이론과 실무를 바탕으로 로컬 브랜드 프로젝트를 수행
로컬콘텐츠 마케팅 마이크로디그리	로컬IP와 창업 기초이해 및 창업 아이디어 발굴 활동 진행	IP 개발·관리 이론 및 학습 창업 기획 및 실천이해	로컬 자산 및 콘텐츠를 IP로 개발하고 제작 및 상업화 가능성 실습	로컬 IP 상업화·유통 및 창업 진행
지역공간디자인 매니지먼트 마이크로디그리	지역 공간 디자인 이해 및 정체성 탐구 지속 가능성 학습	공간 디자인 매니지먼트 이론 학습, 지역 정체성 설계이해	지역 공간 문제 분석·설계, 프로토타입 제작 및 활용 방안 제안	로컬 공간디자인 프로젝트 수행, 지속 가능한 성과 도출 및 지역 활성화 기여

인매니지먼트)의 성격에 맞는 해법을 찾아가는 실습 허브를 만드는 일이다. 교실에서 출발한 탐구가 시장과 골목, 공공 거점으로 곧바로 이어지고, 현장에서 얻은 피드백이 다시 교과로 되돌아오는 순환을 의도적으로 설계했다.

- 연결 방식: 세 마이크로디그리가 '콘텐츠 발굴→브랜딩 개발→공간 및 창업 실험'으로 자연스럽게 맞물리도록 짰다. 각 트랙 말미에 배치된 로컬코크리에이션랩 1·2·3에서 산출물을 현장 검증한다.

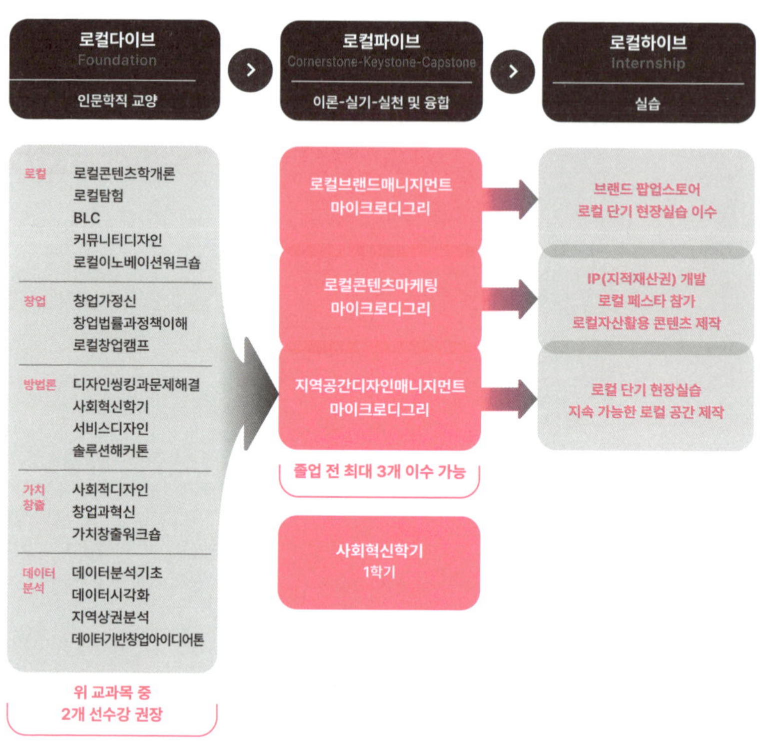

- 운영 원리: 4P Problem, Project, Participation, Practice 와 4Stones Foundation, Corner, Key, Capstone 를 결합한 단계형 PBL을 운용한다. 문제정의와 가설설계로 시작해, 짧은 주기의 현장 적용과 공개 점검, 재설계를 기본 구조로 삼는다.

결과적으로 로컬코크리에이션랩은 '공통 문제 찾기→트랙별 해법 만들기→현장 검증으로 다듬기'의 세 박자를 책임지는 모듈이며, 이후 캡스톤디자인(고도화)과 팝업스토어 및 예비창업(현장 검증 및 공개)으로 이어지도록 교과, 비교과의 경계를 최소화했다. 이 철학은 다닥다닥 커뮤니티에서 살아 움직인다. 학생들은 주민, 상인, 공공과 한 팀이 되어 지역 문제를 새로 보고, 가치와 정체성을 다시 짜며, 결과를 공개한다. 그래서 학습자는 수동적 수강자가 아니라 지역 변화를 설계 및 운영하는 주체로 성장한다.

K–ARISE 3단계 한 줄 요약

Local Dive 낯설게 보기 → Local Five 다학제 심화 → Local Hive 현장 적용·공유

(2) K–ARISE 마이크로디그리: 로컬혁신을 이끄는 스택형[10] 모듈 설계

세 마이크로디그리는 각자 독립이되, 순차 이수 시 연계형 고도화가 된다. 반복 설명은 줄이고, 기능만 뽑아 정리한다.

- 로컬콘텐츠마케팅: 지역 자산을 이야기·IP로 만들고 활용 시나리오를 설계한다.
- 로컬브랜드매니지먼트: 발굴한 콘텐츠를 전략·아이덴티티로 묶어 브랜드 체계를 완성한다.
- 지역공간디자인매니지먼트: 브랜드 가치를 공간·서비스로 구현하고 창업 및 운영으로 잇는다.

세 과정의 마지막은 언제나 현장 프로젝트(로컬코크리에이션랩)다. 여기서

10 스택형은 말 그대로 차곡차곡 쌓아 올린다 stack 는 뜻이다. 교육에서 스택형 설계는 작은 모듈(마이크로디그리 교과 및 활동)을 이수할 때마다 역량이 누적되고, 몇 개를 조합하면 상위 성과로 승격되도록 설계하는 방식을 말한다.

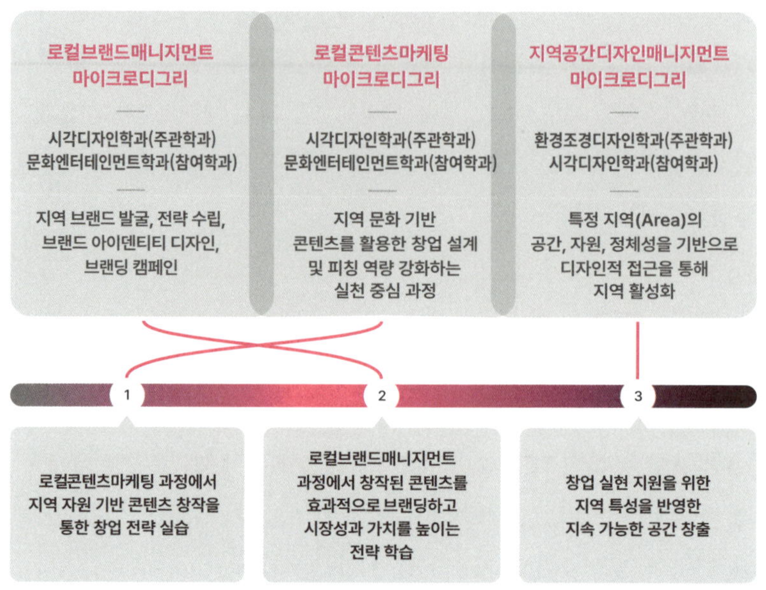

학생들은 수업 산출물을 Site Lab에 올려 짧은 주기로 시험하고, 정량·정성 지표로 확인한 뒤 교과에 재반영한다. 결과적으로 학생은 통합형 로컬 크리에이터로, 지역은 지속 가능한 실행 플랫폼으로 커진다.

(3) 설계 구조

설계 구조에서는 세 가지 마이크로디그리가 어떻게 상호 정렬되고 누적되는지, 그리고 로컬코크리에이션랩과 캡스톤을 통해 교실의 산출이 현장의 변화로 이어지는지를 설명한다. 목표, 학습 활동, 평가가 정합적으로 설계된 스택형 모듈 통합 구조를 통해, 학생의 역량은 단계적으로 결집되고 지역은 실행 가능한 해법이 된다.

1) 로컬콘텐츠마케팅마이크로디그리 Local Contents Marketing Microdegree

이 과정은 지역의 문화와 이야기를 창업 아이디어로 발굴하고 시장 적합한 콘텐츠로 발전시키는 전 과정을 다룬다. 학생은 지역의 특성과 스토리텔링을 결합해 지식재산권으로 보호 가능한 콘셉트를 개발하고, 파일럿 테스트를 통해 상업화 가능성을 확인한다. Foundationstone 단계에서 지역 자산과 창업 기초를 이해하고, Cornerstone과 Keystone 단계에서 엔터테인먼트 마케팅과 축제, 이벤트 기획을 통해 아이디어를 구체화하며 현장 실습으로 실행력을 높인다. Capstone 단계에서는 지역문화콘텐츠기획 수업과 연동된 로컬코크리에이션랩2를 운영하여 주민과 기업과 협력하는 실제 프로젝트를 수행한다. 결과적으로 학생은 지역 협력에 기반한 지속 가능한 비즈니스 모델을 설계하고, 대학은 지역 자원을 콘텐츠 자산으로 전환한다.

2) 로컬브랜드매니지먼트마이크로디그리 Local Brand Management Microdegree

이 과정은 지역의 고유 자산과 정체성을 브랜드 전략으로 조직하고 운영하는 전문 역량을 기른다. 시각디자인학과가 주관하며, 전략 기획에서 아이덴티티 디자인, 브랜딩 캠페인까지 전 과정을 실습 중심으로 진행한다. Foundationstone 단계에서 로컬 브랜딩의 기초와 지역 정체성을 탐구하고, Cornerstone 단계에서 소비자 행태와 브랜드 전략을 심화한다. Keystone 단계의 아이덴티티 디자인에서 자산을 시각 체계로 구현하고, Capstone 단계에서 실제 브랜딩 프로젝트를 수행한다. 로컬코크리에이션랩1과 연계하여 지역 기업과 커뮤니티와의 협업을 통해 솔루션을 구체화하고 공개한다. 이를 통해 학생은 브랜드 액티비즘을 실천하는 사회적 디자이너로 성장하고, 지역은 전문적 지원을 바탕으로 새로운 브랜드 아이덴티티를 구축한다.

3) 지역공간디자인매니지먼트마이크로디그리 Local Space Design Management Microdegree

이 과정은 도시 환경과 공공 공간을 디자인 관점에서 재해석하고 활성화하는 것을 목표로 한다. 특히 소상공인이 밀집한 구도심의 공간 정체성을 새롭게 구축하여 지역의 회복력을 높이는 데 초점을 둔다. Foundationstone 단계에서 지속 가능성과 장소 정체성을 탐구하고, Cornerstone 단계에서 도시공간디자인론으로 이론 기반을 다진다. Keystone 단계에서 경관해석과 재현실습을 통해 현장 적용 역량을 강화하고, Capstone 단계에서는 스몰브랜드 창업과 운영 과목을 통해 공간과 연계된 상업 시설 기획과 실행을 경험한다. 로컬코크리에이션랩3에서는 지역 사회와 협력해 실질적 공간 혁신 프로젝트를 수행하며, 타운MICE와의 연계를 통해 창업 기회도 모색한다. 그 결과 학생은 공간을 매개로 한 사회 혁신의 촉진자로 성장하고, 지역은 디자인을 통한 경제 문화 활성화를 경험한다.

4) 세 마이크로디그리의 공통 철학

세 과정은 K–ARISE의 철학 아래 성과기반 정렬에 따라 설계되었다. 학생은 다닥다닥 커뮤니티와 로컬코크리에이션랩을 중심으로 지역 문제에 깊이 뛰어들고, 디자인 액티비즘과 브랜드 액티비즘을 실천하며 로컬 크리에이터로 성장한다. 호텔관광대학 문화엔터테인먼트학과, 예술디자인대학 시각디자인학과, 환경조경디자인학과가 협력하여 콘텐츠 기획, 브랜딩, 공간 창업의 연계 흐름을 실제 현장에서 경험하도록 구성되었고, 이는 단순한 학문 융합을 넘어 지역과 대학의 상생을 지향하는 협력 플랫폼으로 기능한다. 학생의 현장 협업 경험은 지역을 크리에이티브 시티 Creative City [11]로 진화시키는 동력이 되며, K–ARISE는 로컬과

글로벌의 경계를 여는 실험적 모델로 자리매김한다.[11]

미세하게 쌓아 거대하게 전환하라. 작은 학습이 도시의 질서를 바꾼다. 세밀하게 축적하고 대담하게 작동하라. 마이크로는 메가임팩트를 부른다.

(4) 2025 운영 사례

2025년 하계 계절학기에는 로컬코크리에이션랩1, 2, 3을 동시 운영했다. 시각디자인학과, 산업디자인학과, 환경조경디자인학과, 체육학과, 문화엔터테인먼트학과, 주거환경학과 등 10개 이상의 다양한 전공에서 41명 학생이 참여했다. 41명이 참여했다. PBL 프로세스는 문제정의, 가설, 현장 검증, 공개 피드백의 한 사이클로 설계되었고, 교과 산출은 즉시 Site Lab에서 시험한 뒤 다음 학기 커리큘럼으로 재반영되도록 구성했다.

1) 로컬코크리에이션랩1, 2: 콘텐츠 발굴과 브랜드 설계

랩1과 랩2는 지역 자원 조사, 문제정의, 아이디어 도출을 거쳐 브랜드, 패키지, 캠페인 설계와 현장 시범 적용으로 이어졌다. 수업에서 축적된 아이디어는 지역문화콘텐츠기획, 브랜드패키지디자인 등 캡스톤 성격의

11 크리에이티브 시티란 찰스 랜드리Charles Landry (1995)가 가장 먼저 체계적으로 제기 · 정식화한 개념으로, 리처드 플로리다Richard Florida (2000)가 '창의계급' 관점에서 인재 집적과 도시 경쟁력의 상관성을 확장 논의를 통해 형성된 개념이다. 문화, 지식, 기술 등 창의 자원을 도시 운영의 핵심 자본으로 전환하여, 공공, 민간, 시민의 횡단적 협력과 실험, 학습, 재생산의 순환을 통해 도시 문제 해결 · 경제 재생 · 장소 품질 개선을 추구하는 도시정책 · 거버넌스 패러다임을 말한다. 이는 물리적 하드웨어 중심의 개발을 넘어, 소프트 인프라(네트워크, 신뢰, 다양성, 관용)와 문화적 역량을 전략적으로 결집해 혁신, 포용, 지속 가능성을 동시에 달성하려는 접근이다. 그리고 인재의 유입 · 정착 및 산업 생태계 혁신과의 연계를 강조하는 '창의계급' 논의로 확장되어 왔다.

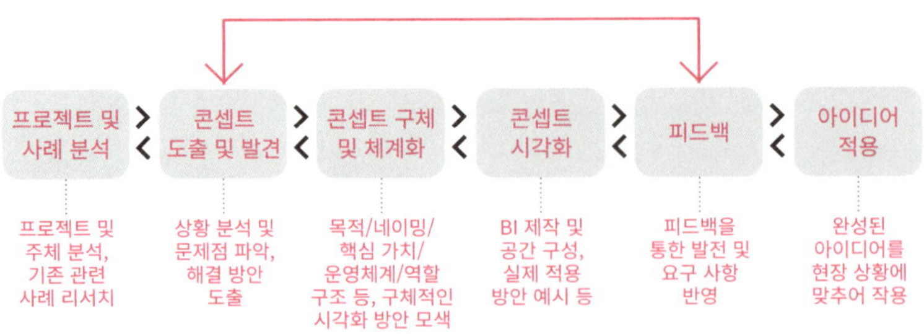

교과와 연동하여 실제 판매 또는 참여가 가능한 형태로 정교화했다. 예를 들어, '팔복덕방 X 디드 DiiiiiiD' 팀은 팔달산의 상징성(숫자 8, 무한, 복, 연결의 의미)에서 출발해 숫자 8 콘셉트 굿즈(자동차 번호판 키링, 티셔츠, 스티커 등)를 기획했고, 로컬 편집숍 디드의 스튜디오를 숍인숍 팝업으로 운영했다.

이와 같은 랩1, 2의 결과물은 국제학술대회 및 국제초대전과 함께 동시 운영된 타운 MICE의 핵심 프로그램으로 연결되어 체류, 경험, 소비의 회로 안에서 검증된다.

2) 로컬코크리에이션랩3: 공간 실험, 하남지터 대나무 파빌리온

랩3은 장소성에 대한 설계, 제작 실험을 목표로, 문화유산보호구역의 제약을 임시 구조물과 자연재료(대나무)로 창의적으로 해석해 하남지터에 파빌리온 5기를 설치 및 공개했다. 설계 모티프는 옛 하남지의 연꽃, 연못, 새 둥지였으며, 환경조경학과, 산업디자인학과, 주거환경학과의 전공생 20명, 죽공예 장인, 환경조경디자인 전문가, 지역 상인 및 주민이 협업했다. 결과적으로 휴식 및 포토존 기능이 더해지고 공방거리 체류 시간이 늘어나는 등 공간 활성화가 관찰되었다.

이 프로젝트는 제약을 창의의 동력으로 전환하는 코크리에이션 방법론을 정식 프로세스로 정리했고, 지자체, 대학, 소상공인, 전통 장인이 연결되는 지속 가능한 협력 네트워크를 구축했다는 점에서 교육, 정책, 시장 간 거버넌스 학습의 사례가 되었다.

3) 캡스톤디자인: 고도화 – 현장 적용 – 정착

랩1, 2에서 뛰어난 실행력을 보인 학생과 자발적으로 팝업을 추진하고자 하는 학생이 캡스톤디자인으로 유입되어 고도화, 운영, 평가, 아카이브를 일괄 수행했다. 수강신청 21명, 청강 12명 등 총 33명이 팝업 및 이벤트를 기획·운영했으며, 커리큘럼은 현장활동을 병행하는 캡스톤 교과를 필수로 포함하도록 설계되었다.

예컨대 '막달려'(러닝 프로그램), '헤이궁'(외국인 대상 관광 맵 개발), '행궁디팡팡'(행궁동 스몰관광 활성화 프로젝트), '팔복덕방'(굿즈 브랜딩) 등은 캡스톤 설계, 현장 운영, 데이터 회수를 통해 사업화 지표(관람, 참여, 구매, 동선)를 축적했다. 팝업의 위치와 일정은 커뮤니티 맵으로 공개되어 학술, 전시, 소비 동선과 자연스럽게 맞물렸다.

4) 타운 MICE와의 접속: 학술, 전시, 팝업의 연동

랩과 캡스톤의 결과물은 국제학술대회 로컬 브랜드 매니페스토, 국제초대전, 다닥다닥 마켓 백상회와 시간, 공간적으로 연결되었다. 외부 참가자 약 100명이 1박 또는 2박 체류하며 9개 팝업과 로컬 페스타, 각종 이벤트에 참여하는 구조로 운영되었고, 다닥다닥 커뮤니티 지도가 회의, 전시, 이벤트, 관광, 식음료, 숙박을 하나의 경로로 묶는 안내 장치로 작동했다.

5) 교육적 · 지역적 성과 요약

학습 고도화 측면에서 랩, 캡스톤, 팝업으로 이어지는 순환이 완결되었고, 결과는 다음 학기로 재반영되었다. 공간과 상권 측면에서는 하남지터 파빌리온과 전통시장, 공방, 카페를 잇는 팝업 동선이 체류와 맥락소비를 유도했다. 거버넌스 측면에서는 지자체, 대학, 상인, 장인이 함께 설계, 집행, 평가하는 협력 모델을 정례화해 교육, 정책, 시장의 연결을 제도화했다. 브랜드와 콘텐츠 측면에서는 랩1, 2의 브랜딩 산출과 랩3의 공간 설계와 제작 매뉴얼을 오픈 아카이브로 남겨, 후속 수업과 지역 파트너의 재사용과 개선을 가능하게 했다.

6) 정리: 왜 랩에서 캡스톤으로 가는가

로컬코크리에이션랩은 탐구의 문법을, 캡스톤디자인은 실행의 문법을 담당한다. 전자는 지역 맥락 기반의 문제정의, 브랜딩, 공간 실험을, 후자는 사업화 가능성 검증과 운영 역량 축적을 맡는다. 두 모듈이 타운 MICE 생태계와 연결될 때 학생의 과제는 시민의 경험으로, 교실의 결과는 도시 변화로 이어진다. 이 구조가 바로 경희대가 설계한 교육과 경제 공동체의 핵심 작동 원리다.

(5) 실천 사례

1) 사례1. 팔복덕방X디드 DiiiiiiD : 행궁의 복과 덕을 수집하는 놀이형 굿즈 전시

팔달산을 품은 행궁동에는 점집과 사주방이 유독 많다. 도시의 일상 속에 오래 축적된 신앙과 기원의 문화가 자연스럽게 스며 있기 때문이다. 이 도시적 맥락을 단순한 소재 차용이 아니라 '놀이'로 번역해 본 것이 팔복덕방이다. 이름은 '팔달八達산'의 '팔八'과 '복福 · 덕德'을 결합하고, 일상어 '복덕방부동산 중개소'의 어감을 비틀어 만든 말장난에서 출발

행궁동 상권 이해(수원도시재단 협업)

필드트립(지역경영회사 공존공간 협업)

디자인씽킹 워크숍(서비스디자이너 협업)

메이커톤(브랜딩 공간디자인, 행정 등 8인의 전문가 협업)

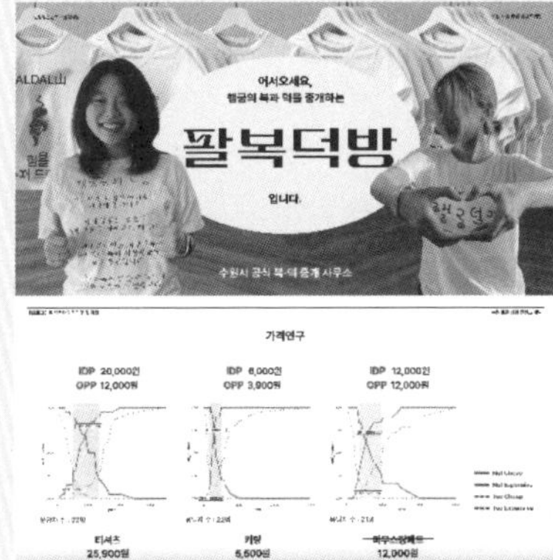

팔복덕방 브랜드 개발

팝업스토어(편집스토어 디드 협업)

한다. 즉, 행궁다운 유쾌함을 잃지 않으면서도 지역의 상징을 현대적으로 재해석해 "복과 덕을 수집하는 경험"을 제안하는 로컬 브랜드다. 기획과 운영은 예술디자인대학과 호텔관광대학 학생들이 팀을 이뤄 수행했으며, 굿즈 디자인, 서비스 시나리오, 현장 운영이 하나의 사용자 경험UX으로 연결되도록 설계했다. 팝업은 편집스토어 디드DiiiiiiD 스튜디오 공간에서 숍인숍shop-in-shop[12] 형태로 열렸고, 다닥다닥 팝업 기간 동안 국제학술대회 및 로컬페스타 동선과 맞물려 운영됐다.

브랜딩의 핵심은 '팔(8)'이라는 숫자를 도시의 리듬으로 바꾸는 데 있었다. 학생들은 자동차 번호판 키링을 주력 아이템으로 삼아, 각자에게 의미 있는 숫자 조합을 주문 제작할 수 있게 했다. 번호판이라는 오브제는 '길'과 '이동'을 상징하고, '팔(8)'은 복을 부르는 숫자라는 지역의 믿음과 맞물린다.

이와 함께 B급 감성(낮은 해상도의 위트와 키치 감성)을 전면에 내세운 티셔츠와 스티커를 선보였다. 티셔츠는 '팔(8)·복福·덕德'의 활자적 조합과 팔달산 및 행궁의 상징을 모티프로 삼아 '행궁다움'을 힙하게 시각화했고, 스티커는 손쉽게 핸드폰, 노트, 보틀 등에 '복을 덧붙이는' 놀이가 되도록 크기, 문구, 형식 등을 다양화했다. 제품군은 의도적으로 가볍게 가져가 '관람, 체험, 소유'가 한 번에 일어나는 구조를 만들었고, 가격대는 학생, 관광객 모두가 충동구매 가능한 합리적 구간으로

12 한 매장 안에 독립된 소규모 브랜드(숍)가 상주 형태로 입점하여 운영하는 방식. 임시 판매·체험 위주의 팝업스토어와 달리, 숍인숍은 상시 또는 중장기 계약을 전제로 하며 결제, 재고, 집기, VMD 일부를 본 매장과 분리·공유한다. 주로 ① 신규 브랜드의 초기 고정비 절감과 트래픽 공유, ② 대형·편집숍의 MD 다변화와 체류시간 증대, ③ 로컬 상권에서의 협업·공동 브랜딩에 활용된다. 유사 용어로 코너 매장, 숍인숍 코너가 있으나, '팝업'은 기간 한정·이벤트성이라는 점에서 구별된다.

조정했다.

이번 협업 공간으로 디드를 택한 이유도 여기에 있다. 디드는 포목상을 하던 아버지의 길과는 다른 길을 선택해 편집숍을 연 대표의 회사다. 전통과 현대, 부모 세대와 자식 세대의 선택과 도전의 간극이 그대로 브랜드의 철학이 되었고, 이는 우리 프로젝트의 방향과 닮아 있었다. 실제 운영에서도 디드의 세련된 소재 감각과 진열 방식은 팔복덕방의 B급 위트를 절제 있게 정리해 주었고, 반대로 팔복덕방의 발랄한 그래픽은 디드 공간에 행궁다운 활력을 더했다. 이 협업은 결과적으로 로컬 브랜드와 로컬 리테일러가 서로의 결을 살려 낸 상호 보완의 사례가 되었으며, 상점 고객과 행사 관람객이 서로의 공간을 오가며 교차 방문하는 즐거운 흐름을 만들었다.

사전 단계에서 팀은 메이커톤을 통해 아이템 스펙과 운영 스크립트를 다듬었다. '팔복'의 해석 과잉을 피하고 '행궁다운 위트' 한 문장으로 핵심 메시지를 압축했으며, SKU Stock Keeping Unit (품목 단위) 축소와 히어로 아이템(브랜드를 상징하며 판매를 이끄는 핵심 제품)인 번호판 키링 중심의 전개로 현장 실행력을 확보했다. 메이커톤에서는 멘토단의 조언을 반영해 가격, 제작 리드타임, 포장 방식, 진열 고저차를 재설계하고, 디드의 일반 고객 흐름과 팝업 관람객 흐름이 격돌하지 않는 동선을 마련했다. 또한 포장 라벨, 영수증 메시지, 해시태그를 통일해 온라인 확산의 형식을 단순화했다. 이 일련의 정리는 팝업 기간 동안 현장 체류 시간의 증가, 재방문 유도, 타 부스 및 골목으로의 이동에 기여했고, 무엇보다 학생 스스로가 몰입해 배우는 실천형 학습의 모범 사례를 남겼다. 도시의 기억을 '소유'하도록 설계했다. 구매는 곧 이 도시와 나의 연결을 확인하는 행위가 되었다. 이는 다닥다닥이 추구해 온 'Closer Together, Stronger Together(가까이 더 강하게 연결된 커뮤니티)'라는 태그라인을 소비 경험으로 번역한 결과이기도 하다.

교육적 의의는 두 가지다. 첫째, 브랜드, 공간, 서비스가 교차하는 복합 프로젝트를 통해 예술디자인대학은 언어, 그래픽, 패키징의 일관성과 현장용 매뉴얼의 중요성을 학습했고, 호텔관광대학은 접객 스크립트, 회차 운영, 플로어 매니지먼트를 실제로 설계 및 검증했다. 둘째, 지역 상점과의 협업을 통해 교과(브랜딩, 서비스), 시장(리테일), 커뮤니티(행궁)가 하나의 선순환으로 작동하는 교육 공유지의 모델을 현장에서 체득했다. 지역적 효과 역시 분명하다. 팝업은 기존 상권의 미세한 흐름을 바꾸고, '관람, 참여, 소유'가 한 자리에서 끝나는 체류 유도형 콘텐츠로서 골목의 저녁 시간대를 활성화했다. 무엇보다도, 행궁의 유머와 한국적 행운 코드를 품은 가벼운 굿즈가 도시의 이야기를 확장하는 촉매가 되었다.

정리하면, 팔복덕방×디드는 행궁동의 문화, 상권, 교육을 하나의 경험 설계로 묶어낸 사례다. 지역의 '믿음'과 '놀이'를 결합해 가벼운 물성으로 구현했고, 학생, 상점, 시민이 함께 만든 공동 저작물로서 도시의 서사를 더했다. 숫자 '8'처럼 끊김 없이 이어지는 루프를 만들었다는 점에서, 이 프로젝트는 앞으로도 로컬, 브랜드, 그리고 타운 MICE를 잇는 확장 가능성이 크다.

2) 사례2. 막달려: 러닝×막걸리로 잇는 행궁의 러닝 프로그램

행궁동의 '걷고, 머물고, 만나는' 도시 리듬을 러닝 프로그램으로 번역해 본 것이 막달려다. 이름 그대로 '완벽에 얽매이지 않고 막 달리는' 가벼운 진입로Running as Low-threshold Ritual를 제안하고, 러닝 이후 제철 과일을 담은 지역 막걸리 시음으로 커뮤니티 밍글링을 설계했다. 타깃은 러닝 입문자와 20~30대 MZ, 그리고 건강 관심 로컬 주민으로 설정했다. 브랜딩의 핵심은 Bold or Nothing, 형식에 매이지 않는 과감한 타이포와 오방색 팔레트로 '도시의 스피드'와 '즉시성'을 시각화한 점이다(로고, 컬러 시스템). 포스터, 티셔츠, 짐색, 스티커로 확장하며 '참여=소속' 감각을 강화했다. 특히 수원화성의 상징 요소를 러닝 아이덴티티로 재해석해 지역성의 표식을 만들었다. 운영 설계는 2.5km 가이드형과 3.7km 자유형 코스를 병행하고, 도로 근접 구역 6곳에 안전 요원을 배치해 러너 흐름과 차량 동선을 분리했다. 러닝 키트(티셔츠, 반다나, 짐색, 스티커, 협력 쿠폰)로 '준비, 참여, 기념'의 경험 폐곡선을 구성했다. 사전 단계에서 팀은 메이커톤을 거치며 러닝 시간대(혼잡 회피), 코스 경유 포토 스팟(방화수류정 등), 시음 동선, 휴식 및 응원(파이팅 존)을 정교화했다. 또한 데이터 기반 시간대 선택(경기도데이터드림 표본)을 적용해 '체류와 소비 전환'의 확률을 높였다.

교육적 의의는 두 가지다. 첫째, 리스크, 안전, 허가를 포함한 현장 오퍼레이션을 디자인 학생들이 직접 문서화하고 검증하며 공간과 비즈니스 모델 실습을 수행했다. 둘째, 러닝 후 로컬 협업 시음을 결합해 '운동, 만남, 소비'의 맥락소비 루프를 현실화했다. 지역적 효과는 '러닝으로 지리 익히기, 커뮤니티 형성, 로컬 경제 활성화'의 3단계 기대효과로 정리된다. 정리하면, 막달려는 러닝과 로컬 주류 문화를 결합해 저녁 시간대 체류를 증폭시키는 체험 설계다. 러너, 상점, 도시 풍경을 하나의 흐름으로 묶어, 행궁의 밤을 '함께 달리고, 함께 마시는' 사회적 시간으로 전환했다.

3) 사례3. 행궁디팡팡: '이야기 구슬'로 여는 외국인 참여형 골목 체험

행궁디팡팡은 동행지기 리브랜딩과 연동된 참여형 팝업이다. 핵심은 행궁 골목 곳곳(동행지기 실제 투어 코스)에 숨겨 놓은 QR '이야기 구슬'을 모으는 놀이 구조다. 외국어 번역이 포함된 짧은 스토리와 포토 그래픽을 제공해 언어 장벽 없이 직관적으로 즐길 수 있는 체험을 만들었다. 브랜딩은 '터줏대감 설화'와 한국적 모티프(등불, 기와, 수호 캐릭터)를 현대화해 전시존, 포토존, 리워드존으로 공간을 삼분했다. 참여자는 QR 5~7개를 수집해 스탬프 카드에 기록하고, 구슬 개수에 따라 굿즈 리워드를 획득한다. 전시는 세련된 한국적 디자인을 지향해 외국인의 선호도를 반영했다.

운영 전략은 전시장 경험+골목 탐방을 결합해 '실내에서 실외로' 이동을 자연스럽게 유도한다. 포토존과 영수증 사진기로 '찍고, 출력, 공유'의 SNS 루틴을 설계하고, QR을 동행지기 예약으로 연결해 체험→투어 참여의 전환을 끌어낸다. 사전 준비 단계에서 팀은 외국인 및 유학생 가이드, 통역 도입 가능성을 확인했고, 팝업 공간 탐색과 병행하여 예약 시스템 구축, 세계관, 캐릭터, SNS를 통한 장기 확산을 계획했다.

교육적 의의는, 스토리, 경로, 보상의 게이미피케이션 프레임을 학생들이 직접 설계하고 테스트하며 외국인 친화 UX를 학습했다는 점이다. 지역적 효과는 'QR 탐방, 골목 체류, 리워드 수령, 투어 예약'의 폐곡선 동선을 통해 골목 상권 탐색을 촉진한 데 있다.

4) 사례4. 헤이궁Hey! Gung : 외국인을 위한 로컬 가이드 맵 개발

'로컬콘텐츠 창업아이디어 경진대회 우수상 수상'

헤이궁은 '사람과 문화를 잇는 행궁'을 미션으로 삼아, 외국인 방문객이 유명 스폿 위주의 소비를 넘어 골목의 일상으로 들어가도록 돕는 로컬 가이드 맵이 담긴 브랜드 굿즈다. 네이밍은 'Hey!'의 인사말과 'Haenggung'의 발음을 결합해 부르기 쉽고 기억하기 쉬운 소리를 만들었다. 제품 체계는 세 가지로 구성된다. 무료 비치 지도와 스티커, 유료 Haenggung Log 여행 기록 세트, 노리개 술 모티프의 아크릴 키링 제작 체험이다. 지도는 A5 양면 엽서 형식으로 촬영과 부착, 기록 자체가 기념이 되도록 했고, Log는 지도와 질문지, 동서남북 카드, 설명서, 펜으로 이루어져 탐험과 기록, 보관의 흐름을 설계했다. 콘텐츠는 '동서남북 게임'으로 취향 영역을 나누어 가게 추천을 놀이처럼 제시하고, 기본 한국어 표현과 수원 행궁 소개, 지역 명소와 로컬 정보로 맥락 이해를 돕는다. 인스타그램 운영 캘린더를 마련해 행사와 최신 스폿, 브랜드 소식을 주 2~3회 발행하며 온·오프라인의 상호 증폭을 노렸다.

유통은 숍인숍을 우선 검토했다. 여러 후보지와 수원문화재단의 상설 거점을 비교했으나, 체험과 휴식 중심의 운영 성격과 맞지 않아 협업 범위가 제한적이었다. 최종 입점지는 행궁동 '지구인의놀이터'로 결정했다. 이곳은 문화협동조합 참좋은수다가 운영하는 제로웨이스트 편집숍이자 로컬 크리에이터 플랫폼으로, 약 서른 명의 창작자와 함께 제품과 프로그램을 공동 제작 및 유통한다. 지속 가능성 철학, 외국인 친화 체험, 행궁 중심 입지와 운영시간이 헤이궁의 안내, 이해, 기억, 제작의 순환과 가장 잘 맞았다. 이에 따라 무료 지도 배포와 '나만의 키링 제작' 워크숍을 리필 및 업사이클 체험과 묶어, 가벼운 진입에서 깊은 체류로 이어지는 전환 허브로 설계했다.

교육적 의의는 정보디자인, 편집, 서비스 UX, 소매 유통을 통합적으로 다루어 안내, 이해, 기억, 제작의 학습 과정을 완성한 데 있다. 지역적 효과는 무료 지도와 제작 체험을 통해 입구 효과에서 체류 심화로 이어지는 이단계 전환을 구현한 데 있다. 최종 목표는 외국인을 위한 행궁 대표 브랜드, 누구나 부담 없이 접근할 수 있는 로컬 게이트웨이의 정착이다.

4. 실행 3: 타운 MICE 운영, 행궁동 100개 콘텐츠 맵 기반의 '지붕 없는 컨벤션' 실현

수원형 타운 MICE는 대형 전시장이나 컨벤션센터의 보유 여부가 아니라, 도시의 생활 흐름을 따라 회의, 숙박, 이동, 체험, 식문화를 한 동선으로 엮어 체류를 만드는 전략이다. 로컬콘텐츠 중점대학은 교실의 성과가 지역경제와 정책으로 이어지는 한 루프를 만들기 위해 이 모델을 연구했고, 도시 맵과 평가 체계를 'MICE STAR'로 표준화하여 현장에 적용했다. 그 결과 학술대회, 국제초대전, 팝업, 전통시장 프로그램이 도심 전역에서 동시에 작동했고, 이는 청년 학습, 지역 상권, 도시 브랜드를 한 번에 끌어올리는 교육-경제 공동체의 코어 전략으로 기능했다. 이러한 접근은 K-ARISE 교육모델이 지향하는 현장 기반 실천학습과 타운 MICE 운영 전략을 실제로 가동하기 위한 장치이기도 했다.

(1) 연구의 배경과 목적: 왜 '로컬콘텐츠 중점대학'이 타운 MICE를 택하였는가

우리는 네 가지 사막, 즉 교육 접근성의 약화, 사유와 문제정의 역량의 저하, 교수법 혁신의 정체, 제도와 평가의 경직이라는 구조적 위기에 직면해 있었다. 이 사막은 서로 맞물려 대학과 지역을 동시에 소모시키고 있었다. 이를 뒤집으려면 교실을 밖으로 열고, 수업의 산출물이 현장에서 검증되고, 다시 정책과 시장으로 환류되는 교육 공유지의 루프를 만들어야 했다. 타운 MICE는 바로 그 루프를 도시 전역에서 작동시키는 운영 프레임이며, 디자인 액티비즘과 브랜드 액티비즘을 결합해 학습, 정책, 시장, 커뮤니티를 한 회로로 묶는 실천 장치였다. 그래서 우리는 타운 MICE를 지표화하고, 지도화하고, 제도화하는 연구를 병행했다.

한편 로컬콘텐츠 중점대학은 마이크로디그리와 로컬코크리에이션랩을 통해 '문제정의, 가설, 현장 검증, 공개 피드백'의 루프를 수업의 기본 문법으로 삼았고, 그 산출물을 타운 MICE로 확장해 상권과 연결하는 것을 사업 전략으로 이미 설정해 두고 있었다. 타운 MICE 연구와 적용은 이 전략을 도시 차원에서 공진화시키기 위한 선택이었다.

도시 규모나 예산과 무관하게 100~200명 수준의 스몰미팅을 '축제화'하면 체류, 소비, 재방문, 온라인 확산으로 이어지는 파급 효과가 발생한다. 세계적으로 이미 검증된 포맷을 지역 맥락에 이식하면, 대형 컨벤션 인프라 없이도 도시 브랜드와 창업 생태계를 강화할 수 있다. 경희대학교의 타운 MICE 전략은 바로 이 스몰미팅을 도시의 생활 동선과 결합해 지붕 없는 컨벤션으로 확장하는 방식이며, 아래의 국내외 레퍼런스는 해당 전략의 현실 가능성과 확장성을 뒷받침한다.

1) 국내 스몰미팅 레퍼런스

① TEDx Salon, 최대 100명, 고인지도 지식 교류 포맷

TEDx 표준 라이선스는 현장 참석 인원을 최대 100명으로 제한한다. 살롱 형식과 같은 규칙을 적용해 작은 규모의 깊은 대화를 지향한다. 덕분에 학교 강의실, 도서관, 골목 속 작은 공간 등 도시 곳곳에서 품질을 유지하며 반복 개최하기 쉽다. 스몰미팅의 기준이 제도화된 대표 사례다.

② CreativeMornings Seoul, 월 1회 조찬 강연, 도심 커뮤니티의 정기적 활성화

크리에이티브모닝스는 전 세계 70여 개국, 250개 안팎의 도시에서 매월 아침에 열리는 무료 조찬 강연이다. 한 도시의 모임 규모는 보통 100명 내외로, 아침 시간과 무료라는 접근성이 커뮤니티의 꾸준한 만남을 가능하게 한다. 서울 챕터 역시 창작자와 소상공인, 공간을 정기적으로 연결하며 도심의 생활 리듬을 만든다.

③ PechaKucha Night Seoul, 20×20 포맷의 창작자 무대, 150~200명 내외

페차쿠차는 20장의 슬라이드를 20초마다 자동으로 넘기며 발표하는 고정 포맷이다. 발표 시간이 6분 40초로 정해져 있어 진행이 간결하고, 소규모 회전형 운영에 잘 맞는다. 서울에서도 꾸준히 열려 왔으며, 같은 형식을 행궁권의 작은 공연장이나 갤러리와 결합하면 야간 프로그램으로 전환하기 쉽다.

2) 해외 스몰미팅 레퍼런스

① Global Game Jam, 지역별 100~200명 내외의 창작 잼, 즉시소비와 관광 동선 결합 용이

전 세계가 동시에 48시간 동안 게임을 만드는 창작 잼이다. 2025년에는 98개국 805개 사이트에서 3만 5천여 명이 참여했다. 사이트마다 독립적으로 운영되기 때문에 대학 스튜디오나 코워킹 스페이스, 공공공간을 활용해 지역형 체류 경험을 설계하기 좋다.

② Global Service Jam, 서비스 디자인 스몰 페스티벌, 현장 문제해결과 도시 체험의 결합

도시의 실제 과제를 48시간 동안 서비스로 프로토타이핑하는 행사다. 현장 인터뷰와 관찰, 시연이 핵심이어서 시장과 골목, 카페 같은 생활공간과 궁합이 좋다. 여러 도시가 같은 주말에 동시에 진행하기 때문에 지역별 색을 살린 사례가 빠르게 누적된다.

③ 48 Hour Film Project

48시간 안에 영화를 제작하고 지역 상영관에서 로컬 프리미어를 여는 포맷이다. 팀 규모는 보통 15명 안팎으로, 동네 극장과 미디어센터, 골목 가게가 자연스럽게 제작과 상영의 파트너가 된다. 소규모지만 제작, 관람, 야간 이동이 한 흐름으로 이어져 도심 상권과 연결하기 쉽다.

3) 왜 중소도시에 스몰미팅이 맞는가

큰 홀보다 작은 장소가 더 많은 도시의 고유성을 살린다. 중소도시에는 대형 컨벤션 센터 대신 시장, 골목, 도서관, 소극장, 공방 같은 생활형 장소가 많다. TEDx 살롱, 크리에이티브모닝스, 페차쿠차 같은 포맷은 애초에 작은 규모와 잦은 개최를 전제로 설계되어 있어 이런 장소와 찰떡궁합이다. 이벤트가 끝나면 곧바로 골목과 상점, 박물관으로 이어지는 도시 체험의 연속성을 만들기 쉽다.

정례화가 곧 '도시의 리듬'이 된다. 한 번 크게 하는 축제보다, 매월 혹은 분기별로 작게 계속하는 편이 시민과 방문객에게 기억되는 도시의 약속이 된다. 크리에이티브모닝스의 월 1회 조찬 강연, 페차쿠차의 반복 개최 관행은 도시가 주기적인 창작·교류의 장이 될 수 있음을 보여준다. 정례화는 운영비와 인력, 파트너십을 예측 가능하게 만들어 지속성을 높인다.

참여형 창작이 '도시 정체성'을 스스로 만든다. 글로벌 게임잼과 서비스잼은 48시간 동안 현장에서 만들고 보여주는 포맷이다. 완성품보다 과정을 시민과 함께 경험하면서 도시 고유의 소재와 사람, 가게, 골목이 콘텐츠의 재료가 된다. 이때 만들어진 이야기와 관계가 다음 시즌의 프로젝트와 수업, 창업으로 자연스럽게 이어진다.

비용 대비 파급이 크다. 스몰미팅은 장비·공간·인력 규모가 작아 예산

부담이 낮다. 대신 빈도와 밀도로 승부하기 때문에, 지역 상권과 교육 프로그램, 공공 프로그램을 촘촘히 엮으면 반복 학습과 반복 방문이 일어난다. 48시간 영화 프로젝트처럼 지역 상영관을 활용하면 로컬 상영 문화도 함께 자란다.

브랜드 자산이 '행사'가 아니라 '규칙'으로 남는다. 스몰 포맷은 도시마다 같은 규칙, 다른 내용으로 운영할 수 있다. 예를 들어, "매월 넷째 주 금요일 저녁, 20×20 발표를 한다"처럼 누구나 이해할 수 있는 운영 문장이 생기면, 그 자체가 도시의 브랜드가 된다. 페차쿠차의 20×20, TEDx의 100명 제한 같은 명확한 룰이 정체성의 뼈대가 된다.

4) 경희대 타운 MICE 적용 시사점

① 포맷–장소 매칭의 표준화

TEDx 살롱은 대화 중심, 페차쿠차는 발표 중심, 크리에이티브모닝스는 조찬 네트워킹 중심, 게임·서비스잼은 제작 중심이다. 행궁권의 유니크 베뉴(시장, 공방, 소극장, 북카페 등)와 상권, 숙박, 이동 동선을 미리 연계해 프로그램별 가이드북을 만들어 두면 100~200명 규모의 스몰미팅을 월별, 분기별로 안정적으로 운영할 수 있다. 이때 공간 배치, 진행 시간, 발표 규칙, 질의 방식처럼 친밀도와 품질을 지키는 운영 규칙을 함께 도입해 현장 경험을 일정하게 유지한다.

② MICE STAR 지표와의 결합

행사를 MICE만으로 보지 않고 STAR Stay, Transport, Adventure, Restaurants 까지 함께 설계한다. 즉, '숙박, 이동, 체험, 식음'이 하루 안에서 자연스럽게 이어지도록 하나의 동선을 그린다.

③ 연례화, 브랜드화, 데이터화

같은 포맷을 매년 같은 시즌에 반복하면, 도시는 '그때 그곳에서 다시 만난다'는 기억 가능한 리듬을 갖는다. 크리에이티브모닝스의 월례 운영, TEDx 살롱의 정례 규칙, 글로벌 잼의 연례 개최는 그대로 벤치마킹 가능한 운영 유산이다. 정리가 끝나면 다양한 이해관계자 리뷰를 통해 다음 시즌 설계로 이어지게 한다.

5) 정리

스몰미팅의 축제화는 규모의 경제가 아니라 밀도의 경제를 만든다. 100~200명이라는 작은 숫자라도, 검증된 글로벌 포맷과 도시 생활 동선을 결합하면 체류, 소비, 담론, 창업이 한 번에 작동한다. 경희대학교의 타운 MICE는 MICE STAR 맵을 기반으로 하나의 상점·하나의 창업(점)을 출발점으로 삼아, 각각의 점이 서사와 주제로 연결된 '맥락 소비'의 동선(선)을 형성하도록 설계한다. 이 선이 반복·중첩되며 방문 흐름의 밀도가 높아지면, 결과적으로 상권이라는 권역(면)이 만들어지고, 그 과정 전체를 통해 교육(프로젝트, 실습)과 경제(매출, 창업, 고용)가 단절되지 않는 하나의 순환 구조로 작동하게 한다.

(2) 평가와 설계의 전환, 시설 중심에서 '흐름 중심'으로

기존 MICE 평가는 대규모 시설 보유에 유리했기 때문에, 역사 자산과 생활형 인프라가 풍부한 중소도시는 늘 불리했다. 우리는 이 한계를 보완하려고 MICE에 S, T, A, R을 더해 'MICE STAR'라는 여덟 축의 평가지도를 만들었다. 회의, 인센티브, 컨벤션, 전시, 체류, 교통, 모험과 활동, 레스토랑을 하나의 여정으로 설계하고, 각 축의 브랜드 연계성은 O, –, X로 표기하여 도시 전략, 체험, 브랜딩의 결합 정도를 한눈에 드러내도록 했다. 이 설계는 '무엇이 얼마나 큰가'보다 '어떤 연결과 환대, 서사, 로컬 경험이 가능한가'를 묻기 때문에, 중소도시도 고득점, 고체류 도시로 도약할 수 있었다. 실제 사업 운영 자료와 홍보물은 M, I, C, E, S, T, A, R 항목별 추천 인프라와 동선을 동시에 제시해 참가자와 시민이 같은 좌표계로 움직이도록 했다. 우리는 이 좌표계를 수원 행궁권 실험에서 먼저 검증했다.

로컬콘텐츠 중점대학이 이런 전환을 택한 이유는 분명하다. 교육의 성과가 일회성 전시나 발표에서 끝나지 않고, 참가자의 시간과 경험이 곧 지역경제의 활성화 장치가 되도록 평가 단위를 '흐름'과 '체류'로 바꾸어야 했기 때문이다. 이는 수업의 결과물을 사회에 적용하는 브랜드 액티비즘을 제도화하는 과정이기도 했다.

(3) 수원 지도의 재구성, 7개 권역과 팔달구 포지셔닝

우리는 수원을 테스트베드로 삼아 행정 자료와 관광 권역을 재검토하고, 시민, 상인, 방문객 인터뷰와 현장 설문을 약 1,200명 규모로 진행했다. 그 결과 수원은 북수원, 서수원, 남수원, 시청 주변, 광교, 영통, 화성(행궁권)의 7개 권역으로 재정의되었다는 결론에 도달했다. 그중 팔달구 행궁권은 유네스코 세계유산 수원화성을 중심으로 한 역사·문화 핵심지이자, 의료·산업과의 융합이 가능한 체류형 코어로 포지셔닝했다. 보행 친화 도로와 생태 녹지축을 연결해 걷기 좋은 도시를 지향하고, 회의, 공연, 전시, 팝업, 숙박, 식음료가 맥락적으로 이어지는 회로를 권역 안에서 완결하도록 설계했다. 이 포지셔닝은 행궁동을 대학의 Site Lab으로 삼아 학습, 실행, 소비, 아카이브가 순환하는 교육 공유지의 무대가 되게 하려는 우리 사업의 목적과 정확히 겹쳤다.

(4) 운영 모델, MICE STAR 맵에서 '지붕 없는 컨벤션'으로

수원형 타운 MICE는 평가, 설계, 운영이 하나로 묶인 모델이었다. 우리는 국제학술대회 '로컬브랜드 매니페스토', 전통시장 아트포스터 전시 '다닥다닥 마켓: 백상회', 학생·상인 협업 '다닥다닥 팝업스토어'를 도심 곳곳에 분산 배치하고, 참가자 100명 단위가 1박 2일에서 2박 3일 머물며 회의, 전시, 팝업, 전통시장 소비, 숙박, 식음료를 소비하게 했다. 이 운영은 도시를 '지붕 없는 컨벤션'으로 재해석한 실험이었고, 참가자의 시간과 경험을 지역경제의 액티베이터로 전환하는 방식이었다. 이러한 구성과 동선, 그리고 시장 아케이드 현수막 전시와 팝업 운영 계획은 공식 리플릿(136, 138쪽 참고)에 구체적으로 정리되어 있다.

현장에서는 학생 프로젝트의 산출물을 바로 검증하고, 시민 피드백을 수집하며, 상인과의 협업을 통해 제품, 공연, 서비스를 고도화했다. 우리가 하계 계절학기와 로컬크리에이션랩에서 설계한 파빌리온 설치와 골목 쉼터 조성은 체류형 동선을 완성하는 물리적 거점으로 작동했고, 공방거리 초입의 상징 요소는 보행과 체류를 동시에 개선했다. 이는 타운 MICE의 공간적 토대를 만드는 교육, 공공, 상권 협업의 결과였다. 이 모든 운영은 K-ARISE의 단계별 학습 구조와 정합하게 맞물렸다. 마이크로디그리에서 과제 발굴, 브랜딩 개발, 공간 창업으로 이어진 성과를 '지붕 없는 컨벤션' 위에 올려 시민 경험과 연동했고, 결과는 다시 비교과 프로그램과 캡스톤으로 환류했다. 이렇게 교육과 경제를 한 루프로 묶는 설계는 애초 사업단이 제시한 추진전략과 일치했다.

(5) 효과와 다음 단계, 점-선-면을 넘어 학습-정책-시장 선순환으로

첫째, 도시 경쟁력의 관점에서 가능성과 방향성을 확인했다. 7개 권역 재정의와 MICE STAR 맵핑은 인프라 분포와 권역 경계의 정합성을 확인했고, 정책, 브랜드, 사용자 경험이 하나의 목표를 공유하도록 만들었다. 행궁은 체류형 코어로 자리 잡고, 기존 상권과 학술, 예술, 교육 프로그램이 같은 흐름 안에서 작동할 가능성이 매우 높은 장소성을 지니고 있다.

둘째, 교육-경제 공동체의 관점에서 작동 원리가 확인되었다. 수업의 문제정의와 프로토타입은 Site Lab에서 검증되고, 산출물은 캠페인, 전시, 정책, 연례행사로 확산된다. 다시 시민과 상인, 지자체의 피드백이 커리큘럼으로 돌아오면서 선순환 고리가 형성될 수 있다. 이 루프는 디자인 액티비즘이 현장 전술로, 브랜드 액티비즘이 사회 전술로 기능한다는 우리의 가설을 실제로 입증한다.

셋째, 이제 확장성이 증명하려고 한다. 도시 등급 체계와 정량, 정성 병용 지표는 가로환경 개선, 상권 활성, 유니크베뉴 발굴 같은 소규모 개입에서 광역 연동, 숙박, 교통, 행사 캘린더 통합 같은 대규모 조정까지 스케일 전환을 지원해야 한다. 이는 지산학연이 함께 해결해야 할 중장기적 목표이다.

마지막으로, 왜 우리가 이 연구를 하고 적용했는지에 대한 결론은 명확하다. 결국 전환의 이유는 한 가지다. 배움이 삶과 만나야 산다. 그래서 우리는 해야 할 일의 목록을 늘어놓기보다 우리가 할 수 있는 것들을 연결하여 지역의 장면을 바꾸는 일에 집중했다. 교실에서 나온 생각이 곧바로 동네로 나가고(배움-장소의 결속), 그 과정이 사진, 메모, 보고서로 남아 다음 설계의 재료가 되며(기록-공유의 일상화), 학교, 지자체, 공공, 소상공인이 같은 목표와 일정으로 움직이도록 조율한다(거버넌스). 이 세 가지가 동시에 맞물릴 때, 수업은 행사가 아니라 도시의 변화가 되고, 성과는 숫자가 아니라 축적된 경험으로 남는다. 이제 남은 과제는 이 리듬을 지속 가능하게 반복하는 것이다.

(6) 수원형 타운 MICE: 효과적 정보전달을 위한 인포그래픽스 포스터

1) 리서치에서 MICE STAR까지: 데이터 시각화

수원 전체를 테스트베드로 삼아 MICE와 STAR 요소를 공간과 시간 축에서 겹쳐본 연구 요약본이다. 2020~2025년 행사 데이터를 그라데이션으로 누적해 연도별 개최 추이를 제시하고, 컨벤션 거점 두 곳은 방사형 네트워크로 공간적 중심성을 드러낸다. 회의 거점 112개, 전시·이벤트 164개, 숙박 47개, 교통 인프라 67개, 안전시설 153개, 식당 12,744개 등 핵심 인프라의 밀도, 분포를 계통도, 히트맵, 아이콘으로 통합 표기해 체류, 이동, 만남, 식음, 안전의 결합도를 한눈에 읽을 수 있게 했다. 특히 시민과 관광객 1,200여 명 인터뷰와 관찰 로그를 병행해 권역별 이용 행태와 시간대별 체류 패턴을 보정했으며, 배리어프리 관광지는 별도 기호로 계층화하여 접근성 레이어를 추가했다. 오른쪽 패널에는 범례, 출처, 수집 주기, 적용 지표를 정리해 정책·운영 전환에 바로 쓰이도록 구성했다. 하단 요약은 '7개 권역 재정의'가 실제 인프라 분포와 구조적 정합성을 갖는다는 결론을 제시하며, MICE STAR가 권역 전략, 분산, 동선, 거점 연계를 위한 설계 도구임을 입증한다.

2) MICE STAR 브랜드: 브랜드 커뮤니케이션 시각화

기존 MICE 회의, 포상관광, 컨벤션, 전시 및 이벤트 에 STAR Stay, Transportations, Adventures & Activities, Restaurants 를 보완 축으로 더한 확장형 평가 및 운영 체계를 설명하는 브랜드 보드다. 상단은 수원 관광 권역의 과거 분류 체계 한계와 조사 및 설문을 거쳐 도출한 7개 실질 권역을 비교 제시하고, 중앙은 권역별 도시 이미지, 인프라, 생활권 흐름의 대응 관계를 매트릭스로 시각화했다. 하단은 MICE STAR 로고, 컬러, 아이콘 시스템과 적용 규칙을 제시해 일관된 커뮤니케이션을 담보하며, 운영 측면에

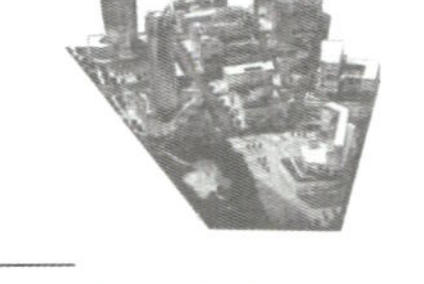

*중부일보

수원 R&D 사이언스파크 & 탑동지구 개발

R&D(연구&개발) | ICT(정보통신) | 반도체 | BT(생명공학) | NT(나노기술) 기업

서수원에 조성될 예정인 수원 R&D 사이언스파크는 약 35만㎡ 부지에 첨단연구기업을 유치하여 R&D · 반도체 · ICT · BT · NT 등의 연구들을 위한 4천여 개 일자리를 창출하는 사업이다. 이 곳은 연구시설과 함께 주거 · 생활 · 공원시설을 갖춘 직주일체 단지로, 2027년 착공해 2028년 준공을 목표로 한다. 성균관대, 탑동 이노베이션밸리와 연계해 산학연계 협력을 강화하고, 수원경제자유구역, 환상형 혁신클러스터를 구축해 한국형 실리콘밸리 조성을 추진하고 있다.

남수원

미래산업

*환경일보

수원활주로공원계획 & 전략혁신도시

문화시설 | IT기업 | 바이오 · 헬스기업 | 그린 인프라

남수원은 공군기지(SWU)가 이전될 경우 3㎞ 길이의 활주로를 공원으로 조성하면서, 격납고는 문화시설로 리모델링할 것임을 밝혔다. 북쪽은 첨단산업단지와 메디컬파크를 배치하고 남쪽은 저밀도 주거단지를 세워, 세류역 인근에 중심상권을 중심으로 개발한다. 군 공항이전은 기부 · 양여 방식으로 약 4조원이 소요될 전망이라고 예상되나, 후보지 주민 반발과 공역 중첩 등의 난항이 예상되고 있으며, 이에 수원시는 국방부와 협의해 군 공항 이전 건의서를 제출할 계획임을 발표했다.

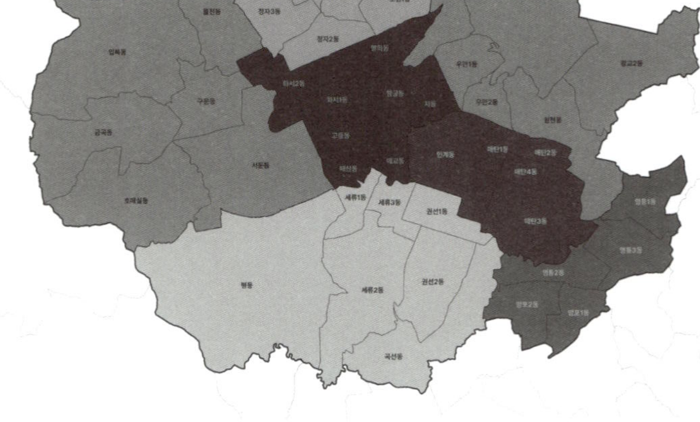

#문화 #자연

수원메쎄
수원역
경기상상캠퍼스
일월수목원

#주거 #자연

평동행정복지센터
수원종합버스터미널
공군기지

#기업 #혁신

영통구청
삼성 디지털시티
영흥수목원

MICE + @

*한국경제뉴스

삼성디지털시티 & 기업혁신도시

비즈니스 · 테크 인프라 | 정보통신기술 | R&D(연구&개발) | 반도체 | 교통 · 그린 인프라

영통은 기업혁신도시로의 도약을 목표로 미래 발전상을 구체화하고 있다. 공업지역을 전략적으로 개발해 첨단기업을 유치와 양질의 일자리를 창출할 계획이며, 삼성전자를 중심으로 R&D 혁신거점을 조성해 지역산업 경쟁력을 높일 예정이다. 또, 대중교통 연계 강화와 스마트 교통 인프라 확충 등 교통체계 전반을 개선해 도시 접근성과 편의성을 높일 것이며, 노후 공동주택 정비를 통해 쾌적한 주거환경 조성 · 친환경 공간 및 생활 인프라의 조화로운 구축을 통해 일과 삶이 균형을 이루는 지속가능한 도시를 꿈꾼다.

화성

미래산업

*경기신문

수원화성 문화특구

문화관광 | 의료관광 | 산업특구 | 주거 · 그린 인프라

수원시는 화성생활권을 중심으로 수원의 문화관광 핵심지역으로 발전할 계획에 있음을 밝혔다. 팔달구 구도심은 의료관광 · 산업특구의 중심지로 재편되며, 역사와 전통이 깃든 팔달구 일대를 중심으로 의료서비스 · 관광자원을 연계한 융합산업을 육성하고, 국내외 관광객 유치와 지역경제 활성화를 도모할 예정이다. 또, 노후 주거지 정비 · 보행 친화적 도로 환경 · 생태 녹지축 연결 등을 통한 교통체계를 구축해, 쾌적하고 걷기 좋은 도시로 변화시킨다. 주거 · 문화 · 의료 · 산업이 어우러진 도시로 재도약하는 것을 목표로 한다.

MICE STAR

해당 연구를 진행하며 수원시의 로컬 관광 경험을 조사하고 보다 심층적으로 이해하고자 하는 과정에서 기존의 MICE 평가 기준만으로는 수원시의 고유한 매력과 다양한 관광 경험 및 자산을 충분히 담아내기 어렵다는 점을 한 번 더 체감할 수 있었다.

MICE + @

기존 MICE 평가 지표는 회의장 · 전시장 등 물리적 시설의 규모와 기능, 운영 효율성에 초점이 맞춰져 있어서 행사 참가자의 체류 경험 전반을 충분히 반영하지 못한다는 한계가 존재했고, 행사 전후 또는 행사 기간 중 참가자가 지역 관광객으로서 경험하는 지역의 매력과 경험의 질을 간과하게 만들 수 있기에, 수원시관광의 전반적인 경험을 대변하기 어려웠다.

덧붙여, 지역 MICE 행사가 항상 개최 도시의 고유한 역사, 문화, 자연, 산업적 특색을 행사 프로그램 및 참가자 경험에 담아내는 것이 아니기에, 로컬 관광의 관점에서 행사 개최 도시의 매력을 충분히 어필하기는 어렵다고 판단되었으며 다른 지역과 차별화된 독특한 경험을 제공하는 데에 한계가 있다는 것을 연구 과정 속에서 다시 한 번 확인할 수 있었다.

이러한 문제 인식을 바탕으로 해, 본 프로젝트에서는 기존 'MICE' 평가 체계에 참가자의 체류 경험과 지역 자산을 포괄해 연계하는 'STAR' 라는 새로운 평가 지표를 더하여, 로컬 관광 관점에서 지역 고유의 매력과 체류 경험을 함께 조망하고 평가하는 새로운 기준이 될 'MICE STAR'라는 확장형 MICE 관광 평가 체계를 제안한다.

MICE STAR의 의미

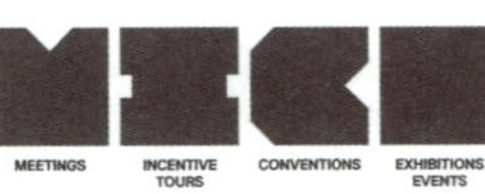

'MICE'는 Meetings, Incentive Tours, Conventions, Exhibitions · Events의 약자로 구성되어 있으며, 기존 MICE 관광의 4대 핵심 지표이자 각 요소의 인프라 기본 틀을 형성한다.

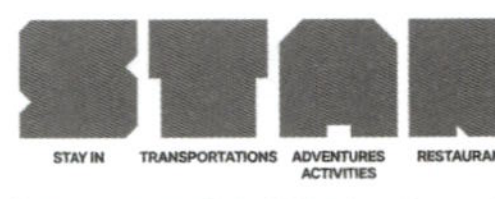

'STAR'는 MICE STAR가 제안하는 평가 지표로 Stay in, Transportations, Adventures · Activities, Restaurants를 상징하며, 관광객 체류 흐름과 경험 가치를 반영하고 기존 지표를 보완하는 확장 요소로 구성 되어 있다.

MICE STAR 프로젝트는 수원시를 테스트베드로 시작하며 MICE STAR만의 평가 기준을 검토하고 도시의 MICE 관광 인프라를 통합하고 시각화해 관광 자산의 흐름을 파악하고 전략화하는 데 활용될 수 있도록 만들어 나갈 것이다.

이번 연구를 통해서는 수원시를 시작으로 새로운 평가 기준을 검증해나가고 향후에는 MICE STAR 평가 체계를 타 지역에도 확장해 적용할 계획으로 로컬 관광 전략 컨설팅 브랜드로 발전시켜 나갈 계획이다.

Brand Identity Design

Symbol

서브 로고타입

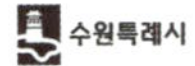

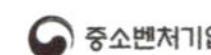
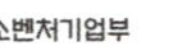

(디자인 정시은, 안효정, 김성욱, 만령연)

수원형 타운 MICE 브랜딩을 위한 리서치 데이터 시각화

마이스 관광의 가능성을 비추는 새로운 기준

지속가능한 지역 발전을 위한 핵심 전략으로 로컬 자원을 기반해 관광 전략을 펼치는 MICE 관광이 주목받고 있다. MICE 관광은 단순 방문을 넘어 비즈니스·문화·체험이 결합된 형태로 지역 인지도 제고와 경제적 파급효과 측면에서 높은 잠재력을 지닌다.

수원시는 MICE 관광을 통한 고부가가치 관광으로의 전환 가능성을 지닌 도시로, 서울과의 접근성·우수한 교통 인프라·유네스코를 자랑하는 세계문화유산인 수원 화성을 비롯해서 다양한 역사와 문화 자산을 가지고 있는 경기도 남부 핵심 도시이다. 이에 첨단 산업 기업이 집적된 경제·산업 기반 또한 갖춰 MICE 유치에 유리한 조건을 지닌다.

본 프로젝트는 수원시의 MICE 관광 인프라를 종합적으로 분석하여 관광도시로서의 전략을 함께 모색한다. 이는 단순한 관광자산 나열을 넘어, 전략적 관광 권역 설정에 기여하며 관광 도시로서의 경쟁력 강화를 도모한다. 더 나아가, 실제 관광 정책 설계에도 적용 가능한 데이터 기반의 해석 틀을 제시한다. 특히 관광 흐름을 도시 전역으로 분산시키고, 지역별 특화 자산을 MICE 관광 전략과 연계함으로써 구조적 전환을 모색하고, 단기 행사 중심의 기존 방식에서 벗어나 체류 유도와 재방문 전략을 함께 설계하며, 정책과 브랜드 전략의 실효성을 높인다.

수원시 관광 권역 재설정 | 과정

1) 기존 권역 검토

수원시 관광 구역의 설정 현황을 파악하기 위해 『수원관광안내지도』와 『수원시 관광안내책자』에 제시된 권역 분류 체계를 비교·분석했고, 그 결과 『수원관광안내지도』는 수원 화성, 서수원, 동수원, 수원시청 주변 등 4개의 관광 권역을 제안하고 있고, 『수원시 관광안내책자』는 수원 화성, 동수원, 서수원의 3개 권역을 중심으로 설명하고 있음을 알 수 있었다.

2) 기존 권역 한계 및 방향 설정

두 자료 모두 권역 수가 제한적이고, 수원시의 전체 관광 경험을 충분히 반영하지 못하며, 각 관광 권역 간의 경계가 불분명하게 제시되어 있다고 판단되었다. 이에 따라 행정 '구' 및 '동' 체계를 기반으로 시야를 넓히고, 『2040 수원 도시기본계획』의 '생활권' 구분을 참고해 기존 관광 권역에 구 단위 내부를 보다 세분화한 후, 이를 바탕으로 수원시 권역별 도시 이미지와 유형을 파악하기 위해 필드리서치를 수행했다.

3) 권역 세분화 기준 및 분류 결과

팔달구는 『수원관광안내지도』의 분류를 참고해 수원화성과 수원시청 주변으로 나누었으며, 영통구는 신도시로 성장 중인 광교를 하나의 독립 권역으로 설정했다. 또한 권선구는 수원역을 중심으로 북측을 서수원, 남측을 남수원으로 구분하였고, 이와 같은 기준을 바탕으로 총 7개의 관광 권역을 도출했다. 또한 더 세분화되며 더해진 권역에 필드리서치를 추가로 수행하며, 진행 과정에서는 현장 조사와 더불어 설문을 병행했다.

4) 설문 결과 및 최종 권역 정합성 검토

조사 결과, 수원시의 권역별 도시 이미지에는 뚜렷한 차이가 드러났으며, 해당 지역의 주요 관광지와 인프라가 이러한 인식 형성에 영향을 주고 있음이 확인되었다. 또, 『2040 수원 도시기본계획』의 공간 구조 및 산업 분포를 기준으로 관광 기능을 재검토한 결과, 도출된 7개 권역과의 구조적 정합성이 확보되었음을 다시 한 번 확인할 수 있었고, 이러한 권역 구분을 바탕으로 MICE STAR 관광 인프라 시각화를 적용할 계획이다.

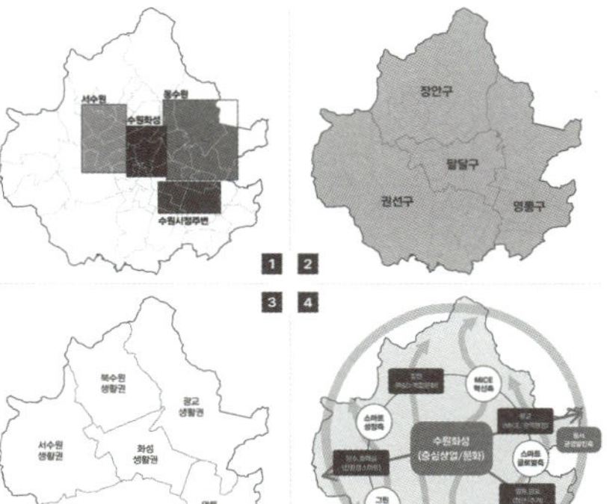

수원시 관광 권역별 도시 이미지 및 유형

생활 · 방문 인구 대상 현장조사

7개의 관광 권역 구분 후, 관광 권역별 생활·방문 인구가 인식하고 있는 도시 이미지와 유형을 조사한 결과로, 응답자 인식, 공간 특성 간의 연관성이 드러났다. 또 도시 이미지와 권역별 관광 인프라 간 구조적 대응이 확인됐다.

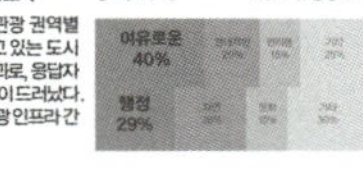

광교(218회) — 여유로운 행정도시: 여유로운 40%, 행정 29%

북수원(216회) — 동적인 스포츠도시: 동적인 31%, 스포츠 44%

영통(198회) — 분주한 산업도시: 분주한 37%, 산업 44%

남수원(181회) — 소박한 자연도시: 소박한 23%, 자연 44%

서수원(178회) — 여유로운 문화도시: 여유로운 35%, 문화 41%

인계동(156회) — 동적인 문화도시: 동적인 45%, 문화 38%

화성(155회) — 감성적인 역사도시: 감성적인 39%, 역사 41%

최종 관광 권역 | 도출

MICE 관광 전략 설계에 맞춰 재편된 실질적 관광 권역

리서치와 설문조사를 바탕으로 도출한 수원시 관광 권역은 아래의 7개로 정리되었으며, 각 권역은 도시 기능과 인프라 분포·생활권 흐름·이미지 인식 결과를 종합적으로 고려해 설정되었다. 단순한 행정 경계를 넘어서 실제 체류와 이동·소비·인지 경험이 복합적으로 작용하는 구역 단위로 구성되었고, 이는 수원시의 관광 자산을 더욱 체계적으로 구조화하면서 MICE STAR의 시각화 기준과도 유기적으로 연결되는 관광 전략 설계에 적용 가능한 기준임을 확인했다.

북수원
광교
서수원
화성
인계동
영통
남수원

북수원

미래산업

*연합뉴스

북수원테크노밸리 & 스포츠 멀티 플렉스

AI 및 IT기업 | 반도체, 모빌리티 | 바이오 · 헬스케어 연구소

북수원 테크노밸리는 AI · IT · 반도체 · 모빌리티 · 바이오 · 헬스케어 등 미래 신산업을 중심으로 조성되는 첨단 산업단지이다. 15만 4천㎡ 부지에 고층 복합건물을 세우고, 총 7천개의 일자리와 5천 가구 주거시설을 마련해 직주근접 환경을 구현한다. 동시에 탄소

#스포츠 #자연

장안구청
KT위즈파크
수원종합운동장
만석거

#역사 #문화

팔달구청
신풍초
행궁동

#행정 #자연

수원컨벤션센터
경기도청
광교호수공원

#행정 #문화

수원시청
경기아트센터
수원야외음악당

광교

미래산업

*서울신문

광교테크노밸리 & 국제적 바이오단지

스마트폴리스 | R&D(연구&개발) | ICT(정보통신) | 반도체 | 의료

광교테크노밸리 내의 옛 바이오장기연구센터 부지가 경기도의 광역 바이오 클러스터 거점으로 조성된다. 또한, 경기도는 연간 500명의 고급 R&D 인력 양성과 15개 내외의 바이오 스타트업 육성을 추진하며, 도유재산 개발 절차에도 착수할 것임을 발표했다. 이를

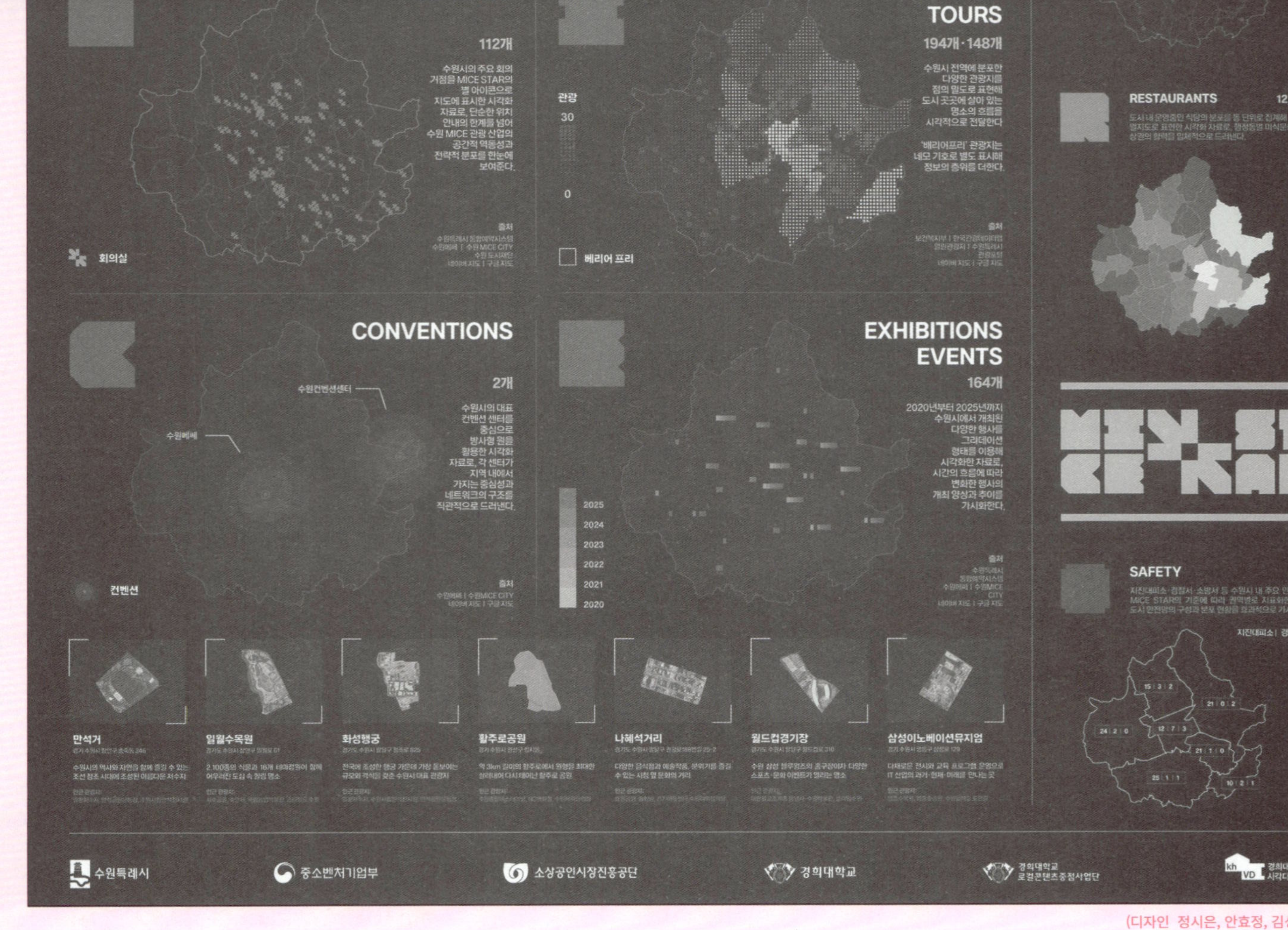

(디자인 정시은, 안효정, 김성욱, 만령연)

수원형 타운 MICE 브랜드 커뮤니케이션 포스터

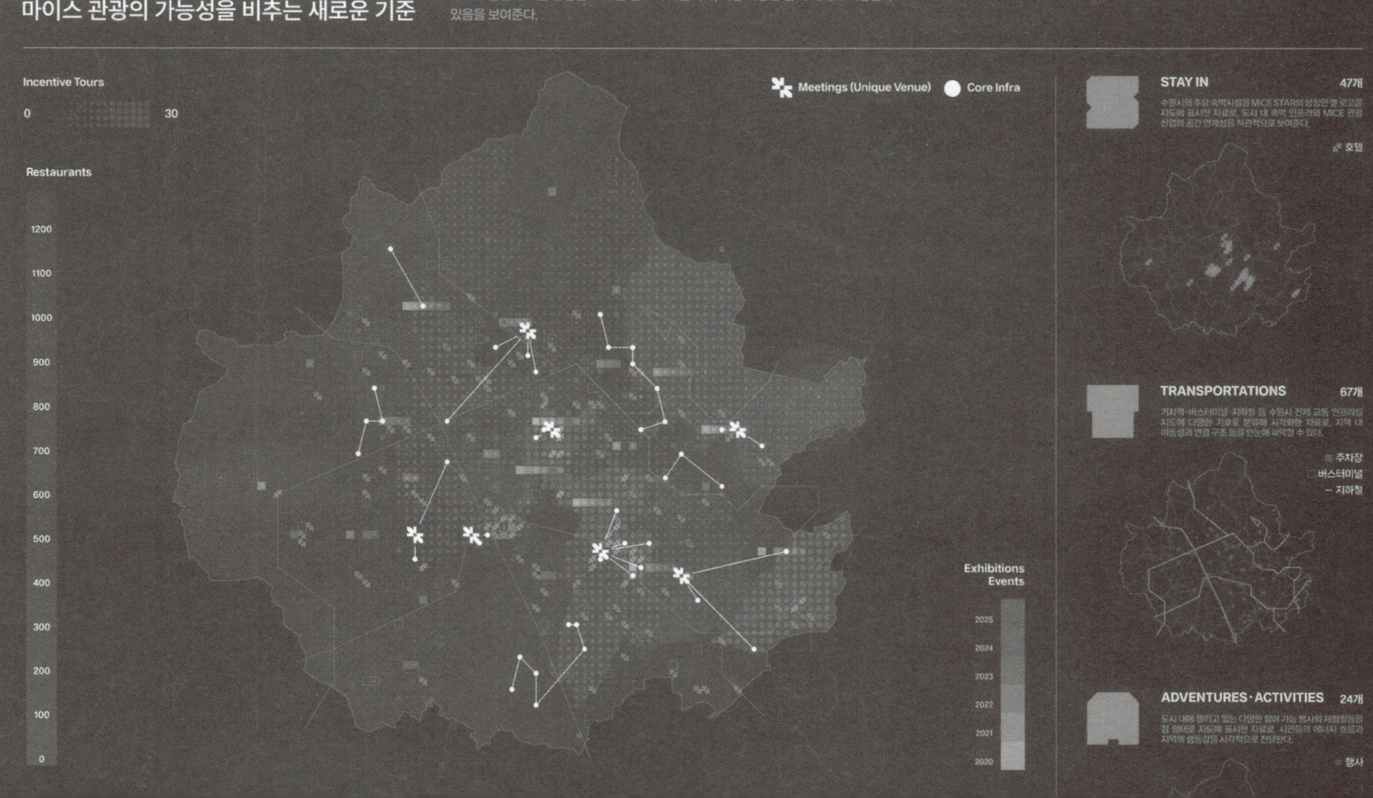

서는 베이스캠프 설정, 이동, 휴식 리듬, 팝업과 전통시장 연계, 야간 프로그램, 공개 피드백 수집 등 표준 모듈을 가이드한다. 결론부는 MICE STAR가 정책 수립과 관광 전략 기획의 공공 분석 도구로 확장 가능함을 명시하고, 다른 지역 적용의 스케일 전환 경로를 제안한다.

타운 MICE로 장소를 디자인하라. 중소도시는 랜드마크가 아니라 '경험'으로 브랜드가 된다.

5. 실행 4: 다닥다닥 마켓: 백상회百象會 – 전통시장 리브랜딩 전시

(1) 기획 배경과 목표: 100개의 시선으로 '백년 시장'을 다시 잇다

백상회는 '100개 콘텐츠X100년 시장'이라는 구호를 전시장 바깥의 삶으로 끌어내린 전통시장 리브랜딩 실험이었다. 경희대학교 로컬콘텐츠 중점대학은 수원 남문시장 일대를 문화예술, 학술, 소비가 만나는 실험장으로 삼고, 아트포스터 100점을 영동시장-남문패션1번가 아케이드에 장기간 노출해 보행 동선을 살리고 시장을 문화·관광 허브로 재인식시키는 것을 목표로 삼았다. 전시는 '없는 것을 팝니다'라는 도발적 주제로, 시장에서 보이지 않지만 시장을 가능하게 하는 기억과 공감, 환대, 맥락을 100명의 시각언어로 호출했다. 이는 학술대회, 팝업, 맥락소비가 한 회로로 묶이는 수원형 타운 MICE 실증의 한 축이었으며, 전통시장의 공공디자인을 실험하는 현장 수업이자 도시 브랜드 실험이었다. 전시 기간은 9월 25일~10월 14일로 설정해 가을 관광 성수기와 맞물리게 운영했다.

참여 구성이 '백상회'의 힘이었다. 국내외 지명공고를 통해 모인 디자이너 30인을 비롯해 공방거리 상인, 대학 구성원 등 총 100명이 한 팀이 되어 남문시장을 공공갤러리로 바꾸었다. 전시는 6~7월 기획회의와 상인회 미팅을 통해 논의가 진전되었고, '100 Things 100 Market'에

영동시장-남문패션1번가 시장 사이 아케이드 전시

(전시디자인: NA1, 보부Office)

서 '백상회'로 네이밍을 확정했다. 7~8월에는 100명 모집을 완료해 학술, 전시, 소비를 잇는 타임라인을 구성했다.

왜 남문시장, 특히 영동시장-남문패션1번가 아케이드였는가. 두 시장을 관통하는 아케이드는 유동 인구가 많지만 가게별 간판, 현수막, 임시물로 시각 소음이 높은 공간이었다. 우리는 일관된 포맷의 연속 설치를 통해 그 혼잡을 '문화의 언어'로 정리하고, 걷는 경험 자체가 전시가 되는 보행 갤러리로 전환하고자 했다. 아케이드라는 선형 공간을 따라 반복 노출되는 100점의 포스터는 시장 내부를 관통하는 시각적 리듬을 만들었고, 자연스러운 사진 촬영과 체류를 유도해 상점 접근성을 높였다. *이 선택은 '시장=거래 공간'에서 '시장=문화 플랫폼'으로의 서사를 시각적으로 번역하는 장치였다.*

(2) 전시 설계와 공공디자인 전략: 아케이드에는 연속 현수막, 센터에는 '8'의 동선

시장 아케이드에는 현수막형 포스터를 일정 간격으로 배열해 한 눈에 읽히는 반복 패턴과 리드미컬한 걷기 경험을 설계했다. 단위 포스터는 서로 다른 개별 작가의 시선이지만, 동일한 규격과 설치 높이로 통일해 무질서한 상업 광고와 구분되는 공공디자인 레이어를 만들었다. 이 레이어는 시장의 길찾기와 체류를 돕는 '연속적 표지'로 작동했다. 설치 계획은 사전 시뮬레이션과 현장 협의로 확정했으며, 상인회와의 공동 점검을 통해 영업 동선과 안전을 우선했다.

팔달문화센터 야외 전시장에서는 '걷는 회로'를 더 선명하게 보여주기 위해, 무한대∞를 연상시키는 동선을 기본으로 하고, 팔달산八達山의 '팔(8)'을 형상화한 포스터 스탠드를 제작해 관람 흐름을 설계했다. 이 구조물은 단순한 안내판이 아니라, 도시의 지형과 학습의 방향을 시각적으로 연결하는 장치로서, 관람자가 자연스럽게 걷고 머물며 전시의 의미를 체험하도록 유도했다.

(3) 운영 구조와 MICE STAR 연동: 'Exhibitions'가 도시를 묶는 앵커

백상회는 MICE STAR 맵의 'E Exhibitions' 역할을 맡아 회의, 숙박, 이동, 체험, 식문화로 이어지는 체류 회로의 시각적 앵커가 되었다. 맵에는 팔달문화센터, 행궁광장, 미디어센터, 남수마을협동조합 등 도시의 회의, 커뮤니티, 전시, 숙박 거점을 하나의 좌표로 엮고, 그 안에 다닥다닥 마켓: 백상회를 표기해 참가자가 스스로 행궁권역을 탐험하도록 설계했다. 맵과 리플릿은 전시 장소, 숙박, 교통, 식당, 유니크 베뉴를 한 장에서 읽을 수 있게 만들어 자율 동선 기반의 체류형 관람을 가능하게 했다.

운영은 다닥다닥 커뮤니티의 MICE 조직이 전담했다. 학술대회와 팝업, 로컬페스타 일정과 전시 오픈, 상영, 퍼포먼스를 시간대별로 겹치지 않게 배치했고, 학술대회 종료 후 야간 프로그램과 전시 관람이 이어지도록 행사 달력을 정렬했다. 이는 '학술, 예술, 소비, 체류'가 한 루프로 작동하는 수원형 타운 MICE의 핵심 로직으로, 중소도시가 대형 컨벤션 시설 없이도 흐름 설계로 경쟁력을 만들 수 있음을 증명했다.

(4) 콘텐츠 구성과 제작: 100명의 시각언어, 시장의 기억을 호출하다

전시의 콘텐츠는 '없는 것을 팝니다'라는 주제 아래 100명의 작가가 시장에서 체감한 냄새, 소리, 억양, 가격표, 손짓을 그래픽 언어로 번역하는 방식으로 구성했다. 이 100개의 작품은 물성의 결과물을 파는 것이 아니라 시장의 경험을 시각적으로 매개한 장치였고, 관람자는 이를 사진으로 기록·공유하며 의미를 확장해 재해석했다. 결과적으로 시장을 둘러싼 집단적 기억이 아케이드에 매단 현수막을 통해 공유재로 전환되었다. 참여 성격과 제작 설명은 전시 안내 자료와 리플릿, 엽서북에 정리해 관람자가 '왜 이 포스터가 여기 있는가'를 이해하도록 했다.

(5) 효과와 시사점: 전통시장을 '문화의 길'로 재정의하다

첫째, 보행 동선 활성화와 체류 시간 연장이다. 아케이드의 선형 전시에 따라 관람자는 자연스럽게 시장 깊숙이 걸어 들어가며, 사진 촬영과 공유를 통해 포스터를 매개로 가게 입구 앞 체류가 늘어났다. 이는 백상회가 전통시장의 시각 소음을 공공디자인으로 정리해 '걷는 즐거움'을 회복한 결과이며, 시장과 시민을 다시 잇는 로컬 리바이벌 프로젝트라는 기획 취지와도 정확히 맞아떨어졌다.

둘째, 문화로 채워지는 전통시장이라는 서사의 확장이다. 백상회는 학술대회, 팝업스토어, 야간 프로그램과 함께 운영되어 문화-학술-소비를 하나의 도시 경험으로 엮었다. 전시는 학술대회 참가자와 시민에게 맥락소비를 유도했고, '시장=문화+관광' 허브라는 인식을 촉진했다. 지자체, 상인회 그리고 대학이 함께 만든 타운 MICE의 전형으로, 중앙정부, 지자체, 상인회 그리고 대학이 공유하는 운영 구조를 실제로 가동했다는 점에서 확산 가능성이 크다.

셋째, 교육-경제 공동체의 관점에서 축적을 남겼다. 제작과 설치, 운영 전 과정은 로컬콘텐츠 중점대학의 PBL, 브랜드 액티비즘과 공공디자인 교육과정의 실습이자 결과였고, 다전공 학생과 졸업생, 교원, 상인의 협업 모델을 표준화했다. 특히 '백상회' 네이밍과 모집, 제작, 설치에 이르는 과정을 학교, 상인회와 지자체가 함께 설계해 다음 해 재현이 가능한 운영 매뉴얼을 확보했다.

넷째, 브랜드, 정책과 현장의 다층 연계를 만들었다. 백상회는

백상회 팔달문화센터 전시 계획

Main Poster Stand
포스터 스탠드(집기) 최종 / 제작중

- 100개의 포스터 스탠드 집기 우드로 제작 예정
- 너무 높지 않은 (시야를 가리지 않는) 형태로 공간의 조화를 고려함
- 내/외부로 순환해서 자유롭게 볼 수 있게끔 경험 설계
- 위에서 봤을 때 무한대, 8의 모양을 연상할 수 있도록
- 입구가 2곳이므로 어느쪽으로 출입하든 전시 경험이 방해되지 않도록

(전시디자인: NA1, 보부Office)

백상회 팔달문화센터 전시

(전시디자인: NA1, 보부Office)

MICE STAR 맵상 Exhibitions 항목으로 배치되어 '회의, 숙박, 이동, 체험, 식문화'의 회로와 결합되었고, 팔달문화센터 야외전시와 시장 아케이드 전시가 상호 송객하는 구조를 설계했다. 특히 센터 전시를 축제 주간과 포개어 대형 방문 흐름을 시장으로 전환하게 만든 전략은 중소도시가 대형 시설 없이도 행사, 동선 설계, 브랜드 연결만으로 체류와 소비를 설계할 수 있음을 보여주었다.

다섯째, 도시 아카이브로서의 가치다. 100점 포스터는 일회성 홍보물이 아니라 시장의 감각과 기억을 기록한 집단 초상화였다. 엽서북과 리플릿, 메인 포스터를 포함한 제작물 일체는 다음 회차의 참조 지식이자, 수원형 타운 MICE가 확장될 때 다른 권역으로 이식 가능한 템플릿이 된다. 이는 전시가 끝난 후에도 도시 브랜드 이야기가 이어지도록 하는 확산 장치였다. 10년 후 시장에 대한 1,000개의 기억이 될 수 있다.

(6) 종합 정리

'다닥다닥 마켓: 백상회'는 전통시장 한복판을 공공디자인의 갤러리로 바꾸는 전시였고, 동시에 MICE STAR 맵을 통해 도시의 회의, 숙박, 이동, 체험, 식문화 회로와 긴밀히 결합된 타운 MICE의 앵커 프로그램이었다. 영동시장-남문패션1번가 아케이드라는 선형 공간은 연속 현수막 전시로, 팔달문화센터는 8자 스탠드로 각각 설계해 선형과 순환형 관람을 병행했고, 두 전시가 축제 주간의 방문 흐름과 연결되어 시장 방문-맥락소비-체류로 이어졌다. 100명의 작가가 남문시장을 기억하고 시각적 언어로 표현함으로써, 백상회는 '시장=거래'를 넘어 '시장=문화+관광+학습 허브'라는 새로운 정의를 현실의 동선 위에 올려놓았다. 이는 로컬콘텐츠 중점대학이 지향하는 교육-경제 공동체의 실천이

하남지터 대나무 파빌리온 설치 과정

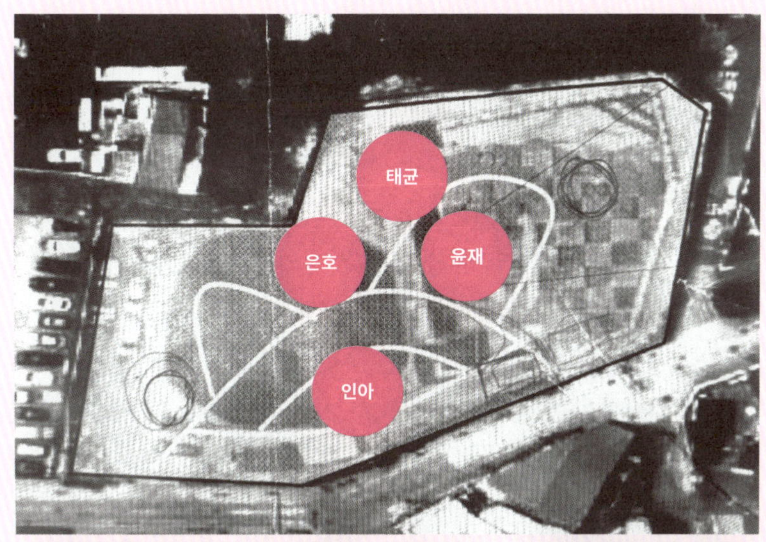

(사진 제공: 민병욱 교수)

며, 점(작가), 선(아케이드), 면(도시 회로)을 한 번에 당겨 지속 가능한 지역 활성화의 표준을 만드는 시도였다.

6. 실행 5: 공공공간 개입, 하남지 Re:Connect(대나무 파빌리온[13])

하남지 Re:Connect는 행궁동 공방거리의 유휴부지인 하남지터를 학습과 휴식, 지역 교류가 만나는 열린 공간으로 전환한 공공디자인 프로젝트이다. 문화유산보호구역이라는 제약을 창의의 조건으로 바꾸어 대나무 파빌리온을 설치했고, 공방거리 상인과 시민이 체험할 수 있는 생활형 문화 거점을 만들었다. 교육 측면에서는 로컬코크리에이션랩 3의 다학제 PBL 수업으로 설계, 제작, 설치를 전 과정 학습으로 엮었고, 지역 측면에서는 공방거리 체류 동선을 보강해 시장권으로 이어지는 보행 흐름을 돕는 연결 장치로 작동했다. 프로젝트의 설계 배경, 추진 과정, 공간적·사회적 성과 및 확장 가능성은 다음과 같다.

(1) 대상지와 배경: '제약이 있는 장소'를 '가능성의 공간'으로

하남지터[14]는 공방거리 안쪽, 과거 연못이 있던 자리로 현재는 복원이 예정된 문화유산보호구역이다. 개발이 어려워 오랫동안 비어 있었고, 상인과 시민에게는 아쉬움의 공간이었다. 경희대학교는 이 '멈춘 공간'을 지역대학의 역할로 다시 읽었다. 유휴부지를 임시 구조물로 가볍게 활성화하는 전략을 세우고, 지역의 역사성은 살리되 기존 시설을 해치지 않는 선에서 체류 공간을 설계했다. 이 선택은 '대규모 시설보다 생활

13 파빌리온Pavillion은 도시·건축 맥락에서 가볍고 개방적인 소규모 구조물로, 임시 또는 반영구 형태로 설치되어 휴식·전시·행사·안내 등 프로그램의 거점이 되는 공간 장치이다. 일반적으로 개방된 측면, 경량 구조, 이동·해체 가능성이 특징이며, 장소의 표식(랜드마크) 역할과 동선 매개·전환 노드 기능을 수행한다.

흐름을 설계한다'는 우리 사업의 원칙, 그리고 공방거리를 행리단길과 전통시장 권역을 잇는 '매개 지역'으로 설정한 도시 전략과도 맞물린다.

(2) 교육 – 현장 일체형 추진 체계: 로컬코크리에이션랩 3의 다학제 PBL

프로젝트는 2025년 여름 계절학기 교과목 로컬코크리에이션랩 3에서 출발했다. 환경조경디자인학과가 주관하고, 산업디자인학과와 주거환경학과 등 전공을 넘나드는 20명의 학생이 5인 4개 팀으로 참여했다. 수업은 현장 조사와 상인 인터뷰, 설계 워크숍, 1:1 제작 실습, 설치와 공개까지 전 과정을 한 학기 안에 실행하도록 설계했다. 수원시 화성사업소, 담양의 죽공예 장인, 환경조경디자인 전문가와 협력 체계를 꾸려 공공성, 안전성, 유지보수성을 동시에 확보했다. 이 과정에서 '연꽃, 연못, 새둥지' 등 장소의 역사에서 뽑아낸 조형 모티프를 도출했고, 문화유산보호구역 규정을 고려해 대나무라는 지속 가능 재료로 임시 구조물을 설계했다. 교육 모델 측면에서 보면, 이 프로젝트는 경희대 K-ARISE의 4Stones와 4P 흐름(문제 발굴, 현장 프로젝트, 참여, 실천)을 현장에 그대로 투입한 사례이다. 학습 산출물을 Site Lab에서 검증하고 다시 커리큘럼으로 환류하는 구조가 작동했고, 지산학관 거버넌스 아래 교육과 현장이 한 몸처럼 움직였다.

(3) 설계–제작–설치: 대나무 5개 파빌리온으로 '머무름의 거점'을 만들다

설계 단계에서 학생들은 공방거리의 보행 속도와 시야를 분석해 쉼, 조

14 하남지는 수원 팔달구 행궁권에서 옛 물길 · 연못 흔적이 남은 소규모 공공 공간을 가리키는 생활 지명(터 지칭)이다. 역사적 물 환경과 인접 골목의 결절부로 인식되어, 오늘날에는 쉼터 · 소규모 전시, 임시 구조물 설치 등 커뮤니티 프로그램의 거점으로 활용된다. 공식 행정지명이라기보다 지역에서 통용되는 장소 명칭으로, 범위와 표기는 문서나 현장에 따라 다소 변동될 수 있다.

망, 회합이 가능한 위치를 정했다. 이어 적정기술로 가공 가능한 대나무를 사용해 가볍고 반복 가능한 모듈을 개발했고, 팀별로 스케일 모형과 치수 도면을 완성했다. 제작 단계에서는 담양 죽공예 전문가의 지도를 받아 절단, 휨, 결속 등 공정 교육을 받은 뒤 현장에서 직접 가공·조립했다. 설치는 하남지터의 미기후와 동선, 안전 반경을 고려해 5개 파빌리온을 분산 배치하는 방식으로 진행했다. 완성된 구조물은 낮에는 그늘막과 포토 스폿, 저녁에는 은은한 조명과 함께 산책 동선을 붙잡는 공간 표식이 되었다. 이 전 과정은 시민과 상인에게 공개되었고, 설치 완료 후에는 오픈 워크스루 형식[15]으로 결과를 소개했다.

(4) 공간 · 사회적 성과: 체류 시간, 연결성, 공동체 경험의 동시 증폭

첫째, 공간 활성화이다. 비어 있던 하남지터가 산책, 대화, 촬영, 소규모 문화 활동이 가능한 마이크로 거점으로 재탄생했다. 공방거리 방문객의 머무름이 늘었고, 보행 동선이 파빌리온을 경유해 자연스럽게 시장권과 행리단길로 이어졌다. 시민의 장소 인식은 '지나가는 빈 터'에서 '머무르는 공공 정원'으로 바뀌었다.

둘째, 거버넌스 구축이다. 지자체, 대학, 상인, 전통 장인이 한 프로젝트 안에서 역할을 분담하며 민관학 공동 제작의 성공 경험을 축적했다. 학생들은 조경, 산업디자인, 주거환경 전공의 언어를 현장에서 융합하며 실무 역량을 키웠고, 상인은 공간 변화가 상권에 미치는 영향을 체감하며 협력의 필요성을 공유했다.

15 오픈 워크스루 형식은 공개된 동선을 따라 자유롭게 걸으며 과정과 결과를 함께 체험하는 운영 방식이다. 출입 통제를 최소화하고 안내 스테이션과 체크포인트를 배치해 흐름을 유지하며, 관람자는 시연 · 프로토타입 · 자료를 가까이서 보고 질문 · 피드백을 남길 수 있다.

셋째, 문화유산 활용의 새로운 방식을 보여주었다. 보호구역의 고정 관념을 뒤집어, 임시 설치물로 보존과 활용을 동시에 만족시키는 접근을 실증했다. 지역의 역사성과 오늘의 일상이 충돌하지 않고 공존할 수 있음을 시민이 몸으로 경험했다.

넷째, 지역경제 파급이다. 공방거리 체류 시간이 늘며 인근 상점 체험과 구매가 유도되었다. 프로젝트 소개가 이어진 9월 축제 주간에 노출이 확대되어 관광 콘텐츠의 다양성과 방문객 증가를 도왔다. 이는 같은 기간 전통시장 리브랜딩 전시, 학생 팝업, 학술행사로 이어지는 타운 MICE 흐름 속에서 상호 증폭되었다.

(5) 확장성과 시사점: '작게, 빨리, 함께'로 점 – 선 – 면을 만든다

하남지 Re:Connect는 적은 예산과 단순한 구조, 지역 협력만으로도 공간, 경제 그리고 교육이 함께 움직일 수 있다는 가능성을 보여주었다. 복잡한 시스템이나 큰 자금이 없어도, 지역 자원과 사람의 힘만으로 새로운 공간을 만들 수 있다는 점에서 의미가 크다. 이 모델은 매뉴얼화가 가능해 다른 지역의 유휴 공간에도 쉽게 적용할 수 있으며, 파빌리온을 계절이나 행사 일정에 맞춰 옮기거나 지역 브랜드 행사와 결합해 '지붕 없는 컨벤션'의 작은 무대(포켓 베뉴)로 활용하는 것도 가능하다.

이 프로젝트가 던진 핵심 메시지는 분명하다. 제약을 다르게 보는 시선, 여러 전공이 함께하는 융합적 접근, 지역 전통 기술과 현대 디자인의 결합, 임시 구조물을 활용한 실험정신, 주민과 기관이 함께 참여하는 과정이야말로 진짜 혁신의 동력이라는 것이다. 이러한 원칙은 경희대 로컬콘텐츠 중점대학이 추진하는 마이크로디그리, 현장 실험 거점, 타운 MICE의 순환 구조와 맞닿아 있다. 즉, 교육과 정책, 시장, 커뮤니티가 서로 연결되어 움직이는 살아 있는 공유지 모델이다.

결국 하남지 Re:Connect는 '공방거리 초입에 쉼을 주고, 지역의 랜드마크를 세운다'는 목표를 다섯 개의 대나무 파빌리온으로 구현한 프로젝트였다. 수업은 교실을 넘어 실제 현장에서 진행되었고, 그 결과는 시민의 체험을 통해 증명되었다. 작은 구조물 하나에서 출발했지만, 그 안에는 거버넌스, 학습 설계, 그리고 지역과 대학이 함께 만드는 새로운 교육-경제의 연결 구조가 담겨 있다. 하남지 Re:Connect는 그 자체로 '작게 시작해도 도시를 바꿀 수 있다'는 가능성을 보여준 사례다.

7. 실행 6: 국제학술대회 로컬 브랜드 매니페스토

이번 국제학술대회 '로컬 브랜드 매니페스토'는 로컬콘텐츠 중점대학 사업이 왜, 무엇을, 어떻게 실천해야 하는가에 대한 철학과 방향을 선언적으로 정리한 프로그램이었다. 창업과 실험, 교육 현장의 성과를 넘어서 로컬이 지닌 잠재 가치와 향후 진화 경로를 여섯 명의 전문가 선언으로 제시했고, 선언 직후 학술발표대회를 연결해 다양한 담론을 심화했다. 학술과 전시, 팝업, 지역소비가 한 동선에서 작동하도록 구성된 다닥다닥 커뮤니티의 '학술 축'이자, 타운 MICE 운영의 사전, 현장, 사후 체류를 지식으로 묶는 코어 모듈로 작동했다.

(1) 기획 의도와 맥락: 선언에서 실행으로

로컬콘텐츠 중점대학은 교육을 교실에 머물게 하지 않기 위해 수업에서 도출된 문제정의와 프로토타입을 지역의 Site Lab에서 검증하고, 그 결과를 사회적 약속과 규범으로 배치하는 브랜드 액티비즘을 실천해 왔다. 이번 국제학술대회는 바로 그 배치의 장치로 기획되었다. 한 학기 동안 축적된 실행과 학습을 여섯 개의 개념 언어로 압축하여 선언하고, 이어지는 학술 발표 세션에서 근거, 사례, 쟁점을 토론함으로써 실천을 다음 단계로 격상시켰다. 이러한 구성은 학습과 정책, 시장과 커뮤니티가 순환적으로 연동되는 교육 공유지의 운영 철학과도 정합적이다. 행사 시점과 장소 또한 의도적으로 선택했다. 일정은 행궁권에서 진행된 국제초대전과 다닥다닥 마켓, 팝업 주간에 긴밀히 맞추었고, 장소는 팔달문화센터로 정하여 학술, 전시, 체험이 하나의 보행 동선 안에서 자연스럽게 이어지도록 했다. 그 결과 발표장과 시장, 골목, 유니크 베뉴를 오가는 체류, 소비, 관찰, 피드백의 반복이 가능해졌으며, 이는 타운 MICE 운영 원리를 학술 행사에 적용한 사례가 되었다.

(2) 프로그램 구성: 기조 선언과 학술발표의 두 축

이번 학술대회는 기조 선언과 학술 발표가 맞물리는 두 축으로 진행되었다. 먼저, 기조강연에 해당하는 로컬 브랜드 매니페스토가 선언 형태로 선포되었다. 여섯 명의 전문가가 각자의 전문 영역에서 '로컬의 본질'을 한 문장으로 정의하고, 그 의미를 뒷받침하는 짧은 근거와 실천 제안을 함께 제시했다.

이어서 진행된 학술 발표 세션은 이 선언을 학문적·정책적 언어로 확장해 토론하는 자리였다. 이렇게 선언에서 논의로 이어지는 흐름은 다닥다닥 커뮤니티 전체의 구조(마켓, 매니페스토, 타운 MICE)가 연결되고 확장되는 흐름을 완성하기 위한 것이었다.

또한 국제초대전과의 연계도 행사 전·중·후로 긴밀하게 이어졌다. 사전 단계에서는 초대전 출품 준비와 학술 원고 모집을 동시에 진행해 연구와 전시가 함께 성장하도록 했고, 행사 기간에는 발표자와 관람객이 지도와 리플릿을 따라 권역 내 장소를 직접 탐방하도록 안내했다. 학술 프로그램이 단순한 발표에 머물지 않고, 도시를 함께 경험하는 지식형 큐레이션으로 확장된 셈이다.

전문가 6인의 로컬 브랜드 매니페스토 강연

	로컬은 [커뮤니티]이다. 지역의 문제와 자산을 연결하는 관계망 자체가 로컬이며, 공동체의 책임과 연대가 브랜드의 핵심 리소스라는 선언이었다. 커뮤니티를 재구성하는 활동이 곧 브랜딩이고, 이 과정에 주민과 상인, 학생이 동등한 행위자로 참여해야 한다는 점을 강조했다.
	로컬은 [타운 MICE]이다. 대형 시설이 아닌 생활 흐름을 따라 회의, 전시, 체험, 식음료, 숙박이 연결되는 도시 운영술이 곧 로컬의 경쟁력이라는 주장이다. 장소는 사용될 때 브랜드가 되고, 동선은 설계될 때 경제가 된다. 학술과 전시, 팝업이 한 바퀴로 도는 구성이 이 선언을 실증했다.
	로컬은 [태도]이다. 과잉 모방도, 과잉 상업화도 아닌 '존중, 관찰, 책임'의 태도를 통해 맥락을 읽고 오래가는 가치를 만들자는 제안이었다. 디자인은 답을 그리는 일이 아니라, 질문을 설계하고 함께 배워가는 실천이라는 인식을 공유했다.
	로컬은 [경쟁력]이다. 전통, 기술, 서비스가 얕고 넓게 퍼지는 대신, 깊고 촘촘한 차별화를 이룰 때 시장성과 회복탄력성이 동시에 생긴다는 논지였다. 이는 지역 브랜드를 단기 캠페인이 아닌, 산업·관광·교육을 연결하는 장기 전략 자산으로 관리하자는 제안과 직결된다.
	로컬은 [미술관]이다. 골목과 시장, 공공공간 자체를 전시 매체로 활용해 일상의 미감을 높이고, 체류형 관람의 경험 경제를 키우자는 선언이었다. 이번 주간에 시장 아케이드 100미터를 포스터로 덮은 '백상회'와의 상호작용이 그 실험이었다.
	로컬은 [대학]이다. 대학은 지식을 전하는 곳을 넘어, 지역과 함께 학습을 생산·관리·환류하는 교육 공유지여야 한다는 원칙을 확인했다. 문제정의, 가설, 현장검증, 공개피드백의 수업 루프를 정책과 시장, 커뮤니티로 확장해야 한다는 실천적 결론을 덧붙였다.
	이번 매니페스토의 여섯 문장은 로컬을 "열려 있는 배움터이자 일터"로 보자는 제안이다. 말로만 그치지 않도록, 팝업과 전시 안내 문구, 인터뷰 질문, 평가표에 같은 키워드를 쓰게 했다. 덕분에 모두가 같은 기준으로 준비하고, 실행하고, 점검할 수 있었다. 이 문장들은 현장에서 바로 쓰는 일하는 언어다.

이러한 시도는 연구와 현장이 서로를 밀어 올리는 구조를 만들어, 학문적 논의가 실제 지역의 움직임으로 이어질 수 있음을 보여주었다.

(3) 여섯 가지 선언: 로컬의 핵심을 언어로 묶다

이번 매니페스토는 여섯 개의 핵심 문장으로 정리되었다. 표면의 주제는 다르지만, 공통의 지향은 로컬을 장소와 관계, 환대와 서사, 교육과 경제가 만나는 개방형 플랫폼으로 재정의하는 데 있다. 이 문장들은 선언을 넘어 운영 언어로 기능하도록 설계되었다. 선언 키워드는 팝업과 전시, 로컬 페스타의 안내 문구와 인터뷰 질문지, 평가 항목에 일괄 반영되어 학술 담론이 현장의 실행 문법으로 스며들게 했다.

전문가 선언이 중요한 이유는 로컬에 대한 생각을 하나의 언어로 묶을 수 있기 때문이다. 각기 다른 분야의 실천이 제각각 흩어져 있던 개념을 정리해, 함께 이해하고 이야기할 수 있는 공통의 기준을 만든다. 그리고 현장에서 실천할 방향을 구체적으로 보여주기 때문이다. 선언은 추상적인 구호가 아니라, 지역 안에서 어떤 시도와 변화를 만들어야 하는지에 대한 짧고 명확한 제안이다. 마지막으로 이 문장들이 교육과 일상 속에서 다시 살아 움직이기 때문이다. 선언이 수업과 전시, 토론과 프로젝트에 자연스럽게 녹아들면서, 단 한 번의 발표가 아니라 계속 이어지는 학습의 시작점이 된다.

결국 여섯 개의 문장은 담론을 위한 언어가 아니라, 도시가 스스로 움직이기 위한 실천의 문법으로 작동한다. 로컬 브랜드의 방향과 실행이 이 문장들을 통해 현실과 만난다.

왼쪽의 표는 6인의 전문가가 제안한 로컬 브랜드 매니페스토 아젠다의 요지다.

(4) 운영과 동선: 학술이 도시 경험을 큐레이팅하다

학술대회는 팔달문화센터의 전문가 강연, 석박사 연구원들의 학술발표, 전시 이 세 가지의 복합 환경을 활용해 발표, 이동, 관람, 상호작용이 반복되도록 시간을 설계했다. 세션 사이에 '걷기'를 배치하여 참가자가 발표장을 나와 시장과 골목으로 이동하며 관람, 소비, 대화에 참여하게 했고, 이는 중소도시형 마이스의 한계를 흐름 설계Flow Design로 보완하려는 수원형 타운 MICE의 원리이다. 학술 일정과 '다닥다닥 마켓 및 팝업'은 단일 운영 일정으로 통합되었으며, 리플릿과 지도가 권역, 동선, 유니크 베뉴를 안내하는 현장 큐레이션 도구로 작동했다. 결과적으로 학술은 결과 보고회가 아니라, 학습, 정책, 시장, 커뮤니티를 매개하는 지식 허브로 기능했다.

(5) 의의와 확장: 다닥다닥 커뮤니티의 '지식 엔진'

첫째, 제도화의 관점에서 학술이 교과, 비교과, 현장 실험을 공적 언어로 묶어주었다. 여섯 선언은 다음 기수의 목표·성과지표·과제 도출 방식에 직접 반영되며, 교육 공유지 운영 원리를 규범화하는 역할을 했다.

둘째, 정책, 시장 연계가 강화되었다. 발표자와 참가자는 전시, 팝업, 전통시장, 공방거리로 이어지는 동선을 실제로 경험했고, 이 체류 경험이 지역의 소비와 관계 형성으로 이어졌다. 학술은 '오피니언 리더의 모임'이 아니라, 도시 경험을 설계·분배하는 큐레이션 장치로 자리매김했다. 이는 중소도시 브랜드 전략인 타운 MICE의 근거를 보강하고, 권역별 운영 모델을 고도화하는 기반이 되었다.

셋째, 학문, 실천의 동시 진화가 촉진되었다. 선언의 언어는 연구 프레임이 되었고, 현장 실험은 그 프레임을 검증, 수정하는 증거가 되었다. 이로써 로컬 브랜드를 '이미지 교체'가 아닌 공동체의 약속과 도시 운영술로 재정의하는 학제 간 대화가 확장되었다.

결론적으로 '로컬 브랜드 매니페스토'는 다닥다닥 커뮤니티의 세 축(마켓, 매니페스토, 타운 MICE) 중 지식과 철학을 구동하는 엔진으로 설계되었다. 여섯 선언은 로컬을 관계, 흐름, 태도, 경쟁력, 문화, 교육의 체계로 재정의했고, 학술발표대회는 그 정의를 실증 가능한 방법과 데이터로 공유하는 장이 되었다. 이로써 창업과 실천, 교육과 연구, 전시와 정책, 시장과 커뮤니티가 하나의 문장으로 작동하는 구조가 구축되었으며, 이는 곧 교육 공유지와 수원형 타운 MICE가 지향하는 '지붕 없는 컨벤션'의 지식 기반이다.

8. 실행 7: 로컬 스타터스, 배우는 손이 가르치는 손이 될 때

(1) 개요와 설계

로컬 스타터스는 경희대학교 예술디자인대학의 도예학과와 시각디자인학과 학생이 한국도예고등학교에서 로컬리티와 창업을 주제로 진행한 실습형 PBL 모듈이다. 대학생 멘토는 저작권과 브랜딩, 사업자등록의 기본, 지역과 연계하는 방법을 강의하고, 고등학생들은 이를 바탕으로 작품 제작, 브랜드화, 패키지 디자인, 전시까지 전 과정을 수행했다. 수업은 아이디어 스케치와 자기 탐색, 로고 및 패키지 설계, 실물 발주와 전시 준비로 이어지는 3~4주 러닝패스를 따랐으며, 최종 주에는 행궁동 공방거리의 갤러리에서 팝업 전시 및 판매를 시연하도록 구성했다.

(2) 현장 실행과 확장

프로젝트의 마무리는 도예작가 청년창업가의 스튜디오 전시로 확장되었다. 고등학생, 대학생, 청년창업가가 한 공간에서 각자의 역할에 맞는 협업을 통해 예비 작가들의 작품과 패키지, 브랜드 스토리를 선보였다.

이는 3세대 협업의 현장을 만들었다. 학교, 지역, 시장 사이의 경계를 낮춰 학습 성과를 실제 유통 가능성과 연결시키려는 본 사업의 취지를 체현한다.

(3) 교육적 의의

이 모델은 또래-근접 멘토링Near-peer Mentoring과 인지적 도제Cognitive Apprenticeship, 실천공동체Community of Practice의 관점을 결합했다. 연령, 숙련이 한 단계 높은 주니어 디자이너가 멘토가 될 때, 학습자는 내용 지식뿐 아니라 암묵적 실행 요령(모형화, 코칭, 점진적 이양)과 현장 규범(시간, 원가, 품질 판단)을 빠르게 내재화한다. 동시에 멘토는 설명과 피드백 과정에서 메타인지와 전문 정체성을 강화한다. 이러한 상호성은 PBL의 문제정의→설계→적용→공개 피드백→재설계 순환을 촉진하고, 결과물이 시장 언어로 번역되는 지점을 일상화한다.

(4) 성과 및 정리

학습자는 개인 브랜드 개발, 아이덴티티 디자인, 패키지 개발을 완성하고, 팝업에서 가격, 포장, 응대를 실제로 다루며 첫 거래 경험을 축적했다. 로컬 스타터스는 '교수가 전달하고 학생이 수신'하는 위계 대신, 대학생이 멘토이자 협업자가 되고, 고등학생이 창업의 예비 주체가 되며, 청년 창업가가 실전의 장을 제공하는 삼각 협력 학습을 구현했다. 그 결과, 수업 성과는 교실 밖 Site Lab에서 검증되었고, 전시, 판매, 피드백으로 이어지는 학습과 시장 연계 선순환 구조가 고정되었다.

가까운 선배의 한마디가 대가의 가르침을 대신할 수도 있다. 현장 옆에 선 지식이 가장 빨리 자란다.

9. 실행 8: 로컬 페스타

2025 행궁 프로젝트 〈그리워할 戀〉은 수원 화성 행궁을 모티프로 한 디지털 EP 앨범으로, 지도교수가 총괄 프로듀싱을 맡고 학생들이 작사, 작곡, 연주, 보컬 전 과정을 수행한 대학과 현장 결합형 창작 결과물이다. 장르는 퓨전 국악을 채택해 전통과 현대의 결을 합성했으며, 트랙 구성은 행궁의 시간, 공간, 정서를 축으로 서사적 흐름을 갖추었다. 앨범은 행궁 상인회 배포될 예정이며, 다닥다닥 커뮤니티 과정에 활용되어 현장 브랜딩의 톤앤매너를 음악으로 통일하도록 설계되었다.
제작과 학습은 스튜디오 스프린트 체계로 운영했다. 서사 연구를 바탕으로 모티프를 개발하고, 전통, 현대 어셈블리지를 통해 편곡, 레코딩, 믹싱, 마스터링을 완결했다.

학술적으로는 사운드스케이프가 장소 인식과 행태에 미치는 영향R. M. Schafer (1977)과, 음악이 일상적 행위를 조직하는 사회적 리듬으로 작동한다는 논의T. DeNora (2000), 그리고 경로, 결절, 지표를 통해 도시 경험을 큐레이션한다는 경로화 이론K. Lynch (1960)에 근거해, 본 앨범이 시각 중심의 도시 체험에 음향 레이어를 더해 체류 전략과 브랜드 문법을 동시에 강화함을 뒷받침한다.

음악은 도시의 공기다. 들리는 것의 질서를 바꾸는 순간, 머무름의 의미가 바뀐다.

10. 환류: 학습, 정책, 시장, 커뮤니티로 이어지는 '다닥다닥 선순환 체계'의 제도화

이 장은 기획과 실행이 무엇으로 남았는지에 대한 답을 제시한다. 경희대학교 로컬콘텐츠 중점대학은 수원 행궁권을 살아 있는 실험실로 삼아, 문제정의에서 현장 검증, 공개 피드백으로 이어지는 수업 절차를 고정했고, 그 결과물을 팝업, 전시, 학술, 타운 MICE 운영으로 사회에 배치하는 구조를 만들었다. 핵심은 교실의 산출이 지역의 제도와 시장, 일상의 경로 속에서 다시 학습으로 돌아오는 선순환을 제도화했다는 점이다. 이 연결의 동력은 디자인 액티비즘과 브랜드 액티비즘이며, 운영 원리는 교육공유지 철학이다. 수업은 문제정의, 가설 설계, 현장 검증, 공개 피드백을 기본으로 하고, 결과는 캠페인, 전시, 정책, 연례행사로 사회에 고정되도록 설계했다. 이 구조가 로커톤, 로컬코크리에이션랩, 백상회, 로컬 브랜드 매니페스토, MICE STAR 실험을 하나로 묶어 다음 학기의 커리큘럼과 지역의 연간 일정으로 이어지게 했다.

(1) 선순환의 원리, 수업 절차와 사회 확산의 이중 구동

본 사업은 K-ARISE 모델을 토대로 마이크로디그리, PBL, 캡스톤을 촘촘히 엮었다. 학습은 교실에서 끝나지 않고 시장과 골목, 공공거점 같은 사이트랩에서 검증되며, 다시 교과 개편과 차기 과제로 재투입되었다. 로컬브랜드매니지먼트, 로컬콘텐츠마케팅, 지역공간디자인매니지먼트 이 세 마이크로디그리는 콘텐츠 발굴, 브랜딩, 공간 창업을 단계적으로 연결했고, 각 단계의 결과를 로컬코크리에이션랩으로 수렴해 현장 적용을 필수 단계로 만들었다. 산출물은 학술대회, 전시, 팝업, 타운 MICE 운영으로 사회화되어 브랜드 액티비즘의 경로를 얻었고, 다음 학기는 그 결과를 과제 라이브러리로 흡수해 순환을 재개했다.

(2) 실행에서 선순환으로, 프로그램별 반영 경로의 고정

로커톤, 메이커톤, 팝업, 상시화는 산출물의 시장 검증 경로였다. 학기 전반 로커톤에서 문제와 자원을 매칭하고, 메이커톤에서 프로토타입을 고도화한 뒤, 타운 MICE 기간의 팝업으로 소비 전환을 실험했다. 축적

연구-교육-실천의 환류

단계	개요	실행 전술
학습 – 설계 (Pre)	설계 · 준비 체계 (Design & Preparation System) 문제를 규정하고 실행 설계를 정렬하는 단계	① 커리큘럼 & 마이크로디그리 목적: 문제정의 – 가설설계 표준화(4P · 4Stones) 인풋/아웃풋: 지역 리서치 → 과제 브리프, 평가 핵심지표: 참여도 ② 로커톤(Locathon) 목적: 지역 과제 매칭 · 아이디어 발굴 인풋/아웃풋: 지역 과제 → 29팀 → 9팀 고도화 선정 핵심지표: 참가자 수, 팝업스토어 개수 ③ 메이커톤(Makethon) 목적: 현장 적용 설계 인풋/아웃풋: 시제품 · 운영 · 브랜드 가이드 핵심지표: 멘토링 정성 평가
제작 – 검증 (Field)	제작 · 현장 검증 프로토콜 (Production & Field-Validation Protocol) 제작물을 현장에서 검증하며 증거를 축적하는 단계	④ 로컬 코크리에이션 랩1 · 2(콘텐츠/브랜드) 목적: 콘텐츠 발굴 – 브랜딩 – 패키지 · 캠페인 설계 인풋/아웃풋: '팔복덕방×디드' 등 숍인숍 · 굿즈 · 서비스 콘셉트 핵심지표: 현장 시범 적용 건수 ⑤ 로컬 코크리에이션 랩 3(공간) 목적: 공간 개입(하남지 대나무 파빌리온)으로 체류 회로 보강 인풋/아웃풋: 임시구조 · 쉼터 핵심지표: 현장 적용 건수 ⑥ 캡스톤디자인 목적: 고도화 – 운영 – 평가 – 아카이브 일괄 수행 인풋/아웃풋: '막달려 · 헤이궁 · 행궁디팡팡' 등 현장 운영 · 고도화 핵심지표: 현장 적용 건수 및 방문
확산 – 루프 (Post)	확산 · 재적용 메커니즘 (Dissemination & Reapplication Mechanism) 도시로 확산하고 다음 학기에 재반영하는 단계	⑦ 팝업/전시(다닥다닥 마켓: 백상회) 목적: 시장 · 골목의 '오픈 갤러리'화, 맥락소비 앵커 인풋/아웃풋: 100 작가 포스터, 아케이드 연속 전시, 8자 스탠드 핵심지표: 방문객 수 ⑧ 타운 MICE & MICE STAR 목적: 회의, 전시, 체험, 식음, 숙박을 흐름 중심으로 통합 운영 인풋/아웃풋: 7권역 맵 · 8축 지표, 1~2박 체류 동선 설계 핵심지표: 지역 소비 활성화(예상 지표) ⑨ 커뮤니티 맵 & 오픈 아카이브 목적: 100개 로컬 포인트 지도, 차기 학기 재반영 (Constructive Alignment) 인풋/아웃풋: 매뉴얼 · 템플릿 핵심지표: 배포 수

경희대학교 로컬콘텐츠 중점대학

다닥다닥 커뮤니티 맵

수원형 타운 마이스 MICE STAR

MICE STAR는 도시의 마이스 관광 요소를 '지역의 흐름'과 '생활 밀착형 체류 가능성' 위에서 재구성한 수원형 타운 마이스 브랜드입니다. 수원시 관학연구로 경희대학교 시각디자인학과에서 개발하였습니다.

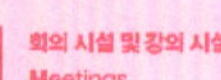
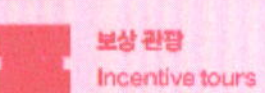

M	회의 시설 및 강의 시설 Meetings	S	숙박·지역 내 체류 공간 Stay in
I	보상 관광 Incentive tours	T	도보 흐름·대중교통 접근성 Transportations
C	컨벤션 센터 Conventions	A	체험형 콘텐츠 및 지역활동 Adventures·Activities
E	지역 전시·문화 행사·축제 Exhibitions·Events	R	지역 식문화·음식점 밀집도 Restaurants

*자세한 위치는 뒷면 지도를 참고해주세요.

행궁동 1박 2일 코스

[1일차] 09.25 (목)

로컬 브랜드 매니페스토 (팔달문화센터) – 로컬 브랜드 8개 팝업 – 로컬 스타터스 – 저녁 식사 (대봉동닭) – 숙소 (도노 1796 호텔 수원)

[2일차] 09.26 (금)

막달려 (화성행궁 광장) – 하남지 Re:Connect (하남지터) – 백상회 (百象會) – 짝 페스티벌 개막식 (롯데제과수원영업소)

Da+RDa+C

더 가깝고 더 강력한 지역 공동체, 다닥다닥

다닥다닥(Da+R·Da+C: Design Activism focuses on Rebranding / Design Activism focuses on Commu

다닥다닥(Da+R·Da+C)은
지역 활성화를 위한 디자인 실천주의를 표방하는
경희대학교 로컬콘텐츠 중점대학의 교육 모델입니다.

비전 Vision	미션 Mission
"더 가까이, 더 강하게 연결된 지속가능한 커뮤니티" 우리는 사람과 공간, 로컬과 도시를 긴밀하게 잇고, 로컬의 협업과 실천을 통해 공동체적 미래를 상상합니다.	**회복력 있는 연결 I 창조적 협력 I 맥락 소비** 디자인 액티비즘을 통해 로컬 커뮤니티를 활성화하 연대 소비와 지속 가능한 경제 생태계를 조성합니

[국제 초대전] 다닥다닥 마켓: 백상회	[국제 학술대회] 로컬 브랜드 매니페스토	[수원형 타운마이스] MICE STAR
"100개 콘텐츠 X 100년 시장" 로컬 리바이벌 프로젝트	"로컬은 [ ] 이다!" 로컬 커뮤니티 미래 비전 탐구	"학생 X 상인 소비생태계 실 로컬 브랜드 창업 팝업
문화예술 + 시민참여	미래 비전 + 지속가능성	맥락소비 + 상권 활성화
↓	↓	↓
"100개 콘텐츠 X 100년 시장" 로컬 리바이벌 프로젝트	"로컬은 [ ] 이다!" 로컬 커뮤니티 미래 비전 탐구	"학생 X 상인 소비생태계 실 로컬 브랜드 창업 팝업
↘	↓	↙

경희대와 지역이 연대한 경제 – 교육 공동체 '다닥다닥 커뮤니티'

다닥다닥 마켓	다닥다닥 매니페스토	다닥다닥 타운마이스
100년 시장과 시민을 다시 잇는 문화예술 체험 제공	로컬의 미래비전과 지속가능전략 제시	230년 계획 도시 화성행궁의 로컬 브랜드·팝업 기반 상권 활성화

지붕없는 컨벤션

다닥다닥 팝업스토어

09.23 (화) – 09.27 (토) | 팝업별 자세한 위치는 뒷면 지도를 참고해주세요.

경안야행 X 경안당 X 음원 <그리워할 戀>

경안당 경기 수원시 팔달구 화서문로31번길 8-15

'경안야행'은 사도세자에 대한 정조의 그리움을 담은 퓨전 국악 <그리워할 戀>과 함께 와인과 디저트를 즐길 수 있는 이벤트입 경안당의 마당을 무대로 펼쳐지는 음악은 한옥카페의 고즈 분위기와 어우러져 관객에게 편안한 시간을 선물합니다.

본 프로젝트는 지역 공간을 문화의 장으로 확장하며, 맛과 소 함께 즐기는 경험을 마련하고자 합니다.

팔복덕방 X 디드(DiiiiiiiD)

디드(DiiiiiiiD) 경기 수원시 팔달구 화서문로75번길 16 3층

복을 중개하는 유쾌한 로컬 굿즈 브랜드

팔달산에서 퍼올린 복과 덕 대방출, 복과 덕을 중개합니다. 인생은 끊임없는 고통이지만 긍정적인 마인드셋 하나면 끝. 전통과 유물이 소비된 자리에 우리가 주워담은 건 복과 덕, 가볍고 이상하게 웃긴 '힘'입니다.

멋진 청년들, 놀러오세요. - 팔복덕방 올림

불효나잇 X 공존공간

공존공간 경기 수원시 팔달구 화서문로45번길 32

'불효나잇'은 어린 시절엔 누구보다 효자였지만, 어느샌가 부 앞에서 표현이 서툴고, 기대를 쉽게 충족시켜 드리지 못하는 자 되어버린 자칭 '불효자'들을 위한 축제입니다.

부모님을 사랑하는 마음은 여전하지만, 그 마음을 전하는 일은 더 어려워졌습니다. 지금 이러한 불효자들에게 필요한 건 거 효도가 아니라, 작지만 진심이 담긴 연결이라고 생각했습니다. '불효나잇'은 그 연결의 시작이 될 수 있도록, 축제라는 방식 효를 다시 제안하는 브랜드입니다.

(디자인 정시은, 안효정, 김성욱, 안경연)

제학술대회 X 포상관광

브랜드 매니페스토 with (사) 한국브랜드디자인학회

(목) - 09.27 (토) | 팔달문화센터 및 수원 행궁동 일대

로컬 브랜드 매니페스토 & 제 36회 국제학술대회

"로컬은 [　　　]이다!"

/장소	내용		
- 13:30 & 공연장	**<전시 오프닝 행사>** (인사말: 학회장, 사업단장, 축사: 소상공인시장진흥공단 본부장, 수원시 관계자)		
- 14:00 연장	**<키노트 스피커>** **로컬은 [글로벌] 이다.** 중소기업벤처부 이정수사무관		
- 15:40 연장	**<로컬 브랜드 매니페스토>**		
	로컬은 [커뮤니티] 이다. 경신원 대표 (도시와 커뮤니티)	**로컬은 [타운마이스] 이다.** 이학룡 교수 (한림국제대학원)	**로컬은 [태도] 이다.** 차재용 대표 (스튜디오 옴어)
	로컬은 [경쟁력] 이다. 홍유정 선임연구원 (한국리노베링)	**로컬은 [미술관] 이다.** 장등선 관장 (소다미술관)	**로컬은 [대학] 이다.** 박상희교수 (경희대학교)
- 17:30 사장	**행궁동 일대 로컬 팝업 X 맛업** ·경안이행 X 경안당 ·팔복국방 X 디느(DIIIIIIO) ·뿌효나잇 X 공존공간 ·행궁동아 약과해 X 행궁다과 ·행궁찬장 X 남수마을협동조합 ·Hey! Gung X 지구인의 놀이터 ·러닝 프로그램 '막달려' ·행궁투어 '행등지기' X 동행지기 ·로컬스타터스		**학술대회 세션** 도시 브랜딩, 로컬 콘텐츠 외 팔달문화센터 예술관
식사	수원시 행궁동 대봉통닭 (경기 수원시 팔달구 창룡대로8번길 47 1층)		
일정	수원시 행궁동 일대 탐방 (탐방 지도 전달)	1박 스테이 (도노 1796 호텔 수원)	
전 10시	러닝 프로그램 "막달려" | 시레나 뒤 (경기 수원시 팔달구 신풍로39번길 15 1층)		

행궁동아 약과해 X 행궁다과

행궁다과 경기 수원시 팔달구 신풍로 25 2층

수원시를 대표하는 특별한 디저트로 수원약과를 자리매김하고자 '행궁동 약사들' 팀이 행궁다과와 함께 진심을 담아 팝업스토어를 준비했습니다. 행궁다과는 단순히 약과를 판매하는 공간이 아니라, 수원약과의 역사와 매력을 직접 보고, 맛보고, 체험할 수 있는 작은 문화의 장입니다. 팝업스토어를 통해 수원약과가 세대와 국경을 넘어 널리 사랑받는 디저트로 발전하기를 바라며, 앞으로도 이러한 가치를 많은 분들과 공유하고 확산시켜 나가고자 합니다.

행궁찬장 X 남수마을협동조합

남수마을협동조합 경기 수원시 팔달구 창룡대로30번길 4 남수동 창조공방

'행궁찬장' 프로젝트는 남수마을협동조합에 위치한 공유냉장고를 중심으로 지역 주민, 소상공인, 협동조합이 함께 참여하는 커뮤니티 기반 식품 나눔 활성화 사업입니다.

'행궁찬장'은 다음과 같은 세 가지 핵심 목표를 가지고 추진됩니다!

① 공유냉장고 인지도 제고 및 다양한 연령층의 이용 확대
② 자발적 기부 참여 확산과 기부자 확보
③ 공유냉장고의 커뮤니티 센터화와 지속 가능한 운영 구조 구축

Hey! Gung X 지구인의 놀이터

Instagram @heygung_official

지구인의 놀이터 경기 수원시 팔달구 화서문로 66 지구인의 놀이터

'Hey! Gung'은 수원의 로컬 문화를 알리고자 기획된 프로젝트로, '지구인의 놀이터' 공간에서 전시를 진행합니다. 저희는 외국인 관광객에게 수원 행궁의 로컬을 소개하기 위한 지도를 제작하여 배포합니다. 화려한 관광 명소 이외에도 행궁동의 가게들, 골목, 그리고 수원의 이야기를 담아내어 로컬의 매력을 전하고자 합니다. 'Hey! Gung'이 외국인 관광객들에게 행궁동 로컬을 구석구석 경험할 수 있도록 돕는 작은 가이드가 되길 바랍니다.

국제초대전

다닥다닥 마켓: 백상회 & 로컬 스타터스

09.24 (수) - 10.14 (화) | 수원 행궁동 일대

① 다닥다닥 마켓·백상회(百象會)

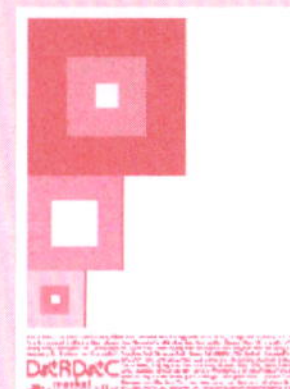

100개 콘텐츠 X 100년 시장

문화예술로 시장을 다시 잇는 로컬 리바이벌 프로젝트

9.25 (목) - 10.14 (화)
남문시장 아케이드

9.25 (목) - 09.27 (토)
팔달문화센터 야외공연장

'다닥다닥 마켓: 백상회(百象會)'는 수원시 남문시장에서 열리는 로컬 문화 전시로, 디자인과 학생 70인, 국내·외 저명한 디자이너 30인으로 이루어진 100명의 디자이너들이 디자인한 포스터를 남문시장 일대에서 전시합니다.
220년 역사의 전통시장인 남문시장을 배경으로 하여, 지역 상인과 주민, 관람객이 함께 어우러지는 교류의 장을 만들며, 지속가능한 소비와 지역 상권의 새로운 가능성을 제안합니다.

② 경희대-로컬스타터스: 수원 행궁동

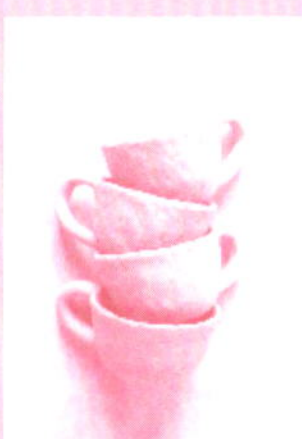

**경희대 - 로컬 스타터스:
수원 행궁동 with 한국도예고등학교**

문화예술로 시장을 다시 잇는 로컬 리바이벌 프로젝트

09.24 (수) - 09.29 (월)
디자인하우스(정조로801번길 17) 맞은편

로컬 스타터스란?

로컬 스타터스는 지역과 청년을 잇는 로컬 브랜딩 프로젝트입니다.

이번 전시는 경희대학교 예술디자인대학과 한국도예고등학교가 함께 도자기와 디자인을 융합한 작품을 선보입니다. 지역성과 창의성을 담은 로컬의 새로운 가능성을 제안합니다.

지붕 없는 컨벤션 X 이벤트 & 프로그램

하남지 Re:Connect & 이벤트 프로그램

하남지 Re: Connect 상시 설치 | **막달려 & 행등지기** 09.23 (화) - 09.27 (토)

하남지 Re: Connect

경희대 학생 20인 X 환경조경 디자인 전문가 X 죽공예 전문가 X 행궁동 주민

하남지터 수원시 팔달구 남창동 134-5번지 일원

'하남지 Re:Connect' 프로젝트는 수원시 행궁동 공방거리 인근에 위치해 있는 하남지터에 5개의 대나무 파빌리온을 설치한 조경 프로젝트입니다. 환경조경디자인학과를 비롯해 산업디자인학과, 주거환경학과 학생 20명과 지역주민, 조경·환경디자인 전문가, 담양 죽공예 전문가가 협력했습니다. 문화유산보호구역 제약을 창의적으로 극복하여 옛 하남지를 떠올릴 수 있는 연꽃, 연못, 새둥지 모티브의 공간을 완성했습니다.

러닝 프로그램 '막달려'

09.26 (금) | 로컬 브랜드 매니페스토 연계 운영 프로그램 & 팝업스토어

시레나 뒤 경기 수원시 팔달구 신풍로39번길 15 1층

인생 뭐 있어? 그냥 막달려!

막달려는 '달리는'모든 순간을 응원하는 커뮤니티 브랜드입니다. 1막 러닝과 2막 막걸리 시음으로 구성되어 서로 소통하고 각자의 페이스로 달리는 법을 나눕니다.

'막달려'는 막 달려가고 있는 당신을 응원합니다.

행궁투어 '행등지기' X 행궁동 '동행지기'

09.23 (화) - 09.27 (토) | Instagram @haengdeung.official

시레나 뒤 경기 수원시 팔달구 신풍로39번길 15 1층

'행등지기'는 행궁동의 정체성과 골목 이야기를 되살리기 위하여 탄생한 '동행지기'의 새로운 로컬 프로젝트 브랜드입니다.
행이·궁이·동이 캐릭터와 터줏대감 세계관을 기반으로, 온라인과 오프라인 공공물을 연계한 새로운 체험형 행궁 로컬 산책 서비스를 제공합니다. 팝업에서는 행궁동을 간접 경험할 수 있는 여러 체험 및 로컬의 이야기를 몸소 느낄 수 있는 투어 프로그램에 참여하실 수 있습니다.

DaRDaC

더 가깝고 더 강력한 지역 공동체, 다닥다닥

2025 다닥다닥 커뮤니티 맵 - 행궁동

M Meetings

1 팔달문화센터
2 팔달구청
3 행궁동어울림센터

I Incentive Tours · Informatior

4 하남지터 파빌리온
5 서장대관광안내소
6 연무대안내소
7 행궁광장안내소
8 행궁사랑채여행자라운지
9 화서문관광안내소
10 화홍사랑채여행자라운지

짝 페스티벌下 2025

롯데제과 수원영업소 | 09.27 (토) 19:00
짝 페스티벌 (하) 개막식
경기 수원시 팔달구 신풍로 70

로컬 브랜드 매니페스토 | 09.25 - 09.27
로컬 브랜드 매니페스토 X 호텔 도노
경기 수원시 팔달구 신풍로 68

다닥다닥 팝업 | 09.23 - 09.27
불효나잇 X 공존공간
경기 수원시 팔달구 화서문로45번길 32

다닥다닥 팝업 | 09.23 - 09.27
경안야행 X 경안당 X 음원 <그리워할 戀>
경기 수원시 팔달구 화서문로31번길 8-15

다닥다닥 팝업 | 09.26
막달려 | 행등지기 X 시레나 뒤
경기 수원시 팔달구 신풍로39번길 15 1층

다닥다닥 팝업 | 09.23 - 09.27
행궁동아 약과해 X 행궁다과
경기 수원시 팔달구 행궁로 25 2층

로컬스타터스 with 한국도예고등학교 | 09.24 - 09.29
로컬스타터스 X 디자인하우스 맞은편
디자인하우스(정조로801번길 17) 맞은편

하남지 Re:Connect 프로젝트 | 상시
하남지 Re:Connect 프로젝트 X 하남지터
경기 수원시 팔달구 남창동

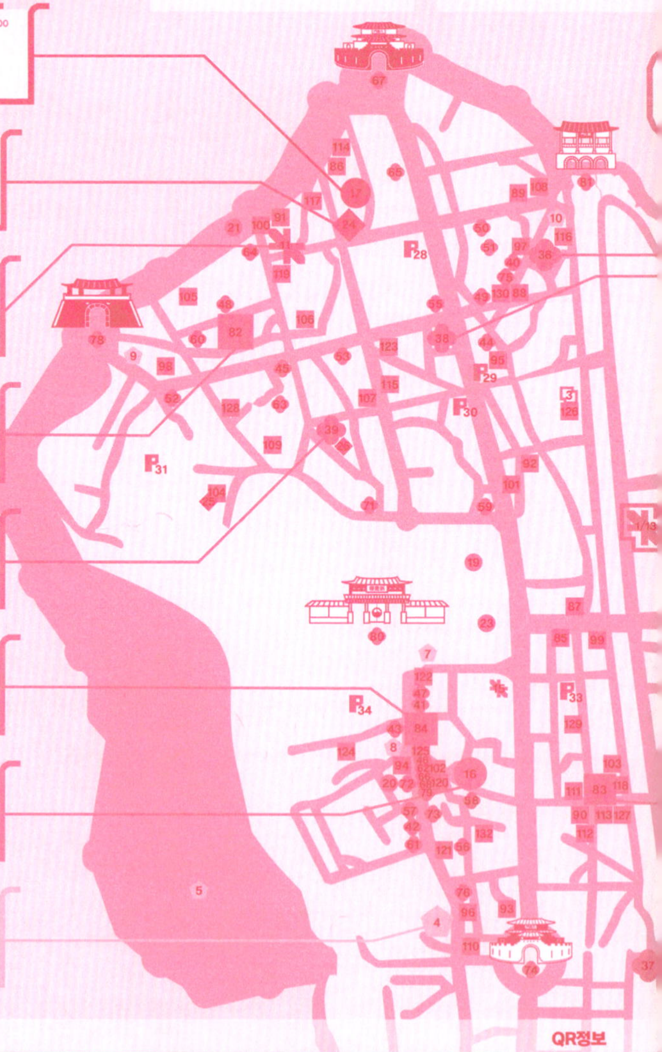

교통정보

자가용

북수원 IC (영동고속도로) → 화성행궁
화성행궁주차장까지 25분 소요

수원 IC (경부고속도로) → 화성행궁
화성행궁주차장까지 30분 소요

대중교통

서울 → 수원역
강남역 3000번, 잠실역 1007번, 사당역 7770번

수원역 → 화성행궁
46 / 35 / 66-4 / 66 / 660 / 7-2 / 60 / 13 / 39 / 11

수원종합버스터미널 → 화성행궁
64 / 112 / 7-2

QR정보

수원시청
Instagram

(디자인 정시은, 안효정, 김성욱, 민경연)

C Conventions · Communities

:존공간
:수마을협동조합
:달문화센터
:원시미디어센터
:조테마공연장

E Exhibitions · Events

16 디자인하우스 맞은편
17 롯데제과북수원영업소
18 팔달문화센터 야외공연장
19 수원시립미술관
20 열린문화공간 후소
21 장안공원
22 파닥파닥클럽
23 화성행궁광장

S Stay in

24 도노 1796 호텔 수원
25 스테이 이고
26 한옥스테이 달과 노니는 집

T Transportations

27 경기 수원시 팔달구 매향동 153-11 수원화성주차장
28 경기도 수원시 팔달구 정조로885번길 1
29 경기 수원시 팔달구 북수동 220 행리단길 주차장
30 경기 수원시 팔달구 정조로 859 행궁주차장
31 경기도 수원시 팔달구 신풍로23번길 68 선경도서관
32 경기도 수원시 팔달구 창룡대로 21 수원화성박물관
33 경기 수원시 팔달구 팔달로1가 8-20 행궁제2주차장
34 경기 수원시 팔달구 남창동 52-8 화성행궁노상공영주차장
35 경기 수원시 팔달구 창룡대로26번길 19 남수동공영주차장

대 | 09.23 - 09.27
:복덕방
X 디드
:구 화서문로75번길 16 3층

6 70 27

행궁동 일대 | 09.23 - 09.27
Hey!Gung
X 지구인의 놀이터
경기 수원시 팔달구 화서문로 66

다닥다닥 마켓·백상회 | 09.25 - 09.27
다닥다닥 마켓·백상회
X 팔달문화센터 야외공연장
경기 수원시 팔달구 수원천로 336 팔달문화센터

22

로컬 브랜드 매니페스토 | 09.25 -09.27
로컬 브랜드 매니페스토
X 팔달문화센터
경기 수원시 팔달구 수원천로 336 팔달문화센터

54 131

다닥다닥 팝업 | 09.23 - 09.27
행궁찬장
X 남수마을 협동조합
경기 수원시 팔달구 창룡대로30번길 4 남수동 청춘공방

로컬 브랜드 매니페스토 | 09.25
로컬 브랜드 매니페스토
X 대봉통닭
경기 수원시 팔달구 창룡대로8번길 47 1층

다닥다닥 마켓·백상회 | 09.25- 10.04
다닥다닥 마켓·백상회
X 영동시장
경기 수원시 팔달구 수원천로255번길 6

A Adventures · Activities

36 디드
37 영동시장
38 지구인의 놀이터
39 시레나 뒤
40 가루다
41 갤러리풍경
42 검정고무신
43 경애공방
44 그런의미에서
45 기프트 셀렉샵 탭 1호점
46 나냥공방
47 다솜
48 드로잉 판
49 레톨
50 롤플레이어
51 매치데이풋볼컬쳐
52 몽식
53 뮤니버스
54 벤디토준&에떼
55 본뜸음식모형제작소
56 수원화성기념품샵
57 스튜디오 로티니
58 신인자공방
59 아이엠샵
60 영청
61 오방색향기나라 행궁본점
62 원이메이드
63 이건희인두화창작소
64 이매망량
65 이채휴우리옷
66 장금이공방 행궁점
67 장안문
68 종이노리
69 지동시장
70 창룡문
71 캔들 제뉴어리
72 큰새
73 판앤펀 캐리커쳐
74 팔달문
75 페일블루닷
76 핑크핑크해
77 한옷
78 화서문
79 화성사랑
80 화성행궁
81 화홍문

R Restaurants

82 경안당
83 대봉통닭 본점
84 행궁다과
85 1794스튜디오 행궁동카페
86 경미당
87 계절곳간
88 공간상점 part.2
89 그리드인그릭
90 남문통닭 본점
91 노체어&비노체어
92 누드앤츠
93 단방왕만두
94 단오카페
95 디몰리에
96 리원갤러리
97 리포커피
98 마담마담
99 매향통닭
100 미식가의주방
101 바바바
102 세프스위트
103 수원통닭
104 슬리핑테이블
105 쌀술집
106 아우토그라프커피 행궁점
107 안작란
108 연포갈비
109 연하포차나
110 예술가
111 용성통닭 본점
112 입주집
113 정조통닭 본점
114 정지영커피로스터즈 장안문점
115 정지영커피로스터즈 행궁본점
116 정지영커피로스터즈 화홍문점
117 존앤진피자펍 행궁본점
118 진미통닭
119 츄플러스
120 츠요이
121 카페레퓨즈
122 타코사노스 행궁본점
123 하쿠
124 해물천지
125 행궁만두
126 행궁어울림카페
127 행궁통닭
128 행궁호두
129 혜미통닭
130 호작도
131 홀리워터스
132 효선당

공간 | 터치수원
gram | 앱 다운로드

수원시 행궁동에서 개최되는 이번 '2025 다닥다닥 커뮤니티' 행사는 경희대학교 로컬콘텐츠 중점대학 사업의 일환으로 중소기업벤처부와 소상공인시장진흥공단의 지원을 받아 기획되었습니다. 또한, 수원형 타운 마이스 모델은 수원시 도시총괄기획단의 관학연구의 지원을 받아 개발하였습니다.

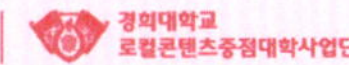

된 데이터와 피드백은 교과 과제 뱅크, 비교과 운영 지침, 지역 파트너의 연례 계획으로 편입되었다. 로컬코크리에이션랩1과 2는 콘텐츠 발굴과 브랜드 개발을, 랩3은 하남지 Re:Connect 파빌리온 같은 공간 개입을 다뤘다. 설치와 운영에서 축적한 경험치는 다음 스튜디오의 제약 조건, 안전 매뉴얼, 자재 표준으로 재정의되었다. 백상회 전시는 시장 아케이드의 보행 동선과 시야를 재구성하여 문화관광형 전통시장 전환을 시험했고, 전시 기획 지침, 설치 표준, 상인 협력 프로토콜로 환류했다. 로컬 브랜드 매니페스토는 실행의 의미를 공적 언어로 정리해 기관 간 합의를 만드는 장치가 되었고, 선언과 토론은 다음 학기 읽기 목록과 과제 주제, 공공 아젠다로 연결되었다.

(3) 타운 MICE와 도시 지도, 선순환의 공용 기준틀

MICE STAR 맵은 수원형 타운 MICE의 설계, 운영, 평가를 하나의 언어로 묶었다. 일곱 권역 재정의와 여덟 축 평가는 시설 규모가 아니라 회의, 숙박, 이동, 체험, 식문화가 한 동선에서 어떻게 결합되는지를 경쟁력의 기준으로 삼았다. 국제학술대회, 초대전, 팝업, 로컬 페스타를 분산 배치해 1박 또는 2박 체류가 자연스럽게 발생하도록 설계했고, 시간대별 유입과 체류 데이터는 다음 시즌의 지도 개정, 행사 캘린더, 유니크 베뉴 발굴, 생활권 동선 보완 순서로 반영되었다. 이 기준틀은 정책, 브랜드, 사용자 경험이 같은 좌표를 공유하게 했고, 팔달구 행궁권을 체류형 코어로 고정했다.

(4) 거버넌스와 선순환을 위한 제도적 장치

선순환이 작동하려면 학사, 지자체 사업, 상권의 운영 일정이 겹쳐야 한다. 본 사업은 대학, 지자체, 시장, 중앙정부의 4자 거버넌스에서 공동 목표와 예산, 평가를 정례화하고, 학술, 전시, 팝업, 마이스의 연동을 연간 운영 패턴으로 고정했다. 정량 지표(참여자 수, 체류 시간, 전환율, 매출 추정치)와 정성 지표(관계 형성, 책임, 실행 난이도, 시민 피드백)를 병렬 관리하여, 다음 학기의 과제 난이도, 멘토링 체계, 공간 안전 기준, 상인 교육 구성에 재반영했다. 그 결과, 역할과 책임이 명료해지면서 행정과 예산의 흐름이 수업의 실행력과 시간대별 운영으로 직접 연결되었다.

(5) 축적과 확장, 과정 아카이브와 인터로컬로 이어지는 다음 단계

모든 과정은 기록으로 남겼다. 프로젝트를 어떻게 준비했고, 설치는 어떤 순서로 진행됐는지, 운영에 필요한 매뉴얼과 안전 점검표는 무엇이었는지를 정리했다. 또 전시의 이동 동선, 관람객을 위한 설문 문항, 인터뷰 질문, 현장에서 쌓인 데이터를 시각화한 표까지 모두 하나의 과정 아카이브로 묶었다. 이렇게 정리된 자료는 다음 프로젝트를 준비할 때 시간을 줄여주고, 협력 파트너에게는 같은 기준과 절차를 공유할 수 있는 안내서가 된다.

무엇보다 다른 지역에서도 그대로 적용하거나, 그 지역의 상황에 맞게 수정해 쓸 수 있어 인터로컬 확장의 기반이 된다.

(6) 다닥다닥 커뮤니티 맵: 학술과 도시 경험을 한 문장으로 잇는 운영 도구

다닥다닥 커뮤니티 맵은 행궁에서 기획한 경희대학교 학술대회, 전시, 팝업뿐 아니라 행궁동의 지역 이벤트, 전시, 소상공인의 식음료와 체험 콘텐츠, 숙박까지 100개의 포인트를 맥락적으로 엮어 제시한 운영형 지도다. 사업단의 준비된 행사와 도시의 생활 리듬을 한 장 위에서 정렬해, 참가자가 발표장과 시장, 골목과 유니크 베뉴를 자연스럽게 이동하고 머무르며 소비하도록 돕는 것이다.

실제로 본 맵은 9월 25일부터 27일까지 약 100명의 참가자가 회의, 전시, 팝업, 전통시장, 식음료, 숙박을 연속 동선으로 경험하도록 설계되었다. 구성 원리는 도시 디자인의 기본 단위인 길과 결절, 경계와 지표를 명료화하여 핵심 경로와 체류 지점을 드러내는 것이다. 서비스 운영 측면에서는 이용자의 여정을 전 단계로 펼쳐보는 서비스 블루프린트 원리를 적용해, 안내, 체류, 전환, 재방문의 신호를 지도로 가시화했다. 교육적으로는 목표, 학습 활동, 평가를 정렬하는 성과기반 정렬에 따라, 맵의 각 포인트가 수업의 과제와 현장 검증, 공개 피드백, 데이터 재반영의 근거가 되도록 설계했다. 요컨대 이 지도는 관광 안내가 아니라 학습, 정책, 시장, 커뮤니티를 동시에 작동시키는 지식 장치다.

지도는 이동 경로가 아니라 실행 가설이다. 보이는 길이 많아질수록 도시는 배우고, 머물고, 성장한다.

11. 맺음말: 교실의 결과가 도시의 변화로 이어지는 방식

3장의 기획과 실행은 단발 이벤트가 아니라, 수업과 현장, 정책과 시장을 공유지에서 순환시키는 구조를 구축했다. 수업은 문제정의, 가설, 현장 검증, 공개 피드백으로 뼈대를 세웠고, 현장은 팝업과 전시, 타운 MICE로 검증과 확산을 담당했으며, 학술과 매니페스토는 의미를 공공 언어로 정리해 제도와 규범으로 고정했다. 이 과정은 다음 학기의 커리큘럼, 지역의 연간 일정, 상인의 운영 매뉴얼, 시민의 체험 경로로 되돌아왔다. 다닥다닥은 이름 그대로 가까이, 그리고 강하게 연결되는 선순환 시스템이다. 이 시스템이 지속될 때, 대학은 지역의 촉매가 되고, 지역은 대학의 교실이 되며, 학생과 주민은 함께 실천가로 선다. 다음 장은 이 선순환을 유지하고 확장하기 위한 세부 설계를 제시한다

4장
성과 및 의견

1. 정량 성과

(1) 교과 운영과 학습자 규모

1차 연도의 핵심 목표는 로컬마이크로디그리 세 개 과정을 개설 및 운영하는 것이었다. 사업 초기부터 LINC 3.0 사업단, RISE 사업단, 학사지원팀, 창업지원단, 산학협력단 등 학내 거버넌스와의 사전 협의를 통해 연내 개설을 무리 없이 완료했고, 목표를 계획대로 달성했다. 창업형 마이크로디그리 수강생 목표는 36명이었으며, 실제 지원 및 수강은 이를 상회할 전망이다. 한편 융복합 인재 양성의 필요성이 강화됨에 따라, 경희대학교는 2026학년도 입학생부터 단일 전공만으로는 졸업할 수 없고, 다전공, 부전공, 마이크로디그리 중 하나를 추가 이수하는 일이 필수 졸업 요건으로 확정되었다. 본 사업단의 마이크로디그리 설계는 이러한 제도 변화에 선제적으로 부합하며 흐름을 앞서 마련한 사례로 평가된다. 또한 사회혁신학기제의 경우 제주 운영 코호트 14명을 목표로 설정했고, 현지 운영을 통해 목표치를 달성하였다.

(2) 비교과 및 현장 실행

로컬페스타의 참여 목표는 450명이었으며, 실제 참여는 이를 상회하였다. 다만 야외 축제와 연계된 운영 특성상 관람, 통과, 재방문을 구분한 정량 집계의 한계가 존재했다(표본 관찰, 보수적 추정 병행). 로컬 스타트업 해커톤은 예산 조정으로 연 2회에서 1회로 축소되어 목표 20명으로 재설정되었으나, 실제 참여 190명을 기록했다. 프로그램은 학생회 주도로 설계되었고, 운영 측면에서 학교는 동기 부여와 지역 아젠다 제시에 한정하여 학생 주도성을 극대화하였다. 이는 목표를 현저히 상회한 성과로, 2026학년도에는 '학생이 문제를 발굴·정의하는' 학생 주도형 사업 확대의 근거가 되었다.

지역 주민 대상 디자인, 창업 교육, 워크숍은 목표 30명, 실제 30명으로 계획치에 부합하였다. 초·중·고 대상 워크숍 및 프로그램 역시 목표 30명, 실제 30명으로 달성되었다. 그뿐만 아니라 팝업스토어까지 연계되어 단발성 교육이 아닌 지속 가능한 연계 사업화가 되었다. 창업 및 팝업스토어는 목표 10팀, 실제 11팀으로 초과 달성하였고, 온라인 콘텐츠 공유는 목표 2건 대비 실제 100건 이상으로 대폭 증가하였다. 국내 학술대회 및 연구 포럼의 경우 목표 250명에 비해 실제 1,000명 이상을 기록하여, 학술, 실천 연계 확산 효과가 확인되었다.

종합하면, 집행 여건 변화(예산·운영 방식)와 현장 집계 한계에도 불구하고 핵심 지표 다수가 목표 대비 초과 달성되었으며, 특히 해커톤과 온라인 확산에서 참여 저변 확대가 두드러졌다. 이러한 결과는 학생 주도 설계, 현장 연계, 공개 확산의 구조가 참여, 체류, 학습 전환을 유의미하게 촉진함을 시사한다.

(3) 확산 성과와 연구 지표

국제학술대회 발표 논문은 10편을 목표로 했고, 실제 10편을 넘어서고 있다. 창업 성공 사례의 학술 확산을 위한 KCI 논문 4편, A&HCI(국제 최상위 저널) 1편을 달성했다. LBF 인턴십 참여기관 확보 목표 5개, 참여자 3명에 대해 실제는 각각 5개, 5명이다. 특별호 2권 발간 역시 달성하였다.

(4) 정량 성과를 만든 주요 활동

정량 성과는 교실, 현장, 확산이 하나의 선순환 구조로 맞물리는 것에서 나왔다. 교과 측면에서는 K-ARISE 모델과 마이크로디그리 설계가 로컬브랜드매니지먼트, 로컬콘텐츠마케팅, 지역공간디자인매니지먼트를 단계적으로 엮어 과목 개설과 수강생 유입을 이끌었다. 이 과정은 프로젝트 기반 학습과 캡스톤 설계를 통해 교실 산출물의 현장 검증을 기본 절차로 삼았고, 다음 학기로 환류되도록 설계되었다.

비교과·현장 측면에서는 로커톤, 메이커톤, 팝업으로 이어지는 실행 연계가 학기 중간의 아이디어를 타운 MICE 기간의 소비 전환 실험으로 연결했다. MICE STAR 기반의 '지붕 없는 컨벤션' 운영은 학술, 전시, 팝업, 상권, 숙박, 식음료를 하나의 동선으로 엮어 체류와 참여를 늘렸다. 이는 로컬페스타, 학술 및 연구포럼, 팝업 팀 수 같은 지표의 모객과 전환에 직접 기여했다. 브랜드북과 별첨 자료는 권역 재정의와 동선 설계, 현장 리플릿 등을 통해 '흐름 중심' 운영을 가능케 했다.

확산 및 연구 측면에서는 국제학술대회 '로컬 브랜드 매니페스토'와 학술대회 및 초대전 연계가 발표 편수, 참여자 수, 온라인 아카이빙 같은 지표로 이어졌다. 아울러 전통시장 아케이드 전시 '백상회'는 100명의 창작 참여 구조를 통해 현장 관람과 시장 방문을 연결해 참여, 체류, 상호작용을 확장했다. 전시 운영과 일정, 참여 구성은 사업단 문서와 운영 지침에 정리되어 있으며, 다음 연도 운영 표준으로 축적되었다.

2. 정성 평가

(1) 교육 – 실천 – 연구의 선순환 구조 정착

이번 사업은 교과에서의 문제정의와 현장 검증, 공개 피드백을 거쳐 도출된 산출물을 캠페인, 전시, 정책, 연례행사로 연계해 사회에 확산·정착시키는 구조를 만들었다. 이 구조는 교육공유지라는 철학을 실무 운영 규칙으로 전환하여, 학습, 정책, 시장, 커뮤니티가 한 루프로 순환하는 방식을 고정했다. 이러한 프레임은 장소 기반 브랜드 교육의 5개년 실천 모델이 제시한 GC-PBL 정례화, Site Lab 지정, 관계형 다축 평가 제언과 합치한다. 결과적으로 본 사업의 실행 경험은 초기 계획의 방향성을 보완 및 정교화하며, 교육-실천-연구가 맞물리는 제도적 순화구조를 강화했다.

(2) KCI 논문 게재로 '근거 기반' 운영 강화

첫째, 「중소도시의 도시 브랜드 차별화 전략으로서의 타운 MICE 활용에 관한 연구」는 대도시형 MICE와 구별되는 타운 MICE의 개념, 차별성, 운영 프레임을 정리하며, 의미 기반 마켓, 관계 형성, 주민 참여, 유니크 베뉴 전환의 전략적 함의를 제시했다. 이 논문은 중소도시가 과도한 시설 투자 없이도 장소성·공동체·체류 경험을 통해 도시 브랜드를 차별화할 수 있음을 실증했고, 본 사업의 수원형 타운 MICE 설계와 운영 논리를 학술적으로 뒷받침했다.

둘째, 「장소 만들기 기반 브랜드 교육」은 2021~2025년의 PBL 축적을 바탕으로 로컬 아카이브, 문제 프레이밍, 디자인 스프린트, 현장 적용, 공공 확산의 순환 구조를 정립했다. 그리고 교육공유지 관점에서 GC-PBL 정례화, Site Lab, 다축 평가, 마이크로디그리와 인턴, 창업 연계 같은 제도적 장치를 제안했다. 이 연구는 본 사업의 교과 및 비교과, 타운 MICE, 전시, 학술 연계가 '현장, 확산, 환류'의 설계 원리 위에 있다는 점을 근거화했다. 두 편의 KCI 논문은 현장 운영의 실증을 이론으로, 이론의 제안을 다시 실무 표준으로 환류시키는 근거 기반 운영의 핵심이 되었다.

(3) 초기 사업계획의 보완 및 발전

초기 계획은 전 생애주기 창업교육, 인터로컬, 타운 MICE를 축으로 마이크로디그리, 비교과, 학술 확산을 제시했다. 또한 권역 재정의와 동선 설계, 전시, 학술, 상권 연동은 계획의 '점선면 확장'을 실제의 '체류 흐름'으로 구체화했다. 그 결과, 계획, 실행, 평가, 아카이브가 연결되는 운영 구조가 강화되었고, 차기 연도에는 지표, 일정, 표준 매뉴얼이 더 촘촘해지도록 개편할 수 있게 되었다.

(4) 지역 파트너십과 공공성 강화

전통시장 아케이드 전시, 학술·초대전, 팝업, 워크숍은 상인회, 수원도시재단, 대학이 함께 설계 및 운영했다. 주민과 청년, 민간, 지자체의 참여가 거버넌스 표준으로 정착했고, 이는 다음 학기의 교과 과제, 비교과 운영 지침, 행사 캘린더로 환류되었다. 현장–캠퍼스 간 신뢰 형성, 책임과 돌봄의 윤리, 실행 난이도 관리 같은 정성 지표가 축적되며, 교육과 지역경제가 분리되지 않는 교육–경제 공동체의 실천 기반을 다졌다.

3. 종합 의견

정량 지표는 교과 개설, 수강생, 참여자, 발표, 팝업, 아카이빙 등에서 '계획 대비 실제'를 체계적으로 기록하고 있으며, 외부 변수에 따른 유연한 지표 보정을 통해 목표 달성 경로를 유지하고 있다. 정성 면에서는 두 편의 KCI 논문이 타운 MICE–장소 기반 교육의 학술적 근거를 제시해 계획을 보완, 개선했고, 그 결과 교육, 실천, 연구의 선순환이 제도화 수준으로 고정되고 있다. 논문이 제안한 Site Lab 표준, 다축 평가, 아카이빙, 운영, 평가의 연동을 지표 관리 체계에 반영하면 사업의 신뢰성과 확장성이 함께 강화될 것이다.

5장
운영상 특징과 시사점

경희대학교 로컬콘텐츠 중점대학은 '시설 중심'이 아닌 '흐름 중심'의 타운 MICE를 핵심 운영 전략으로 삼아, 회의, 전시, 체험, 식문화, 숙박을 하나의 동선으로 설계했다. 이를 위해 MICE STAR 맵이라는 평가, 설계, 운영 통합 도구를 개발해 7개 권역 체계를 시각화하고, 팔달구 행궁권을 체류형 코어로 포지셔닝했다. 교육은 디자인 액티비즘과 브랜드 액티비즘을 엔진으로 교실과 현장을 연결했고, 결과물은 시장과 골목, 공공 거점에서 검증되며 사회에 고정되는 루프를 만들었다. 올해 타운 MICE 실험에서는 참가자 약 100명이 1박 2일에서 2박 3일 동안 행궁권에 머물도록 설계했고, 이 모델을 매년 반복하면 도시 브랜드형 축제로 진화할 수 있다. 정량화는 1인 1박 소비 지출, 체류일, 전환율, 카드매출 증분을 결합해 평가하고, 정성화는 관계, 책임, 실행의 개선도를 병행한다. MICE STAR의 8축 기준과 3단계 등급은 이러한 운영을 표준화하는 기준틀로 작동한다.

1. 운영상 특징

• 흐름 중심 타운 MICE

MICE STAR는 기존 MICE의 네 축에 체류, 이동, 체험, 식문화를 더해 여덟 축으로 확장하고, 권역별 동선에서 회의, 전시, 숙박, 골목 상권, 공공공간이 끊기지 않도록 설계했다. 도시 등급은 Seed, Compass,

Prime의 3단계로 정의되며, 장소가 브랜드 전략과 얼마나 긴밀히 결합하는지까지 평가한다. 이로써 '시설 보유 여부'가 아닌 '흐름 설계 능력'이 도시 경쟁력의 기준이 되었다.

• 연구–교육–실천의 환류 시스템

우리의 수업은 문제를 정하고 가설을 세운 뒤, 생활권 현장에서 확인하고, 공개 자리에서 의견을 받아 다음 설계에 반영하는 흐름으로 짜여 있다. 결과물은 시장과 골목, 공공 거점 같은 현장 실험지에서 먼저 다듬어지고, 이후 팝업과 전시, 학술 행사, 연례 프로그램으로 사회에 배치된다. 이렇게 쌓인 기록과 데이터는 다시 커리큘럼과 연간 달력으로 되돌아가 다음 차 학습에 녹아든다. 이 순환이 바로 우리가 말하는 '교육공유지'의 작동 원리이며, 올해 로커톤과 로컬코크리에이션랩, 캡스톤, 전통시장 전시 '백상회', 하남지 대나무 파빌리온이 하나의 고리로 이어진 이유다.

더 나아가, 경희대학교의 연구–교육–실천의 환류 시스템은 한국연구재단 과제와 수원시 관학연구 같은 연구가 이론적 토대와 운영 모델을 제공하고, 로컬콘텐츠 중점대학과 전통시장 상점가 특화상품 개발 협업 대학 사업을 통해 교육 및 실천으로 현장에서 검증되며, RISE 사업이 글로컬 확장을 지원하는 구조와 맞물려 작동한다. 다시 말해 연구–교육–실천이 같은 언어와 도구로 연결되어, 교실에서 시작한 시도가 도시의 일상이 되고, 그 성과가 논문과 자료로 축적되어 후속 연구를 부르는 선순환이 형성되어 있다.

• 앵커 프로그램의 설계

전통시장 아케이드 100점 포스터 전시 '백상회'는 시장=문화+관광+

학습 허브라는 정의를 현실의 동선 위에 올려놓았고, 팔달문화센터의 8자 동선 전시로 관람 흐름을 시장까지 유도했다. 공방거리의 '하남지 Re:Connect' 대나무 파빌리온은 보행과 체류를 동시에 개선하는 공공공간 개입으로 작동했다. 두 사례는 MICE STAR 맵의 회의, 체험, 전시, 식문화 항목과 긴밀히 결합된 타운 MICE의 앵커로 운영되었다.

(1) 사회적 변화

1) 주민의 '관객에서 공동 창작자'로의 전환

로커톤과 메이커톤, 로컬코크리에이션랩1~3, 캡스톤이 주민, 상인, 학생을 한 프로젝트의 공동 설계자로 세웠다. 전시는 상인회, 지역 작가, 국내외 디자이너 100명이 함께 만들고, 파빌리온은 학생과 장인, 전문가, 주민이 함께 제작했다. 교육이 공동체의 설계 행위가 될 때, 지역은 '지붕 없는 컨벤션'의 주인공이 되었다.

2) 세대 · 문화 간 연결의 복원

한옥 카페 야간 프로그램, 전통시장의 예술 전시, 공방거리의 쉼터 설치는 노년층, 청년, 가족, 외래 방문객이 같은 동선 안에서 만나도록 설계했고, 이는 지역 관계망을 조밀하게 만들었다. 이러한 방식은 이후 과제 라이브러리, 안전 매뉴얼, 설치 표준으로 축적되었다.

(2) 문화적 변화

1) 시장과 골목의 '오픈 갤러리'화

백상회는 230년의 전통시장을 시각문화로 덮어 내·외부 보행 동선을 확장했고, 상업적 혼잡을 공공디자인 언어로 정돈했다. 관람 동선이 맥락소비로 이어지면서 시장의 문화적 정체성이 강화되었다. 팔달문화센터 야외 구조물과 연동한 관람 동선은 행사 주간 유입을 시장에 연결하는 장치로 작동했다.

2) 브랜드 액티비즘의 제도화

국제학술대회의 로컬 브랜드 매니페스토는 실행의 의미를 공적 언어로 묶어, 다음 학기의 과제와 지역의 연간 행사로 환류되도록 했다. 선언문은 로컬을 태도, 경쟁력, 타운 MICE, 미술관, 대학이라는 축으로 정리해, 교육과 도시 운영의 공용 언어가 되었다.

(3) 경제적 변화와 정량화 프레임

1) 체류 설계에 기반한 직접 효과

올해 타운 MICE에서는 약 100명이 1박 2일에서 2박 3일 체류하도록 동선을 설계했다. 경제적 가치는 ① 1인 1박 지출(숙박, 식음료, 교통, 굿즈), ② 체류일, ③ 팝업과 기존 상권으로의 전환율, ④ 행사 전후 카드 매출 증분과 방문자 설문을 결합해 산정한다. 산출 방식은 에든버러 페스티벌 임팩트 스터디처럼 방문자 지출과 운영 지출의 직접, 간접, 유발 효과를 분리해 계산하는 국제 표준을 준용할 수 있다.

2) 연차 사업으로의 고정과 측정 제안

행궁권에서도 타운 MICE 주간을 매년 고정하면 ① 연 단위 베이스라인 대비 카드매출, ② 숙박 점유율, ③ 이동 데이터 기반 체류 시간, ④ 팝업 전환율, ⑤ 미디어·UGC[16] 노출, ⑥ 재방문 의사 등으로 성과를 추적할 수 있다. 축제화가 진행될수록, '행궁권=체류형 역사·문화 코어'라는 포지셔닝과 지역 브랜드의 자산가치가 누적된다.

(4) 도시적 변화

1) 공공공간의 보행 · 체류 회로화

하남지 대나무 파빌리온은 문화유산보호구역이라는 제약을 창의 조건으로 전환해, 공방거리-시장-행궁의 보행 흐름을 보강하는 랜드마크로 작동했다. 공방거리 초입의 쉼, 야간 프로그램과의 연동, 주민 참여 제작은 장소성을 강화하고, 다음 연도 설계의 표준이 되었다.

2) 시장 가로환경의 문화화

아케이드의 연속 전시는 내부 동선을 활성화하고, 다양한 상회의 혼잡을 시각언어로 통일해 '문화로 정돈된 시장'이라는 새로운 이미지를 만들어 냈다. 이는 전통시장 리브랜딩과 관광형 상권 전환의 실험이자, 타운 MICE 회로의 핵심 구간으로 기능했다.

2. 시사점

(1) 중소도시형 MICE의 표준

대형 컨벤션 시설에 불리한 중소도시에게 MICE STAR는 '흐름 설계 능력'으로 경쟁하는 공정한 트랙을 제공한다. 권역 재정의, 여덟 축 평가, 3단계 도시 등급은 회의, 숙박, 이동, 체험, 식문화의 결합 수준을 도시 전략의 언어로 바꾼다. 행궁권의 체류형 코어 전략은 교육과 경제를 하나의 선순환 구조로 묶는 설계이며, 경희대는 이를 1년 차부터 학사-현장-정책 연동으로 운영했다.

16 UGC User-Generated Content 는 플랫폼이나 브랜드가 아닌 사용자 및 시민이 자발적으로 생산, 배포하는 콘텐츠를 말한다. 텍스트(후기, 댓글), 이미지 · 영상(인스타 릴스, 유튜브 숏츠), 오디오(팟캐스트), 지도 · 리뷰(구글맵, 네이버플레이스), 참여 데이터(해시태그, 체크인) 등이 포함된다.

(2) 축제화, 곧 도시 브랜드화

국내외 선행 사례는 체류형 문화행사가 도시 브랜드와 경제효과를 동시 강화한다는 사실을 보여준다. 행궁권 타운 MICE도 매년 고정하면 '다닥다닥 커뮤니티'와 백상회, 파빌리온 같은 고유 형식이 축제의 상징 장치로 누적되고, 외부 방문객의 유입과 지역 상인의 매출이 함께 상승하는 구조를 만들 수 있다.

(3) 측정과 제도, 두 개의 '고정'

축제화의 성공 조건은 측정과 제도의 동시 고정이다. 참여자 수, 체류일, 카드매출, 전환율의 정량과 관계, 책임, 실행 난이도의 정성을 병행해 누적 관리하고, 대학, 지자체, 민간, 공공의 4자 거버넌스로 목표와 예산, 평가를 정례화해야 한다. 학사 달력과 지역 행사 캘린더를 맞물리게 하는 운영은 이미 행궁권에서 그 가능성을 보였다.

(4) 인터로컬 확장성

타운 MICE의 형식은 다른 지역에서도 로컬 맥락에 맞게 이식 가능하다. 권역 재정의, 동선 기반 체류 설계, 앵커 프로그램, 팝업, 전시, 학술의 3축 조합을 그대로 가져가되, 지역 고유의 이야기와 장소를 덧입히면 된다. 차기에는 인터로컬 파일럿을 통해 도시 간 상호 방문, 학기형 교류, 공동 팝업을 묶어 전국망으로 확장할 수 있다.

(5) 경제 효과 계산의 예시 프레임(설계 안내)

- 직접 지출: 1인 평균 1박 지출×체류일×참가자 수, 팝업·전통시장 전환 매출 가산

- 간접·유발 효과: 조직 및 파트너 운영비, 공급망, 고용 유발을 모델링, 에든버러식 입력 및 산출 표준을 준용
- 데이터 수집: 카드매출 베이스라인 대비 증분, 설문 기반 장바구니 분석, 숙박 점유율, 모빌리티 체류 시간, UGC 노출
- 브랜드 자산: 미디어 노출, 방문 재의도, 다른 지역 확산 요청, 파트너 재계약률 등

이 프레임을 올해의 100명, 1~2박 설계에 적용하면, 지역경제에 미친 직접효과와 유발효과를 수치화할 수 있고, 연례화 시 장기 추세로 도시 브랜드의 자산가치를 추적할 수 있다.

(6) 결론

경희대의 타운 MICE 모델은 교육의 결과가 도시의 변화로 이어지는 방식을 운영 수준에서 구현했다. 권역 맵과 여덟 축 기준으로 흐름을 설계하고, 앵커 프로그램으로 보행과 체류를 만들어, 교실, 현장, 정책, 시장, 커뮤니티가 하나의 루프로 순환하도록 고정했다. 이 구조가 연례 축제로 축적될 때, 행궁권은 '역사·문화 기반의 체류형 코어'로 자리매김하고, 사회, 문화, 경제, 도시의 변화가 함께 진전된다. 이는 중소도시형 MICE의 대안 표준이자, 각 로컬에 맞는 지속 가능한 브랜드 전략으로 확장될 수 있다.

6장
장소 만들기 기반 브랜드 교육: 우리는 어떻게 가르치나

1. 수업의 방향성 공감하기

(1) GC-PBL Global Citizenship-PBL 이란?

GC-PBL은 지역사회와 대학, 기업, 시민이 함께 공존하며 새로운 브랜드와 디자인 혁신을 만들어 가는 실험실이다. 2021~2025년 누적 600여 명이 30개 도시에서 150개가 넘는 실전 프로젝트를 수행하며, 지역 환경·커뮤니티·사회 포용·건강·웰빙 등 SDGs(유엔 지속 가능개발목표)와 연계된 도전을 했다. 학습자는 실제 지역 문제를 발견하고, 디자인 사고를 바탕으로 함께 해결방법을 만들어 낸다.

프로젝트 기반 학습PBL: Problem/Project/Participation/Practice-Based Learning 구조는 단순 강의 및 이론이 아닌, 실제 문제와 프로젝트 경험, 참가와 실습 중심의 수업이다. 일방적 지식이 아니라, 현장과 사회 내 실제 변화에 연결된 학습이다.

이를 위해 우리는 네 가지 단계를 중요하게 생각한다.

첫째, '낯설게 보기'는 익숙한 것을 새롭게 바라보는 과정이다.

우리가 사는 지역, 매일 지나치는 골목, 자주 마주치는 사람들, 늘 보던 가게들은 어느새 익숙함 속에 묻혀 잘 보이지 않게 된다. 낯설게 본다는 것은 그것들을 멀리서 관찰하는 일이 아니라, 다른 시선으로 다시 들여다보는 일이다. 조금 더 천천히, 조금 더 섬세하게, 그리고 열린 마음으로 주변을 바라볼 때, 익숙했던 장면이 새롭게 다가온다. 이때

문제기반학습 방식의 프로젝트 수업

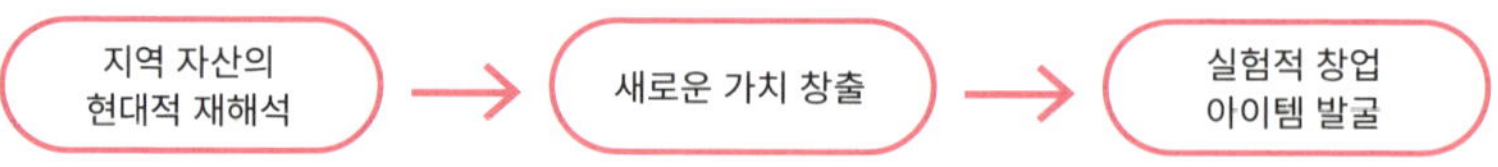

문제기반학습(PBL: Problem-Based Learning) 방식의 프로젝트 수업

경기도 수원 행궁동 일대, 특히 팔달문과 수원천 사이에 위치한
남문시장(영동시장, 지동시장 외)을 중심으로, 해당 지역의 역사적 · 문화적 맥락을 반영한
로컬 창업 콘텐츠를 발굴하고 비즈니스 모델 개발 및 시각화까지 직접 수행

중요한 것은 나의 관심사에 집중하는 것이다. 나의 시선과 감각으로 지역을 바라보면, 그 순간부터 배움은 이미 시작된다.

둘째, '발견하기'는 이미 존재하지만 우리가 놓치고 있던 가능성을 찾아내는 일이다. 발견은 전혀 새로운 것을 만들어 내는 행위가 아니라, 익숙한 것 속에서 숨은 의미를 알아차리는 과정이다. 골목의 간판 하나, 오래된 상점의 진열대, 시장의 상인들이 나누는 말 한마디 속에도 지역의 정체성이 숨어 있다. 이 작은 단서들을 통해 우리는 지역의 이야기를 새롭게 읽어낼 수 있다. 이 단계에서 중요한 것은 다른 시각으로 바라보는 용기이며, 그 시선이 기존의 질서에 균열을 내고 새로운 가능성을 여는 출발점이 된다.

셋째, '다움찾기'는 자신만의 관점으로 발견한 것에 새로운 정체성을 부여하는 단계이다. 단순히 관찰하거나 발견하는 것을 넘어, 내가 본 지역의 고유한 가치를 나의 언어로 표현하고 재해석하는 것이다. 이 과정에서 우리는 '새롭지만 어렵지 않고, 매력적이지만 선한 것'을 지향한다. 지역의 현실을 이해하면서도 그것을 나만의 시선으로 풀어내는 일, 그 속에서 나다운 해석을 통해 지역의 '다움'을 찾아내는 일이다. 결국 이 과정은 관찰자에서 창작자로 나아가는 전환의 순간이며, 지역과 내가 서로에게 의미를 만들어 주는 협력의 과정이 된다.

넷째, '나누기'는 프로젝트의 마지막 단계이자 배움이 완성되는 지점이다. 나누기는 단순히 결과를 발표하는 행위가 아니라, 서로의 관점과 해석을 공유하며 배움을 확장하는 과정이다. 팀의 결과물을 아카이브하고, 서로의 작업을 보며 감상하고 피드백을 주고받는 시간을 통해 각자의 발견과 해석이 다시 연결된다. 이때 우리는 자신의 작업을 넘어, 동료의 시선과 사고를 통해 새로운 배움을 얻게 된다. 혼자 본 것은 '발견'이지만, 함께 나누는 순간 그것은 '문화'가 된다. 따라서 나누기는 학습의 끝이 아니라 다음 배움을 향한 새로운 출발점이다.

결국 '낯설게 보기, 발견하기, 다움찾기, 나누기'는 분리된 네 단계가 아니라, 배움과 실천이 반복되는 하나의 순환 구조이다. 익숙한 것을 다르게 보고, 그 안에서 새로움을 발견하고, 자신만의 시선으로 정체성을 만들어 내며, 그 결과를 다시 나누는 경험이 곧 지역을 배우고 디자인하는 진정한 과정이다. 이 순환이 반복될수록 우리의 시선은 확장되고, 지역은 조금씩 새롭게 재구성된다. 그리고 그 축적이 바로 '로컬코크리에이션랩'이 만들어 가는 배움의 풍경이다.

(2) 주요 수업 구조와 실제 활동

로컬코크리에이션랩은 이론보다 현장 중심의 실천형 수업으로 운영된다. 학생들은 지역의 자원을 조사하고, 문제를 정의하며, 해결책을 설계하고 실행하는 전 과정을 직접 경험한다.

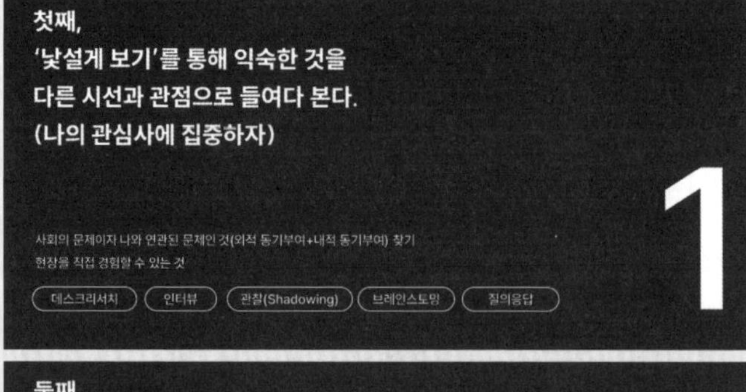

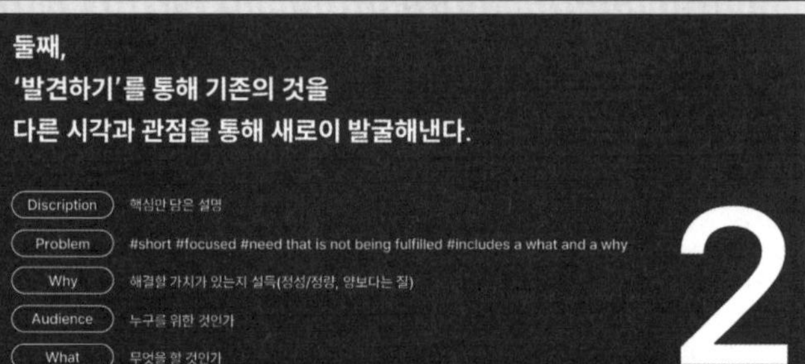

셋째,
'다움찾기'를 통해 자신의 주체적인 시각으로 발견한 것에
새로운 정체성을 만들어 낸다. (새롭지만 쉽고 매력적이지만 선한)

3

원칙을 만들 것
프레임워크를 만들 것

넷째,
'나누기'프로젝트의 마지막 단계로 모든 구성원의
결과물을 아카이브하고
서로의 관점과 해석을 나눈다.

4

1) 주요 실전 활동 예시

① 다닥다닥 마켓, 백상회: 지역의 물건, 가치, 문화를 100개씩 발굴하여 스토리텔링과 디자인을 통해 브랜드화한다. 지역의 상징적인 자산을 재해석하고, 실제 판매나 홍보로 이어지는 사례를 만든다.
② 지역 기반 창작 프로젝트: 지역 공간 리뉴얼, 로컬콘텐츠 디자인, 사회 캠페인 등 현장에서 바로 실행 가능한 결과물을 제작한다.
③ 학기별 지역 활성화 성과: 매 학기 브랜드 런칭, 리뉴얼, 상점 협업 등 실질적 성과를 도출하고, 결과물은 지역 내 전시나 페스타에서 시민과 공유된다.

2) 수업 운영 방식

팀 또는 개인 단위로 지역 조사→문제정의→아이디에이션→프로토타입 제작→실험 및 피드백→발표와 성찰의 전 과정을 수행한다. 학년과 전공을 섞은 다학제 팀 구성으로 서로의 전문성을 교류하고, 지역 주민·상인·기관 등 지역 당사자와 협업하여 실제 문제를 함께 해결한다. 중간 발표와 최종 결과물은 실제 사회 변화나 지역 사업과 연계되어 평가 및 인증이 이루어진다. 팀/개인별 역할 분담, 지역 조사 및 문제정의, 아이디에이션, 프로토타입과 실험, 발표·성찰까지 전 과정을 직접 수행한다.

3) 워크시트

나의 지역 이해와 참여 계획
1. 내가 사는 지역의 이름
2. 이 지역의 현재 상황이나 문제를 간단히 적어보기
3. 내가 주목하고 싶은 지역의 가치나 자원은 무엇인가? (예: 문화유산, 사람, 가게, 이야기, 풍경 등)
4. 이번 프로젝트에서 내가 맡은 역할은 무엇인가? (예: 조사, 디자인, 기획, 홍보 등)
5. 팀 이름 / 구성원
6. 나와 팀이 이번 프로젝트를 통해 이루고 싶은 목표는 무엇인가?
7. 기대되는 변화나 성과 적어보기

2. 디자인씽킹 워크숍 1 : 가볍게 시작하기

(1) 디자인씽킹이란?

오늘 우리가 다룰 주제는 '디자인씽킹Design Thinking', 즉 문제를 다르게 보고, 새로운 방식으로 해결하는 사고법이다. 디자인씽킹은 IDEO의 대표 팀 브라운Tim Brown이 정의했듯, 인간의 니즈, 기술적 가능성, 그리고 비즈니스 성공 요건을 통합하는 사람 중심의 혁신 방법론이다. 즉, 기술이나 시장 논리에서 출발하는 것이 아니라, 사람의 삶과 행동을 깊이 이해하는 것에서 시작하는 문제 해결 방식이다. 우리는 흔히 문제를 '기술적 한계'나 '시장 기회'의 관점에서 바라본다. 하지만 디자인씽킹은 문제를 사람의 행동과 욕구 속에서 다시 찾아낸다. 누군가의 불편, 불만, 혹은 기대가 충족되지 않은 순간이 바로 혁신의 단서가 된다. 예를 들어, 단순히 '버스 정류장에 그늘막이 부족하다'는 사실보다, '사람들이 더운 날에도 버스를 놓치지 않기 위해 햇빛 아래에 서 있는 이유'에 주목하는 것이다. 그 안에서 우리는 '그늘을 만드는 기술'이 아니라 '기다림을 덜 답답하게 만드는 경험'이라는 새로운 문제정의로 옮겨갈 수 있다.

디자인씽킹은 다섯 단계로 이루어진다.

- 공감Empathize : 사람을 관찰하고, 그들의 입장에서 세상을 본다.
- 문제정의Define : 표면적인 현상이 아닌, 숨은 욕구와 진짜 문제를 찾아낸다.
- 아이디어 발상Ideate : 제한 없이 다양한 가능성을 탐색하고, 새로운 조합을 시도한다.
- 시제품 제작Prototype : 아이디어를 눈에 보이는 형태로 만든다.
- 테스트Test : 실제 사용자와 함께 실험하고, 피드백을 통해 더 나은 버전으로 발전시킨다.

이 과정은 일회성이 아니라 순환적인 흐름이다. 시도하고, 검증하고, 고치며, 점점 더 사람의 삶에 가까운 해법을 만들어 간다. 워크숍에서는 여러분이 직접 '관찰자'가 되어 사람들의 행동을 관찰하고, 그 속에서 숨은 욕구pain point를 찾아낼 것이다. 이후 팀별로 문제를 정의하고, 아이디어를 발상하며, 시제품을 만들어 보는 전 과정을 경험할 것이다. 핵심은 완벽한 해답을 찾는 것이 아니다. 사람의 입장에서 문제를 바라보는 감각, 그 시작점을 몸으로 익히는 것이 목표다.

디자인씽킹은 정답을 찾는 기술이 아니라, 질문을 바꾸는 방법이다. 정답은 언제든 바뀔 수 있지만, 올바른 질문은 언제나 변화를 만든다. 우리가 던지는 질문이 바로, 지역의 다음 가능성을 여는 시작이다.

(2) 워크시트

아래 각 단계에 대해, 워크숍 주제(시장 혁신/서비스 설계 등)에 맞춰 떠오르는 사례 또는 질문, 구체 아이디어를 빈칸에 적어보기

Pain Point 찾기

실습 Check-Box
여러분이 최근 불편/불만족을 느낀 경험은? (3가지 적어보기)

디자인씽킹 5단계 프로세스와 아이데이션

단계	주요 활동 및 목표	내 경험 및 적용 아이디어
1. 공감(Emphasize)	관찰 · 인터뷰 · 현장조사로 진짜 문제 이해	
2. 문제정의(Define)	발견한 단서(Clue) 정리, 핵심 Pain Point · Needs 도출	
3. 아이디어 발상 (Ideate)	How Might We?로 다양한 아이디어 폭발	
4. 시제품 제작 (Prototype)	빠른 시각화 · 모의제품 제작	
5. 테스트(Test)	실제 사용자 대상, 피드백 반복 검증	

(3) 조사 및 관찰 실습템플릿

1) 인터뷰 프로토콜 (열린 질문 예시)

- 고객이 겪는 불편/좋은 점 중 기억나는 경험이 있는가?
- 어떤 점이 가장 힘들고, 그때 어떻게 해결하였는가?
- (Why 반복) 왜 그렇게 느꼈나? → 그리고 왜 그 점이 중요한가?

2) 관찰 프레임워크 (AEIOU)

현장관찰 시 아래 표를 실사용자 행동 관찰/메모로 채워보기

활동 (Activity)	환경 (Environment)	상호작용 (Interaction)	물체 (Object)	사용자 (Users)

3) Needs 카드 만들기

인터뷰/관찰 후 인상적 Fact, Pain Point, Needs/Insight를 각각 포스트잇(또는 아래 틀)에 써서 모아보기

Fact (사실)	Pain Point (문제/불편)	Needs/Insight (숨은 욕구)

4) 분석 및 아이디어 도출

① 니즈 분석 방법

인터뷰/관찰 자료에서 의미 있는 사실Fact→Pain Point→Needs 및 인사이트 순서로 추출

여러 Needs 묶어 분류(그룹핑), 새로운 기회영역 찾기

② 2x2 프레임워크(예시: 시장 사용자 분석)

	Functional	Emotional
Personal	"장보는 내 편리함"	"자신만의 만족감"
Social	"함께여서 더 저렴/재미"	"관계, 즐거움"

적용실습: 오늘 조사/관찰한 사용자를 위 표에 분류해 아이디어 타깃을 명확히 하기

③ How Might We(문제정의→아이디어 발전)

예) "할머니, 할아버지들이 시장에서 힘들이지 않고 즐겁게 쇼핑하려면?"

팀/개인별로 How Might We 질문을 2~3개 작성

5) 나만의 디자인씽킹 프로젝트 실습

① 내 프로젝트 주제

오늘 워크숍의 팀/개인 프로젝트 주제를 한 문장으로 작성하기

② 조사계획&실행

사용자 인터뷰 계획 (누구를, 어떤 방식으로 만날지?)

관찰계획 (어떤 장소, 어떤 행동을 관찰?)

③ 인사이트 도출&아이디어 메모

중요한 발견·관찰 내용(팩트) 및 떠오른 아이디어 간단히 적어보기

④ 프로토타입/테스트 영역

아이디어 스케치(적거나, 그려 넣기)

사용해 본 후 피드백/느낀 점 메모

⑤ 실습 Reflection

가장 인상적인 점 또는 개선하고 싶은 점, 느낀 점/배운 점 2가지 적어보기

3. 디자인씽킹 워크숍 2: 한 발 더 다가가기

(1) 공감 Empathize —문제 발굴과 조사

1) 설명

공감 단계에서는 사용자의 현실, 숨겨진 불편, 기대를 현장 조사·관찰·

인터뷰로 깊게 파악한다. 실제 사람들이 경험하는 상황을 진짜로 이해하는 것이 핵심이다.

2) 실습 안내

조사할 대상(사용자/고객)을 정의하고 아래 질문으로 인터뷰 및 관찰하기

인터뷰 및 관찰 기록지

최근 어떤 일이 불편했나?

그 순간 무엇을 기대하거나, 아쉬웠는가?

그걸 해소하기 위해 어떤 행동을 했나?

현장에서 직접 관찰하며 느낀 점 3가지 적기

(2) 문제정의Define – Pain Point와 인사이트 도출

1) 설명

수집한 자료(인터뷰/관찰)를 바탕으로 핵심 Pain Point, 숨은 니즈Needs, 인사이트Insight를 분류하고, 문제 선언문을 작성한다.

2) 실습 안내

아래 표를 채워본다. 주목한 사실Fact과 Pain Point, 숨은 니즈/인사이트를 기록하기

Fact (사실)	Pain Point (문제/불편)	Needs/Insight (숨은 욕구)

3) 2번 실습을 바탕으로 How Might WeHMW 작성하기

(예) "어르신들이 복잡한 절차 없이 시장에서 쉽게 결제할 수 있으려면 어떻게 해야 할까?"

(3) 아이디어 발상Ideate – 아이디어 폭발 · 도출

1) 설명

브레인스토밍 또는 SCAMPER(대체·결합·응용·수정·제거·재배치 등)를 사용해 문제 해결 아이디어를 최대한 많이 생성한다. 틀을 깨는 창의적 방법을 시도한다.

2) 실습 안내

아래 빈칸에 다양한 아이디어를 5개 이상 써내려 간다. SCAMPER 방식으로 기존 아이디어 변형하기

SCAMPER는 '기존의 것을 다른 관점에서 바꿔보는 질문 리스트'다.
디자인씽킹의 Ideate(아이디어 발상) 단계에서 사용되며,
팀의 아이디어가 막혔을 때 '이걸 다르게 보면 어떨까?'라는 질문 프레임을 제공한다.
즉, "창의성은 질문에서 나온다"는 원리를 구체화한 방법이다.

활용 예시 (로컬 프로젝트 맥락)
"전통시장을 야간 관광 명소로 바꾸면(S – Substitute) 어떨까?"
"청년창업공간과 문화센터를 결합(C – Combine)하면?"
"패션 브랜드의 팝업스토어 방식을 시장 활성화에 응용(A – Adapt)하면?"
"시장 규모를 줄이고 골목 단위로 확장(M – Modify)하면?"
"낮에는 시장, 밤에는 공연장으로 공간을 전환(P – Put to another use)하면?"
"절차를 줄이고 직접 참여형 프로그램(E – Eliminate)으로 바꾸면?"
"운영 순서를 시민이 먼저 제안하는 방식(R – Reverse)으로 하면?"

(4) 시제품 제작Prototype – 시각화와 구체화

1) 설명

가장 가능성 있는 아이디어를 골라 빠르게 시제품, 그림, 도식, 모형 등으로 시각적으로 표현한다. 실제 사용 장면을 상상하며, 간단한 스케치나 스토리보드를 그려본다.

2) 실습 안내

- 아이디어 중 하나를 선택해 간단한 그림, 흐름도, 페르소나와 함께 스케치
- 실행 시 예상되는 사용 시나리오(간단한 이야기 또는 만화)를 작성
- 필요한 재료/준비사항 정리

(5) 테스트Test – 사용자 피드백 & 최종 개선

1) 설명

프로토타입을 실제 사용자에게 보여주고 솔직한 피드백을 듣는다.
문제의 재정의, 추가 아이디어, 개선점을 발견하는 단계다.

2) 실습 안내

프로토타입을 친구·가족·동료에게 설명하고, 아래 질문을 사용해 피드백을 받는다. 그 후, 받은 피드백과 개선 아이디어, 느낀 점 적어보기

- 이걸 사용해 보고 싶은 마음이 들었나?
- 가장 마음에 든 점/불편한 점은 무엇이라고 느꼈는가?
- 어떤 점이 더 개선되면 좋겠나?

4. 브랜드 전략 기획 1

(1) 타깃 시장 정의

1) 설명

먼저 우리 브랜드가 집중할 고객 집단(시장)을 명확히 지정해야 분명한 포지셔닝이 가능하다. 인구통계적, 지리적, 심리적, 행동적 분석을 활용한다.

2) 실습 안내

내 브랜드/서비스의 타깃 고객을 아래 항목별로 구체적으로 작성하기

연령대:
성별:
지역/활동권:
성향/관심사:
주요 행동 패턴:
특별히 주목하는 문제/욕구:

(2) 경쟁 브랜드(서비스) 분석

1) 설명

경쟁사(혹은 대체재)와 비교해 우리 브랜드만의 차별점, 포지셔닝 방향을 찾는 단계이다. 핵심 경쟁사 리스트와 주요 특징, 강점/약점 등을 파악한다.

2) 실습 안내

주요 경쟁 브랜드 3~5개를 아래 표에 적고, 각 브랜드의 특징/강점/약점/포지셔닝 한 문장으로 작성하기

경쟁 브랜드	특징 및 강점	약점	포지셔닝(한마디)

(3) 포지셔닝 맵 그리기

1) 설명

'가격(저가/고가)–이미지(실용/감성)'처럼 두 가지 기준을 축으로 잡아, 경쟁사/우리 브랜드 모두의 위치를 시각적으로 구분한다. 이를 통해 시장의 빈틈, 차별화 포인트를 명확히 한다.

2) 실습 안내

- 기준축 예시: X축은 '가격', Y축은 '스타일'(실용성⇄감성적 가치)
- 사분면 안에 각 브랜드를 적절한 위치에 원 또는 점으로 표시하기
- 맵에 우리 브랜드의 위치(원하는 목표 위치 포함)를 강조해 표시하기

브랜드 아이덴티티 정립 워크시트

전략 기획

타이틀 Title

선정한 지역의 관광자원이나 정책에 대해 살펴보고, 팀(개인)이 해당 지역을 브랜딩한 상표명 작성 (명칭은 프로젝트를 발전시키며 바꿀 수 있음)

타깃 Target

어떤 소비자를 위한 것인가? 연령대/성별/주된 상품 구매자/취향 등의 페르소나

스트랩라인 Strapline

고객에게 어떤 만족감을 줄 것인지 설명할 수 있는 한 문장을 작성

주요 기능 Key Function

해당 지역의 대표적인 장점, 특징, 상품력, 프로그램 등을 작성하기 분석 (SWOT 분석 바탕 STP 전략 등을 기반)

핵심 인사이트 Key Insight

온오프라인 조사를 통해 소비자의 니즈, 고통이나 결핍이 느껴지는 상황을 한 문장(Quote)으로 표현

주요 이익 Key Function

이 지역이 다른 지역보다 어떻게 다른 차별적 경쟁점을 제공해 주는지, 지역을 찾는 사람들의 특산품 구매 패턴/습관/기대를 바꿔줄 수 있는 요소

브랜드 아이덴티티 정립

Brand Essence

Extended Identity

- Brand Personality
- Strategic Target

Core Identity

Value Proposition

- Functional Value
- Emotional Value

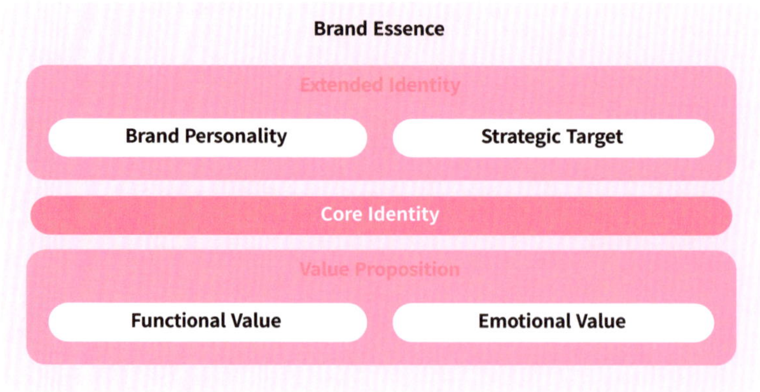

(4) 포지셔닝 문구/슬로건 개발

1) 설명

한 문장으로 '누구에게/무엇을/왜/어떻게'를 명확하게 표현하는 것이 중요하다. 슬로건은 차별성과 핵심 가치를 잘 담아야 한다.

2) 실습 안내

- 아래 문장 구조 예시를 참고해서 직접 작성하기

예) '우리 브랜드는 (목표 고객)에게 (핵심 가치/이점)을 (차별적 방식)으로 제공합니다.'

- 슬로건을 2~3가지 써보고, 서로 비교하며 팀에서 토론하기

예) '진짜 건강을 당신에게, 매일 새롭게!', '스마트한 소비, 마을에서 시작된다.'

(5) 브랜드 핵심 가치 및 약속

1) 설명

포지셔닝을 강화하려면 우리 브랜드의 '핵심 가치(3~5개)'와 '실천 약속'을 확실히 정의하고 전달하는 것이 필요하다.

2) 실습 안내

아래 표에 우리 브랜드의 핵심 가치와 그것을 실현하기 위한 행동(약속)을 정리하기

핵심 가치(예: 신뢰, 혁신)	약속/실천 방안

5. 브랜드 전략 기획 2

(1) 환경 분석 Situation Analysis

1) 설명

전략은 내외부 환경을 파악하는 데서 출발한다. SWOT(강점, 약점, 기회, 위협) 분석을 활용하여 우리(또는 브랜드)의 현재 위치를 진단한다.

2) 워크시트

주요 이해관계자(고객, 파트너, 지역사회 등) 상황 파악도 함께 적어보기

	강점 (Strengths)	약점 (Weaknesses)
기회 (Opportunities)		
위협 (Threats)		

(2) 목표 설정 Goal Setting

1) 설명

SWOT 결과를 바탕으로 우리 조직/프로젝트가 도달하고자 하는 명확한 목표(SMART: 구체적-측정 가능-달성 가능-관련성-기한)를 정한다.

2) 워크시트

- 우리의 전략적 최우선 목표는 무엇인가?(한 문장으로 써보기)
- 달성하고 싶은 구체적 수치 또는 상태(성과 지표) 적어보기
- 1년, 6개월, 3개월 등 단계별 목표 및 마일스톤 기입하기

(3) 핵심 전략 및 실행 방안 Strategic Options & Tactics

1) 설명

목표 달성을 위한 핵심 전략 방향을 2~3개 설정하고, 각 전략별로 실질적인 실행 방안과 우선순위를 정한다. 내부 혁신, 시장 진입, 협업 등 다양한 전략적 접근을 자유롭게 설계한다.

2) 워크시트

전략 방향	주요 실행 방안 (Tactics)	책임자	일정/마일스톤

(4) 자원 및 리스크 관리 Resources & Risk Management

1) 설명

주요 전략을 실현하기 위해 필요한 자원(인력, 예산, 네트워크, 기술 등)을 점검하고, 예상되는 주요 리스크와 대책을 미리 세운다.

2) 워크시트

필요 자원	현재 보유 현황	추가 확보 방안

세부 활동(과업)	담당자	기한	진행 상황(체크)	성과(지표, 결과)

(5) 실행 체크리스트 & 점검표 Action Plan & Review

1) 설명

진략 실행의 효과를 주기적으로 점검하고, 필요시 전략을 조정한다. 담당자, 실행 일정, 성과지표KPI를 명확히 한다.

2) 워크시트

주간/월간 리뷰 노트를 추가로 기록하며, 실행 과정에서의 발견, 개선점, 학습 내용도 함께 메모하기

세부 활동(과업)	담당자	기한	진행 상황(체크)	성과(지표, 결과)

6. GC-PBL의 브랜드 다답 프로젝트, 사회적 실천 브랜드 다닥다닥

나는 '로컬 프로젝트 러닝'이 정해진 방식이 아니라 끊임없이 변형되고 진화하는 교수법임을 강조하고 싶다. 이 워크시트 또한 완성된 틀이라기보다, 매 학기 지역의 변화와 학생들의 관점에 따라 새롭게 확장되고 있다. 교육은 언제나 현장을 통해 갱신되며, 그 과정에서 교사 역시 배우는 존재가 된다. 결국 중요한 것은 지역을 깊이 이해하고, 다양한 시각으로 바라보는 태도이다. 기술이나 형식보다 더 근본적인 것은 '어떻게 보고, 어떻게 연결하느냐'의 문제다. 학생이 지역의 이야기를 스스로 찾아내고, 이를 통해 자신의 언어로 표현할 수 있을 때 진짜 배움이 완성된다.

이 책의 마지막 장면으로 제시하는 BADA LabBrand Activism Design Activism Lab (경희대학교 로컬콘텐츠 중점대학 사업단장인 저자의 랩 브랜드)의 교

BADA

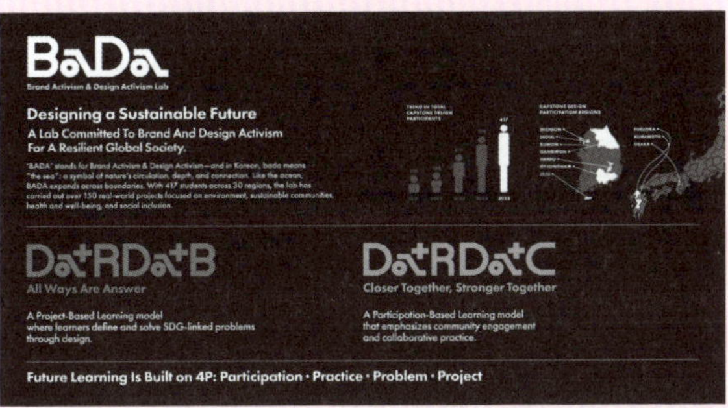

Project Overview

Changes in Education in the Era of the Fourth Industrial Revolution, PBL PROBLEM-BASED LEARNING

As we enter a new era, the boundaries between different industrial sectors are collapsing due to changes in social structures, expansion of industries, diversification of technologies, and the rapid evolution of media. In response to these trends, there is a growing demand for integrative thinking through interdisciplinary approaches involving the humanities, social sciences, arts, science, and technology as a means to address the new challenges emerging across society. Moreover, the modes and forms of education are also evolving from traditional one-way teaching methods to learner-centered education, such as Problem-Based Learning (PBL), which focuses on solving problems, in an effort to respond effectively to societal demands.

PAST
INSTRUCTOR-CENTERED LEARNING

CONTEMPORARY DEMANDS
COLLABORATION, ADVANCED TECHNOLOGY, AGENCY, GOODNESS

STUDENT NEEDS
INDUSTRY-ACADEMIA PROJECT EXPERIENCE, SELF-DESIGN

PRESENT
LEARNER-DRIVEN EDUCATION

Capstone Design Course at the Department of Visual Design, Kyung Hee University

Capstone Design is an educational program based on Problem-Based Learning (PBL), which enables students to take initiative in designing and executing projects. This approach is currently incorporated into the curricula of numerous universities in South Korea. Within this context, the Capstone Design course in the Department of Visual Design at Kyung Hee University is designed to transcend the conventional collaborative structure with businesses or local governments. Instead, it encourages students participating in the educational model to actively observe phenomena, identify problems, and seek solutions throughout the entire comprehensive process. This approach is framed from three activist perspectives: "social contribution", "solving human alienation issues", and "sustainability", providing practical strategies for addressing these concerns.

New Capstone Design and Activism Education Model

DA+R DESIGN ACTIVISM+RESEARCH
DA+B DESIGN ACTIVISM+BRANDING
DA+C DESIGN ACTIVISM+COMMUNITY

In 2024, the Department of Visual Design at Kyung Hee University developed a new educational model called "DA+R DA+B" (DA) based on the processes and experiences accumulated through Capstone Design projects from 2021 to 2022. "DA+R DA+B" is divided into DA+R (Design Activism+Research) and DA+B (Design Activism+Branding), which are structured into the stages of "seeing differently," "discovering," "finding essence," and "sharing." This design activism education model responds to shifts in the design paradigm and is built upon a process of addressing some of the 17 Sustainable Development Goals (SDGs) set by the United Nations to foster new perspectives for problem-solving. Furthermore, this educational model operates on a branding-based approach, aiming to create new brands with distinctive perspectives akin to person-like entities. The model continually ensures that the brand achieves a virtuous cycle, not merely following a simple linear path from production to consumption and disposal, but enabling sharing, recycling, improvement, and reproduction.

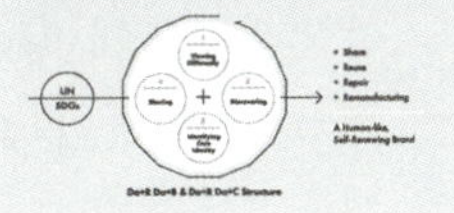

Da+R Da+B & Da+R Da+C Structure

Concept and Definitions

BaDa Brand Activism Design Activism

BADA (Brand Activism & Design Activism Lab) is a design-based social practice education platform that addresses global issues through a comprehensive process—ranging from problem exploration and task generation to research, strategic planning, branding, and community-based action. It aims to engage actively with social and global challenges while bridging the boundaries of conventional education through design-led connections and interventions.

Students begin by identifying key social issues and conducting in-depth case studies, field research, and conceptual development to articulate design solutions. These solutions are then implemented through brand-based activism, transforming into platforms that communicate and advocate for social messages. Each brand acts not merely as a visual identity, but as a persona that represents a cause and engages with society.

BADA reinterprets local and spatial resources into meaningful, competitive brand assets. From concept planning to design and implementation, the entire process demands clear intent and a structured methodology. Ultimately, the model fosters civic engagement and social responsibility through design, positioning itself as an educational approach for a sustainable and connected future.

The Mechanism of a New Perspective for Learners through the Educational Model: Focus On +

VISION — We create solutions through design that can expand regionally, nationally, and globally.

MISSION — We identify social issues and offer a unique perspective of our own.

CORE VALUE

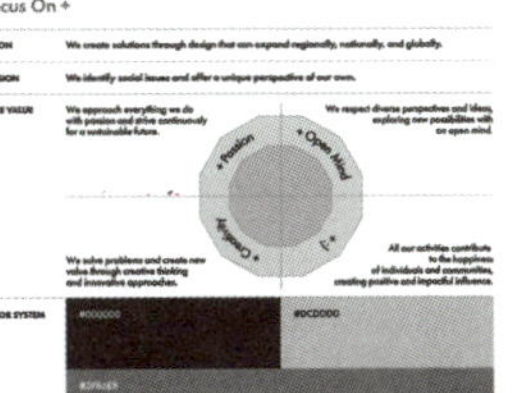

COLOR SYSTEM

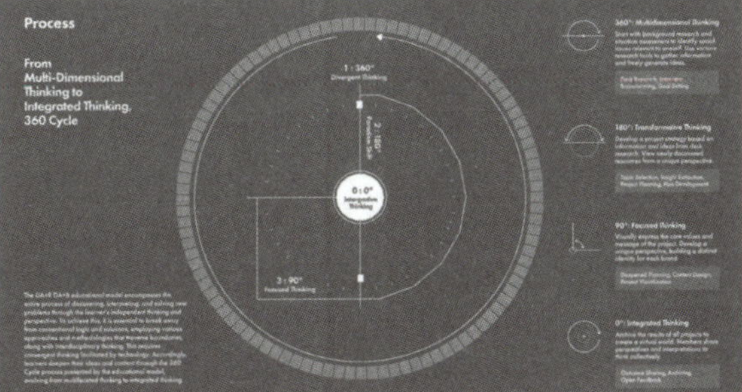

육 브랜드와 사회적 실천 브랜드는 그러한 태도의 시각적 약속이다. 0°에서 시작해 360°로 확장되는 사고의 순환 – 열정Passion, 창의성Creativity, 개방적 사고Open Mind, 행복Happiness – 이 만나는 지점에서, 배움은 다시 지역으로 돌아가고 또 다른 가능성을 싹틔운다.

GC-PBL의 브랜드 '다답Da+R Da+B 프로젝트', 그리고 사회적 실천 브랜드 '다닥다닥Da+R Da+C'으로 맺는다. 두 브랜드는 모두 '배움이 지역과 함께 자라는 방식'을 실험하는 살아 있는 모델이다. 다답 프로젝트가 글로벌 시민GC, Global Citizenship 역량을 중심으로 학습의 구조를 설계했다면, 다닥다닥은 그 배움을 지역의 문제 해결과 사회적 실천으로 확장시킨다. 이 책에 담긴 교수법과 워크시트는 고정된 매뉴얼이 아니라, 현장의 변화에 따라 끊임없이 수정되고 성장하는 유연한 프레임이다. 나 또한 매 학기 새로운 지역과 세대, 협력자들과 함께 이 구조를 변형하고 발전시켜 왔다. 결국 중요한 것은 완성된 이론이 아니라, 지역을 깊이 이해하고, 다양한 시각으로 바라보는 태도이다. 교육의 본질은 '사람과 장소를 다시 연결하는 힘'이며, 그 힘이 바로 다답과 다닥다닥이 지향하는 핵심 철학이다.

맺음말
마이크로에서 매크로로, 로컬에서 글로벌로

경희대학교 로컬콘텐츠 중점대학의 1년 차 실험은 교실, 현장, 도시를 하나의 루프로 묶는 일이었다. 우리는 마이크로한 실행, 즉 한 번의 수업, 한 팀의 팝업, 한 동의 파빌리온, 한 장의 포스터에서 출발했다. 그 작은 단위가 네트워크를 만들고, 평가와 거버넌스 체계 속에서 공간과 시간의 틀로 구조화되면서, 매크로한 변화 — 곧 도시 전략과 교육 제도, 지역 경제의 흐름 — 로 확장될 수 있음을 확인했다. 요컨대, 다닥다닥은 실행이 이론을 정교화하고, 이론이 다시 실행을 지지하는 순환 구조를 현실화했다.

교육적 성과는 '접근성의 재설계'와 '평가의 전환'으로 요약된다. 마이크로디그리를 통해 전공, 학년, 캠퍼스를 가로지르는 참여 문턱을 낮췄고, 문제정의, 가설, 현장 검증, 공개 피드백을 표준 수업 루프로 설계했다. 그 결과 학생은 과제 수임자가 아니라 과제 생성자가 되었고, 수업의 산출물은 로커톤과 로컬코크리에이션랩, 캡스톤으로 이어지는 단계적 실습에서 실제 시민과 상인, 공간과 예산을 만났다. 평가는 암기와 속도 중심에서 관계, 책임과 실행을 포착하는 방식으로 재구성되었으며, 학사 일정은 지자체 사업의 추진 주기와 상권의 시즌 사이클에 정합적으로 연계되어 운영되었다. 교실의 문법이 도시의 문법과 맞물릴 때, 배움은 결과물이 아니라 생활의 역량이 된다는 사실을 확인했다.

연구적 성과는 '현장 데이터의 학술화'와 '방법론의 제안'으로 드러났다. MICE STAR라는 평가, 설계, 운영 일체형 도구를 개발해 회의, 숙박, 이동, 체험, 식문화를 흐름 중심으로 등급화했고, 권역 재정의를 통해 도시 체류 지도를 시각화했다. 이는 수업에서 생성된 데이터를 학술대회, 매니페스토, 논문으로 이행시키는 경로가 되었고, 다시 교육과 정책의 기준선으로 환류했다. 로컬 브랜딩, 공간 디자인, 시민 참여의 절차와 지표를 정리한 오픈 아카이브는 다음 학기의 교과 개편과 과제 라이브러리로 흡수되었다. 실행이 연구를 낳고, 연구가 실행의 정확도를 높이는 선순환이 제도화되었다.

지역적 성과는 '타운 MICE의 체류 회로'와 '시장과 골목의 재맥락화'에서 확인되었다. 국제학술대회, 초대전, 팝업, 로컬페스타를 분산 배치하여 참가자가 1박 또는 2박의 시간 속에서 전시, 공연, 소비, 숙박을 한 동선으로 경험하게 했고, 전통시장 아케이드 전시, 공방거리 파빌리온 같은 공공 개입은 보행과 체류의 질을 끌어올렸다. 이 과정에서 상인은 브랜드의 주체가 되었고, 주민은 관객이 아니라 공동 운영자가 되었다. 도시는 '시설 보유 여부'가 아니라 '흐름 설계 능력'으로 경쟁력을 설명할 수 있음을, 그리고 그 설계 능력이야말로 대학이 지역에 기여할 수 있는 새로운 전문성임을 입증했다.

이 모든 축의 공통분모는 '교육공유지'라는 관점이다. 지식이 아니라 학습을 함께 생산하고 관리하는 공공 인프라로서, 수업과 정책, 시장과 커뮤니티가 무한 루프로 순환하는 상태를 목표로 삼았다. 대학은 문제를 정의하고 실험을 설계했으며, 지자체는 제도와 사업 일정을 조율했다. 상권과 시민은 현장에서 실행과 피드백을 맡았다. 이 역할 분담이 유기적으로 연계될 때, 작은 팝업과 전시는 도시 전략과 제도의 변화를 촉진하는 실질적 동력으로 작동했다.

마이크로에서 매크로로의 확장은 곧 로컬에서 글로벌로의 확장과 맞닿아 있다. 권역 지도를 만드는 법, 체류를 설계하는 법, 시장을 전시와 학습의 장으로 바꾸는 법, 공공공간을 임시 구조로 활성화하는 법 같은 세부 전술은 다른 도시에서도 이식 가능한 모듈이다. 인터로컬 협력과 국제 파트너십은 이 모듈을 상호 학습, 상호 교환의 체계로 확장시킨다. 한 도시에서 축적한 노하우가 다른 도시의 맥락에서 다시 설계되고, 그 결과가 다시 원점의 커리큘럼과 정책으로 돌아오는 구조는, 지역적인 것이 곧 글로벌 표준의 후보가 될 수 있음을 보여준다. 로컬은 출발점이자 실험장이고, 글로벌은 그 실험의 언어와 절차를 공유하는 방식이다.

결국, 이번 1년 차가 남긴 가장 큰 발견은 다음과 같다.

첫째, 교육은 도시를 바꾸는 데 가장 정확하고 지속적인 힘이 될 수 있다.

둘째, 연구는 실행을 '위해' 미리 마련해 두는 정당화의 논리가 아니라, 실행을 '통해' 방향을 정교화하고 근거를 축적하는 공진화 과정이다.

셋째, 지역은 대학의 바깥이 아니라 교실이 확장된 현장이며, 학생과 주민은 그 현장에서 함께 실천의 주체, 즉 브랜드 액티비스트Brand Activist로 선다.

앞으로의 과제는 이 선순환이 일회성 성과로 끝나지 않도록, 해마다 반복 가능한 운영 틀로 만들고 거버넌스를 통해 안정적으로 이어가며, 인터로컬 네트워크 속에서 경험과 지식을 서로 나누고 확장해 가는 일이다.

다닥다닥이라는 이름처럼, 더 가까이, 더 단단히 연결될수록 로컬은 고립된 장소가 아니라 세계와 이어지는 언어가 된다. 그리고 그때 대학은 지역의 미래를 '함께' 설계하는 동반자가 된다.

—

마이크로디그리 운영에 함께해 주신 유창석 · 민병욱 교수님, 사회혁신학기제를 이끌어 주신 우대식 교수님, 그리고 사업단 운영 전반에 힘을 보태주신 이철희 · 서근영 · 이은혜 · 전진현 교수님께 깊이 감사드립니다.

또한 1년 차 사업단의 구조와 시스템을 함께 안정적으로 운영해 주신 강민정 학술연구 교수님, 실무 현장에서 든든히 함께해 준 임소현 · 김민채 · Lui Zuming · Nakano Shihoko · Yu Guang 연구원에게도 진심으로 감사의 마음을 전합니다.

아울러 본 사업이 원활히 추진될 수 있도록 지원해 주신 중소벤처기업부와 소상공인시장진흥공단에도 깊이 감사드립니다.

무엇보다 모든 과정에 함께해 준 학생 여러분, 그리고 지자체 관계자 · 소상공인 · 전통시장 상인회 여러분께도 깊은 감사 인사를 드립니다.

경희대학교 로컬콘텐츠 중점대학 사업단장

박상희

3년 차

서울예술대학교

MAD ANSAN

지역 창작 생태계의
플랫폼이 되다

1장
AI 시대, 예술가는 다시 로컬로 돌아간다

AI가 인간의 언어를 모방하고, 예술의 형식을 재현하며, 상상력의 일부를 대체하는 시대에 우리는 다시 묻는다.

무엇이 인간을 인간이게 하는가.

창의성은 더 이상 속도나 효율의 문제가 아니다. 창의성은 감각의 깊이이며, 관계의 기술이며, 기억의 재구성이다. AI가 데이터를 조합해 그럴듯한 '형상'을 만들어 낼 수는 있지만, 그 형상에 온기를 부여하는 것은 여전히 인간의 몸, 시간, 경험이다. 예술가는 기술의 바깥에서 저항하는 존재가 아니다. 그는 기술의 중심을 통과하며, 그 너머에서 새로운 감각의 문법을 세운다. 서울예술대학교의 로컬 실험은 바로 그 지점에서 출발했다. 기술을 배제하지 않되, 기술에 종속되지 않는 방식으로 AI 이후의 예술, AI와 더불어 사유하는 인간의 창의성을 탐구한다.

로컬은 그 실험의 무대이자 실험실이다. 그곳에는 데이터로 환원되지 않는 질감과 우연, 불완전함이 있다. AI가 예측할 수 없는 사건의 미학이, 사람과 사람 사이의 거리, 공기와 빛의 떨림 속에 깃들어 있다.

젊은 세대의 예술가들은 이제 로컬에서 새로운 언어를 발명한다. 그들은 인공지능을 도구로 사용하지만, 자신의 체험과 정체성을 바탕으로 '살아 있는 비즈니스', 즉 감각의 경제를 만들어 낸다. 경제는 효율이 아니라 공감으로, 속도가 아니라 깊이로 작동한다.

예술가는 로컬에서 다시 인간이 된다. 그는 창조의 주체이자, 관계의 조율자이며, 기술과 생명, 데이터와 감정 사이를 오가는 시대의 통역자다. AI가 패턴을 학습한다면, 예술가는 맥락을 발명한다. AI가 결과를 산출한다면, 예술가는 의미를 생성한다.

이제 우리는 선언한다.

AI의 시대에도, 혹은 바로 그 시대이기에 예술은 여전히 인간의 일이며, 창의성은 여전히 로컬에서 시작된다.

1. WHY_예술가의 시선이 로컬로 회귀하는 까닭

AI가 인간의 상상력 일부를 대체하고, 글로벌 자본이 창작의 무대를 점령하는 시대에, 예술가의 시선은 다시 로컬Local로 향하고 있다. 로컬은 더 이상 단순한 행정 단위나 지리적 배경이 아니다. 그것은 감각의 현장, 관계의 축적, 공동체의 기억이 예술로 변환되는 무대다. 국가 단위의 거대 개발이나 관광 중심의 일회성 이벤트가 지속 가능한 활력을 보장하지 못한다는 인식이 확산되면서, 이제 지역은 문화, 창의력, 브랜드의 발현 중심으로 재조명되고 있다.

이 새로운 변화의 흐름 속에서 '로컬 씬Local Scene'은 단순한 장소가 아니라 하나의 창의적 생태계로 진화하고 있다. 지역의 자원, 서사, 공동체, 공간이 서로 얽히며 새로운 정체성을 만들어 내는 과정 속에서, 예술가와 창작자는 단순히 예술 작품을 생산하는 존재를 넘어, 지역의 전환을 이끄는 촉매이자 철학적 에이전트로 부상하고 있다. 그들의 감각은 도시와 마을, 사람과 기술, 기억과 미래 사이를 잇는 번역 장치로 작동하며, AI와 자본이 주도하는 획일적 세계 속에서 '다르게 느끼고, 다르게 사고하는 방법'을 제시한다.

서울예술대학교의 로컬콘텐츠 실천은 바로 이러한 시대적 전환과 궤를 같이한다. 이곳의 예술가들은 로컬을 재료로 삼는 것이 아니라,

로컬을 공존의 철학으로 다시 발명하고 있다. 그들의 작업은 기술적 결과물이 아니라, 관계의 재조직과 감각의 재구성이다. 이러한 관점에서 예술가와 창작자가 로컬씬에서 중요한 이유는 다음의 네 가지 축으로 설명할 수 있다.

> 첫째, 그들은 지역의 감각적 기억을 보존하고 재해석하는 존재이며,
> 둘째, 공동체의 서사를 예술적 언어로 전환하는 중개자,
> 셋째, 창의성과 경제를 잇는 실험적 기획자,
> 넷째, AI 이후의 인간다움을 회복하는 윤리적 실천자이기 때문이다.

(1) 지역의 자원 Resource : 지역의 감각적 기억을 보존하고 재해석하는 존재

지역은 사람들의 삶, 언어, 냄새, 풍경이 축적된 감각의 저장소이며, 예술은 이를 현재의 시선으로 다시 번역해 새로운 의미와 가치를 만들어 낸다.

1) 시대적 흐름과 트렌드

1990년대 후반부터 도시 개발이 '공급 중심'에서 '장소성·서사 중심'으로 전환되면서, 지역의 고유 자원 즉 스토리텔링, 지리, 문화, 환경 등이 콘텐츠 산업과 도시 전략의 핵심 요소로 부상했다. 세계적으로는 'Place Branding' Anholt, 2002 이나 'Cultural Mapping' UNESCO, 2010 등이 등장하며, 지역이 보유한 무형자산을 브랜드 자원으로 전환하는 시도가 활발해졌다. 한국에서도 '로컬크리에이터'(중소벤처기업부), '지역 특화 콘텐츠 개발사업'(문화체육관광부) 등 정책이 본격화되며, 지역 고유의 자원을 기반으로 창작 아이디어를 구성하고 이를 바탕으로 한 차별성 있는 콘텐츠가 핵심 전략으로 자리 잡았다.

2) 이론적 근거

존 듀이John Dewey의 『Art as Experience』(1934)는 예술을 "삶의 경험의 조직"으로 보며, 일상적 환경과 맥락을 예술적 재료로 전환하는 과정을 강조했다. 예술가는 지역의 '보이지 않는 자원'을 감각적·상징적으로 해석하여 새로운 가치체계를 만든다. 팀 잉골드Tim Ingold(2011)는 『The Perception of the Environment』에서 '풍경Landscape'을 물리적 대상이 아니라 관계와 경험이 얽힌 '살아 있는 환경'으로 정의하며, 예술적 행위가 이러한 관계망을 드러내는 역할을 한다고 본다.

(2) 공동체의 서사를 예술적 언어로 전환하는 중개자

예술은 지역 주민, 행정, 청년, 공간 간의 관계를 새롭게 짜는 촉매가 된다.

1) 시대적 흐름과 트렌드

2010년대 이후 '공유도시Sharing City', '커뮤니티 디자인', '거버넌스' 개념이 확산되며, 예술이 공동체 재편의 매개로 주목받았다. 일본의 야마자키 료(2012)는 『커뮤니티 디자인』에서, 전문가가 해답을 제시하는 것이 아니라 지역 주민의 관계망을 디자인하는 것이 중요하다고 강조했다. 한국에서도 마을공동체사업(서울시), 생활문화센터, 리빙랩Living Lab 등 시민참여형 정책이 확산되며, 주민–대학–행정–창작자가 수평적으로 연결되는 구조가 등장했다.

2) 이론적 근거

사회적 자본 이론Putnam, 2000도 지역의 활력은 물적 자원보다 신뢰와 네트워크, 규범과 같은 사회적 자본에서 나온다. 예술 프로젝트는 이러한 사회적 자본을 창출·강화하는 촉매 역할을 한다. 위르겐 하버마스Juergen Habermas의 공론장 개념도, 예술이 '감성적 공론장'을 만들어 공동체가 만나는 장場을 열어준다는 점에서 적용 가능하다.

(3) 창의성과 경제를 잇는 실험적 기획자

예술은 창작을 통해 지역의 정체성을 브랜드화하고, 새로운 경제 구조를 만든다.

1) 시대적 흐름과 트렌드

2010년대 이후 '로컬브랜드', '로컬 크리에이터', 'IP 비즈니스'가 확산되며, 예술·창작이 브랜드화와 창업의 전선으로 이동했다. 중기부의 로컬 크리에이터 육성사업(2019~)에서는 '스토리·공간·브랜드·서비스'를 지역의 창업 자산으로 보는 전략이 확립됐다. MZ세대의 소비 트렌드는 대기업보다는 '지역의 스토리가 담긴 독창적 브랜드'를 선호하는 경향[1]으로 변화하고 있다. 예를 들어, 부산의 F1963, 바다와 예술의 만남을 보여주는 특별한 폐공장을 리노베이션한 복합문화공간으로 필터 없이도 그림 같은 피드를 완성해 준다. 특히 해 질 무렵의 특별한 분위기는 인생샷을 보장하기도 한다. 제주도의 구좌읍, 비주얼 끝판왕의 오드블랑, 카페 서연의 집은 '인생네컷'을 넘어 '인생하루'를 찍기 좋은 동네로 유명하다. 카페의 아날로그 감성과 바다 배경으로 이루어진 장면은 어느 각도에서 찍어도 화보가 된다. 대구 동성로는 Z세대의 놀이터로 부상 중인데, 소규모 브랜드 숍, 힙한 스트릿 감성, 그리고 개성 있는 디저트 가게까지 즐비하다.

1 소비자 심리지수와 트렌드 분석 결과 지역성과 독창성을 강조한 브랜드가 대기업보다 더 주목받고 있으며, 이는 여가·관광·프리미엄 시장에서 두드러진 현상이다. 호소다 다카히로, 『컨셉 수업』, 지소연 · 권희주 옮김, 알에이치코리아, 2024 참고.

이처럼 MZ세대는 '지역성Locality'을 단순한 배경이 아닌 브랜드의 핵심 가치로 인식하고 있다. 그들에게 로컬 브랜드는 '작지만 진정성 있는 세계'이며, 이를 통해 자신만의 라이프스타일과 미적 태도를 표현한다.

결국 로컬은 더 이상 주변부가 아닌, 새로운 창의 경제의 중심 무대로 부상하고 있다.

2) 이론적 근거

리처드 플로리다Richard Florida는 창조 계급이 도시의 혁신과 경제 성장의 핵심 동력이며, 이 창조 계급에는 예술가와 같은 창의적인 인력들이 포함된다고 주장했다. 또한 예술과 문화 활동이 도시의 '문화적 자본'을 형성하고, 이는 도시의 매력을 높여 외부 인재를 끌어들이는 중요한 요소로 작용한다고 보았다.

(4) 도시를 창의 생태계로 전환하는 힘+인간다움을 회복하는 윤리적 실천자

예술은 도시의 공간과 구조를 창의적으로 재편하며, 새로운 거점 생태계를 만든다. 이는 단순한 미적 개입이 아니라, 도시의 질서와 감각 체계를 다시 짜는 행위다. 버려진 공장, 오래된 시장, 유휴 지하공간, 낡은 골목과 같은 장소들이 예술가의 상상력에 의해 새로운 공공성의 무대로 재탄생한다. 예술을 전시나 공연의 형식으로 한정하지 않고, 공간을 매개로 한 사회적 실험이자 도시 재구성의 과정으로 확장했다. 그 결과, 예술은 물리적 장소를 '콘텐츠 플랫폼'으로 바꾸고, 공간은 예술을 통해 지속 가능한 관계망의 중심이 된다.

이런 의미에서 예술은 더 이상 감상의 대상이 아니다. 예술은 도시와 지역을 살아 있는 유기체로 재활성화하는 촉매이자 인프라이며, 사람과 기술, 자연과 자본을 잇는 거점 생태계의 프로토콜이다. AI 시대의 도시는 효율과 속도의 논리로 움직이지만, 예술은 그 틈새에서 느림의 리듬, 공존의 미학, 관계의 언어를 복원한다. 결국 예술가의 개입은 도시의 지도 위에 또 하나의 '감성적 지리학'을 덧그리는 일이다. 그곳에서 사람들은 공간을 소비하지 않고, 공간과 함께 살아가는 새로운 문법을 배운다. 이것이 예술이 도시 속에서 거점 생태계를 만드는 이유이며, 로컬이 다시 예술의 중심 무대로 부상하는 근본적 배경이다.

1) 시대적 흐름과 트렌드

도시정책의 패러다임이 '개발 중심'에서 '창의 생태계 기반 재생'으로 이동하고 있다. 서울 성수동, 문래창작촌, 부산 감천문화마을 등은 공장·빈집·창고 등 유휴 공간을 창작 거점으로 전환하며 지역 브랜드와 경제 생태계를 새롭게 만들었다.

해외에서는 암스테르담 NDSM, 일본 세토우치 예술제 등이 대표적이다. 이는 단순 재생이 아니라 예술가가 도시의 물리적·사회적 구조를 재편하는 방식이다.

2) 이론적 근거

Creative City Landry, 2000 에서 도시의 경쟁력은 물리적 인프라가 아니라, 창의적 활동을 촉발하는 생태계의 구조에서 비롯된다. Cluster Theory Porter, 1990 는 창작자·산업·기관이 집적될 때 혁신과 지속 가능성이 강화된다고 설명한다. 크리에이터 타운은 이러한 집적의 현대적 변형이다.

나는 2015년, '마을공동체'에 대한 관심과 '생활예술'에 대한 갈

망으로 로컬 활동을 시작했다. 당시 일본의 건축가이자 커뮤니티 디자이너인 야마자키 료山崎亮[2]의 작업에서 큰 영감을 받으며, "예술은 어떻게 지역 공동체와 만날 수 있을까?"라는 질문을 품게 되었다. 예술가로서, 그리고 교육자로서 이 질문은 나에게 하나의 실험 과제가 되었다. 2015년부터 2017년까지는 서울예술대학교의 '커뮤니티 디자인' 수업을 통해 지역과의 교류를 본격적으로 진행하며, 학생들과 함께 지역을 조사하고, 주민과 교류하며, 작은 프로젝트들을 실행해 나갔다. 동시에 안산환경재단과 협력한 '마을예술창작소' 프로젝트(2017년)를 통해 마을의 공간, 사람, 예술이 교차하는 현장을 만들고자 노력했다.

'마을예술창작소'는 서울예술대학교 7개 전공의 재학생, 20여 명의 기획운영단, 그리고 40여 명의 서울예대 및 지역 아티스트, 중앙동 주민자치위원회가 협업해 만든 의미 있는 자리였다. 행사는 공연·전시·플리마켓 등 다양한 예술품들을 교류하는 자리와 함께 중고물품 경매 '당신의 물건을 읽어드립니다', 텐트영화제·마을커뮤니티 참여 프로그램·지역 먹거리 등으로 진행되었다.

특히 안산마을만들기지원센터의 지역네트워킹을 통해 지역민의 참여를 유도했고, 주민들이 초기 기획회의에도 참여하는 등 주민의 자발적 참여가 두드러졌다는 점에서 의미가 있었다. 마을커뮤니티 참여부스에서는 안산시민햇빛발전협동조합, 고려인지원센터 '너머', 안산 사동 지역사 등의 단체가 각자의 이야기를 전하는 집담회를 가졌다. 또한 마을예술창작소에서는 지역 상권의 CF를 제작해 상영했다.

2 야마자키 료, 『커뮤니티 디자인』, 민경욱 옮김, 안그라픽스, 2012. 일본의 대표 커뮤니티 디자이너 야마자키 료가 우리사회가 직면한 과제를 해결하는 도구로서의 디자인을 이야기한다. 저자는 사람과 마을이 서로 연결되는 방법을 찾기 위해 탐색하고, 현지 주민의 이야기를 먼저 듣고, 그 분석 데이터와 디자인 제안을 공공사업에 접목하는 다양한 프로젝트를 펼친다.

마을예술창작소 포스터 디자인

이 시기는 단순한 교육 실습을 넘어, 지역이라는 '살아 있는 교실' 속에서 예술이 어떻게 사회적 역할을 가질 수 있는지 탐색한 실험의 시간이었다. 그 이후로도 크고 작은 로컬 연계 활동을 꾸준히 이어왔다. 특정 사업의 필요에 의해 일회성으로 시작된 것이 아니라, 장기적인 문제의식과 실천의 흐름 속에서 자연스럽게 확장되어 온 과정이었다. 앞으로 소개하는 서울예술대학교의 로컬 중점대학의 성과와 여정은 그런 맥락에서 읽혀질 수 있을 것이다.

2. HOW_로컬컬처메이커스를 가능하게 하는 구조와 방법론

로컬컬처메이커스 Local Culture Makers 융합교육과정은 서울예술대학교가 추진하고 있는 '연계–순환–통합 Linked–Circular–Integrated' 교육 구조와 맞물려, 지역기반 창작 생태계를 교육과정 레벨에서 전략적으로 구현하는 매우 중요한 축이다. 아래에 이 교육과정을 서울예대의 교육철학과 연결하여 설명하겠다.

(1) 서울예술대학교의 '연계 – 순환 – 통합' 구조 개요

서울예술대학교는 단일 전공 중심의 수직적 교육 구조를 넘어, 다학제적 예술 융합 교육을 통해 지역-산업-공공-창작이 상호 연결되고 순환하는 생태계를 구축하는 것을 목표로 하고 있다. 이는 예술대학이 단순히 예술가를 양성하는 공간을 넘어, 새로운 사회적 역할과 산업적 연결망을 창출하는 창의 거점으로 진화하고 있음을 의미한다.

기존의 예술교육이 개별 전공 내에서 기술적 완성도를 높이는 '수직적 모델'이었다면, 서울예술대학교의 교육 구조는 전공 간 경계를 허물고, '연계-순환-통합'이라는 수평적 네트워크 구조를 통해 실험과 협업의 장을 확장한다. 즉, 연극·영상·디지털아트·무용·음악 등 서로 다른 전공이 지역의 문제나 산업의 현안을 중심으로 공동 프로젝트를 수행하고, 그 과정에서 예술적 창의력과 기술적 실천력을 통합적으로 학습한다.

'연계'는 전공과 전공, 학교와 지역, 학생과 산업체를 유기적으로 연결하는 것을 뜻한다. 이를 통해 학생들은 자신이 속한 학문 분야를 넘어 사회적 맥락 속에서 예술이 작동하는 방식을 이해한다. '순환'은 교육-창작-산업-공공의 영역이 일방향이 아닌 서로의 결과물이 다시 다음 단계의 자원이 되는 구조를 의미한다. 예를 들어 학생의 창작물이 지역 프로젝트로 확장되고, 그 경험이 다시 교육 과정으로 환류되어 다음 세대의 학습 자원이 되는 식이다.

마지막으로 '통합'은 이러한 연계와 순환의 경험을 통해 예술과 기술, 학문과 현장, 학교와 사회가 하나의 유기체처럼 작동하는 구조적 완성 단계를 말한다.

서울예술대학교의 '연계–순환–통합' 모델은 AI 시대, 융복합 시대의 예술교육이 나아가야 할 방향을 구체적으로 제시한다. 이 구조는 예술가가 단순히 창작자가 아니라, 기획자·연결자·문제 해결자·공공적 실천가로 성장할 수 있는 기반을 마련한다. 또한, 지역의 산업 및 공공기관과의 협업을 통해 학생들의 창의적 아이디어가 실제 사회적 가치와 경제적 성과로 이어지는 지속 가능한 예술 생태계를 만들어 가고 있다.

1) 연계Linked

서울예술대학교의 '연계Linked' 구조는 학내 전공 간의 협업을 넘어, 학외의 지역사회·산업·공공기관과의 연결을 통해 교육이 실제 사회적 맥락 속에서 작동하도록 설계되어 있다. 이 구조의 핵심은 '배운 것을 바로 현장에서 실험해 보고, 그 결과를 다시 학습으로 되돌리는 순환형 교육'이다.

예를 들어, 안산 지역을 기반으로 운영되는 '코스모스시민대학 프로젝트'에서는 학생들이 지역 주민과 함께 문화 프로그램을 공동 기획·운영한다. 이 프로그램은 학교의 교과과정 '로컬콘텐츠 스튜디오'와 직접 연동되어 있으며, 학생들이 기획한 워크숍과 전시가 실제 지역 공간 예를 들어 지역 카페, 공원, 마켓 등에서 실현된다.

이를 통해 학생들은 '예술이 사회 속에서 어떻게 작동하는가'를 몸으로 배우며, 지역과 예술이 맞닿는 접점을 스스로 설계하게 된다.

이처럼 서울예술대학교의 교육은 '교실–프로젝트–산학협력–지역 실천'이 끊김 없이 이어지도록 설계되어 있다. 즉, 하나의 수업이 지역 문제 해결 프로젝트로 확장되고, 그 결과물이 다시 산학 협력의 사례

서울예술대학교 연계-순환-통합 교육철학

로 이어지며, 다음 학기 교육과정에 피드백으로 반영되는 유기적 연계 시스템이 작동한다.

이는 예술교육을 단순한 이론 전달에서 벗어나, 현장과 상호작용하며 성장하는 살아 있는 교육 생태계로 전환시킨다.

2) 순환 Circular

서울예술대학교의 교육은 단발적 경험으로 끝나지 않는다. 학생이 수업에서 배운 지식은 곧바로 현장 실습·창작 프로젝트로 이어지고, 그 결과물이 지역 사회나 산업 현장에 적용되며 다시 교육의 피드백으로 환류되는 실천적 순환 구조를 갖는다. 이 구조는 예술교육이 교실 안에서 머무르지 않고, 현장과 사회 속에서 끊임없이 갱신되는 살아 있는 시스템으로 작동하게 한다.

예를 들어, '로컬콘텐츠 스튜디오' 수업에서는 학생들이 지역 문제를 예술적 시각으로 재해석해 콘텐츠나 브랜드를 기획한다. 이 과정에서 만들어진 결과물들은 지역 상권을 위한 브랜딩, 공간 디자인, 영상 콘텐츠 등으로 실제 지역 사회와 협력 기관을 통해 실험적으로 적용된다. 그중 일부는 창업 인큐베이팅 프로그램-코스모스 팝업스토어, MAD ANSAN 브랜드 랩-으로 확장되어, 학생의 창작물이 사업모델로 발전하거나 지역의 지속 가능한 프로젝트로 전환된다.

이렇게 축적된 산출물과 경험은 다음 학기의 커리큘럼으로 다시 편입되어, 새로운 학생들이 이전 사례를 분석·개선하며 발전시키는 형태로 이어진다. 즉, 창작-적용-평가-교육이 하나의 순환 고리로 작동하며, 학생의 경험이 단순한 과제가 아니라 학교 전체의 지식 자산으로 전이되는 구조다. 이러한 순환 시스템은 예술대학이 단순히 '창작의 훈련소'가 아니라, 지속적으로 실험과 혁신이 이어지는 창의 생태계Creative Ecosystem로 기능하도록 만든다. 결과적으로 교육-산학-창업이 분절되지 않고 하나의 유기적 사슬로 엮이며, 예술이 사회적 가치와 경제적 지속성을 동시에 창출하는 순환형 모델을 완성하게 된다.

3) 통합 Integrated

서울예술대학교의 '통합Integration'은 단순한 전공 융합을 넘어, 예술·기술·기획·경영·지역학이 하나의 프로젝트 안에서 맞물려 작동하는 창의 실천 구조를 의미한다. 이 구조는 학문 간 경계를 허물고, 실제 사회

문제나 지역 의제를 중심으로 교육–행정–산업–공공의 시스템이 하나로 통합되어 움직이도록 설계되어 있다.

예를 들어, 한 프로젝트 안에서 디지털아트 전공 학생은 공간 디자인과 인터랙션을 설계하고, 연극 전공 학생은 퍼포먼스와 서사를 구성하며, 창업지원센터는 이를 사업 모델로 발전시키는 과정을 지원한다. 이 모든 과정이 '하나의 통합된 프로젝트' 안에서 동시에 일어나며, 예술적 창의성과 산업적 실행력, 공공적 가치가 결합된 복합적 창의 생태계를 만들어 낸다.

서울예술대학교는 이러한 구조를 '융합 수업' 수준에 머무르지 않고, 캠퍼스–지역–창작 거점이 서로를 확장시키는 통합적 도시 플랫폼으로 발전시키고 있다. 즉, 교내에서 기획된 교육이 지역의 실험공간–코스모스, MAD ANSAN, 로컬 팩토리–과 연동되고, 그 결과가 다시 학교의 창업지원·산학협력 구조와 연결되어 교육–창작–지역경제–도시재생이 하나의 순환체계로 통합되는 방식이다.

이 통합 구조는 행정, 교육, 창업, 지역협력이 분절된 조직이 아니라 하나의 생태적 네트워크로 운영된다는 점에서 차별화된다. 이를 통해 서울예술대학교는 단순한 예술대학을 넘어, 도시의 문화전략을 이끌어 가는 '캠퍼스 타운→크리에이터 타운' 모델로 확장되고 있다. 이 모델은 대학이 지역 속에서 단순히 존재하는 것이 아니라, 지역을 실험하고 재구성하는 창의 도시 전략의 핵심 엔진으로 기능한다.

결국, 통합은 예술교육의 새로운 형태이자 미래 대학의 비전이다. 즉, 배움·창작·협력·도시가 한 몸처럼 움직이는 유기적 생태계, 그것이 서울예술대학교가 지향하는 '통합 Integration'의 궁극적 지점이다.

(2) 로컬컬처메이커스 Local Culture Makers 교육과정의 핵심 틀

이러한 구조를 바탕으로 설계된 것이 바로 로컬컬처메이커스 융합 교육과정이다. 이 과정은 단순한 수업 개설이 아니라, 다학제적 학생 팀이 지역을 기반으로 창작·브랜딩·창업까지 실천하는 것을 목표로 하는 실험적 커리큘럼이다.

1) 기초 모듈 (지역 자원 발견 및 감각적 해석)

지역 리서치, 문화지리 조사, 스토리텔링 기법 등을 통해 지역의 공간, 사람, 이슈, 자원을 감각적으로 해석하는 단계이며 4주간 지역 현장조사 한달살기 → 자원 맵핑 Cultural Mapping → 키워드 추출 및 아이디어 도출 워크숍을 진행한다. '연계' 구조와 맞물려 지역 행정, 문화기관, 주민이 조사 과정에 함께 참여한다.

일반적인 마을(지역) 리서치 방법론이 통계나 질적 인터뷰, 설문조사 등에 치우쳐 있다면, 예술가의 관점에서는 '다르게 보기-다르게 관찰하기-다르게 표현하기'를 통해 보이지 않는 정서·관계·감각의 층위를 발견하고 시각화하는 방식이 매우 강력하다. 아래에 예술가적 접근을 기반으로 한 마을 리서치 방법론 6가지를 제안한다.

1. 감각기반 워크 Walkshop : '걷기'를 통한 장소 읽기

- 방법: 특정 시간대(아침, 점심, 야간 등)에 마을을 팀별로 걸으며, 시각·청각·후각·촉각·심리적 느낌 등을 기록하기
- 도구: 스케치북, 녹음기(휴대폰), 즉흥 드로잉, 소리채집 마이크
- 핵심 포인트: '데이터 수집'이 아니라 장소의 분위기, 리듬, 감정선을 수집하기

2. 서사지도 Narrative Mapping : 이야기로 그리는 지도

- 방법: 지역 주민 인터뷰나 관찰을 통해 수집한 '작은 이야기'를 지도 위에 시각적으로 배치하기
- 도구: 큰 종이 지도, 포스트잇, 실 Storyline, 디지털 맵핑 툴
- 핵심 포인트: 행정구역 중심이 아니라 감정의 지형, 기억의 경로, 관계의 연결을 그리기

3. 시선 전환 관찰 Defamiliarization : 낯설게 보기 실험

- 방법: 익숙한 공간을 낯설게 보기 위해 '특이한 시점'을 설정 (예: 어린이의 눈높이, 하수구의 시점, 고양이의 길, 드론 시점 등)
- 도구: 카메라, 드로잉, 기록
- 핵심 포인트: 기존의 도시·마을 이미지를 깨고 새로운 내러티브 층위를 발견

4. 시민+예술가 합동 아이디어 랩 Lab : 즉흥적 시각화&클러스터링

- 방법: 주민, 학생, 예술가가 한 자리에 모여 지역의 자원·문제·이슈를 5W1H, SCAMPER, 키워드 카드 등으로 브레인스토밍 후, 예술가가 이를 실시간으로 드로잉·콜라주·비주얼 씽킹으로 시각화하기
- 도구: 플립차트, 포스트잇, 드로잉 도구, 태블릿
- 핵심 포인트: 언어 중심이 아닌 시각 언어와 집단 창의성을 통한 리서치

5. 오브젝트 리서치 Object Ethnography : 사물로 마을 읽기

- 방법: 마을 속 '오래된 사물'이나 '버려진 물건'을 수집/기록하고, 그 사물이 가진 시간·기억·문화의 층위를 추적

• 도구: 사진, 인터뷰, 전시
• 핵심 포인트: 무형의 기억과 정체성을 사물의 흔적으로 재구성

6. 퍼포머티브 리서치 Performative Research : 몸과 행위로 탐색하기

• 방법: 공간에서 걷기·춤추기·퍼포먼스 하기 등을 통해 공간의 분위기와 가능성을 '몸'을 통해 읽기
• 도구: 카메라, 퍼포먼스 계획, 기록
• 핵심 포인트: 논리적 분석이 아닌 신체적 체험을 통해 잠재된 공간성을 발견

2) 창작 실습 모듈(로컬스튜디오)

전공이 다른 학생들이 팀을 이뤄, 지역의 자원을 기반으로 예술·기술·기획을 결합한 실습 프로젝트를 수행하였다.

App Development, VR/AR, 스토리텔링, 퍼포먼스, 브랜드 디자인 등 다양한 미디어와 예술 실험이 포함되었다.

① '야간산행(2023년)': 오감을 활용한 도립공원 야간산행 프로젝트
② '내향인 아파트(2024년)': 내향적인 사람들의 커뮤니티 구성 및 콘텐츠 참여 프로그램
③ '시크릿 사파리(2024년)': 안산 대부동의 새로운 캐릭터와 함께 하는 상호작용 Interactive 관광상품 등은 이 과정에서 구체화된 대표적인 프로젝트

'순환' 구조와 연결되어, 산출물이 다시 전시·지역행사·팝업스토어 등으로 이어지며 피드백이 축적된다.

로컬스튜디오 수업의 가장 큰 특징은 15주라는 짧은 기간 안에 '기획, 실행, 결과, 분석, 피드백 반영'의 전 과정을 반복적·순환적으로 수행하면서도, 실제 창업 아이템이나 로컬 프로젝트로 이어질 수 있는 높은 창의성과 실행력을 확보했다는 점이다.

이것은 단순히 학생들의 역량 때문이 아니라, 예술가의 디자인씽킹과 스튜디오 문화가 결합된 매우 생산적인 프로세스 설계 때문이다. 아래에 구체적인 방법론과 계기를 정리해 보면 다음과 같다.

1. '발표–크리틱–수정'의 순환 구조: 예술 스튜디오 문화의 핵심

로컬스튜디오 수업은 매주 발표와 크리틱(피드백)을 통해 아이디어와 결과물을 '즉시 입증–즉시 개선'하는 순환형 실험 시스템을 구축한다.

- 매주 발표 Presentation : 팀별로 주차별 산출물을 짧게 공유하면서, 결과보다 '진행 과정'과 '의도'를 중심으로 설명
- 크리틱 Critique : 동료 학생, 교수진, 외부 멘토가 참여하는 오픈 피드백 세션. 단순 평가가 아니라 다른 시점, 감각, 관점을 제시하는 대화형 토론 방식
- 수정 및 반영: 다음 주차까지 피드백을 반영하여 아이디어와 산출물이 점차 고도화

이러한 스튜디오 방식은 미술·디자인 분야에서 전통적으로 사용하는 방식으로, 완성품 중심이 아닌 '과정 중심의 창의성'을 자극한다.

학생들은 결과물을 한 번에 완성하는 대신, '빠른 프로토타이핑, 공개검증, 반복 개선'의 사이클을 통해 짧은 시간 안에 기획의 질을 급격히 높이는 경험을 한다.

2. 예술가의 디자인씽킹: 문제를 감각적으로 재해석하고 빠르게 시각화

로컬스튜디오는 일반적 창업교육처럼 시장조사, 사업계획서로 곧바로 가지 않고, 예술가 특유의 문제정의 및 아이디어 발상 방식을 강조했다.

디자인씽킹 단계	예술가적 적용 방식	수업 실천의 예시
Empathize	지역을 '감각적으로 걷고', 낯설게 보고, 오브젝트 리서치로 맥락 수집	서사지도 작성
Define	데이터보다 '이야기와 공간'을 중심으로 문제 재구성	예: 내향인 아파트 베드타운의 정체성 문제로 정의
Ideate	스케치, 콜라주, 즉흥 드로잉 등 감각 기반 아이디어 발산	키워드 클러스터링, 드로잉 기반 발상
Prototype	시각화 · 공간화 · 퍼포먼스 등 다양한 방식으로 '눈에 보이게' 만들기	팝업스토어 구조물, 스토리보드, 3D 목업
Test	발표-크리틱-현장 실험	코스모스에서 실제 팝업 운영, 현장 피드백

3. 단기 집중 프로젝트 설계: '15주' 안에 끝내는 창의 사이클

보통 창업이나 로컬 프로젝트는 최소 6개월 이상 소요되지만, 로컬스튜디오는 아래와 같은 '빠른 설계'로 15주 안에 실현 가능한 구조를 만들었다.

1. 1~3주차: 리서치 & 발상 집중

- 감각 기반 마을 리서치+아이디어 워크숍+시각화
- 아이디어의 방향성을 초기에 확실히 세팅

2. 4~8주차: 프로토타입 & 파일럿 실험

- 공간 구조, 브랜딩, 콘텐츠를 소규모로 제작하고, 피드백을 반영

- 실행을 통해 기획의 실효성 검증

3. 9~13주차: 현장 실행 & 고도화

- 코스모스 등 실제 공간에서 팝업/전시/프로그램을 운영
- 실제 사용자 경험 데이터를 수집

4. 14~15주차: 결과 분석 & 피칭

- 창업계획서, 브랜드 제안서, 발표자료로 정리
- 교육 산출물+지역 실천 결과 동시 확보

이처럼 디자인씽킹+스튜디오 크리틱+빠른 파일럿 구조가 결합되면서, 15주라는 짧은 기간 안에도 창의성과 실천력을 모두 살리는 프로젝트가 가능했다.

4. 동기 요인: '공간', '실제 적용', '공개 피드백'의 삼각 구조

학생들이 강한 몰입과 추진력을 보일 수 있었던 이유는 다음과 같다.

- 코스모스 Cosmos 와 같은 실험 공간이 있어, 아이디어를 머릿속이 아니라 현장에서 바로 실험할 수 있었다.
- 지역 자원과 주민을 대상으로 진행하는 프로젝트였기 때문에, '실제로 쓰일 수 있는 무대'가 존재했다.
- 매주 공개 크리틱을 통해 동료 및 외부 시선에 노출되면서, 자연스럽게 책임감과 추진력이 형성되었다.
- 결과물이 단순 과제물이 아니라 창업, 전시, 정책과 연결되는 실제 산출물로 이어졌다는 점이 강한 동기부여 요소였다.

3) 확장 모듈 – 창업 · 브랜딩 실천

로컬컬처메이커스 과정의 특징은 창작에서 멈추지 않고, 린캔버스 작성, 창업 계획 수립, 브랜딩, 마케팅까지 실습한다.

코스모스[3]공간, 팝업스토어 운영, LH 아티스트 레지던시[4] 등 실제 공간과 정책 지원 구조와 연결해 실험적 창업을 추진. 일부 팀은 실제 사업자 등록 및 외부 기관, 예를 들어 경기창작캠퍼스(안산시 대부동) 등과 협력해 창업·전시 진행한다.

이는 '통합' 구조와 맞물려, 교육–창작–창업–공간운영이 하나의 시스템으로 설계되어 있음을 보여준다.

4) '로컬컬처메이커스'는 대학 – 지역 – 창작 생태계를 묶는 허브

서울예술대학교의 로컬컬처메이커스 과정은 단순한 융합 수업을 넘어, 교육–행정–지역–창작–창업–공간을 유기적으로 연결, '연계–순환–통합'이라는 고유의 구조적 전략을 교육과정 레벨에서 구현한다.

이는 학생이 지역 문제를 감각적으로 탐색하고→창작 프로젝트로 실험하며→브랜드·창업으로 전환하고→다시 지역 생태계로 환류되는 순환형 모델이다. 이 과정은 단순한 실습 수업이 아니라, 지역 창작 생태계의 핵심 인력 양성과 도시 창의 전략의 실행 거점이라는 이중의 기능을 수행한다는 점에서 의미가 크다.

3 2023년부터 서울예술대학교에서 거점공간으로 활용하고 있는 시설물, 총 세 개 층과 마당이 있는 (구) 코스모스 어린이집을 리모델링하여 지역사회와 예술대학의 접점으로 활용하고 있으며, 다양한 프로그램으로 활발히 운영 중이다.

4 LH주택공사, 안산시, 서울예술대학교가 협업하여 구성하는 예술클러스터(가제)로 연립주택의 지하공간을 예술가의 창작 공간과 지역 주민과의 소통 교류의 장으로 만들어 내는 프로그램이다.

3. WHERE_서울예대의 로컬 실천이 놓인 공간적 배경

서울예술대학교는 1961년 극예술연구회 산하 드라마센터와 부설 연극아카데미를 설립하며 시작되었고, 1964년 서울연극학교, 1973년 서울예술전문학교를 거쳐, 1978년 서울예술전문대학으로 개편되었다. 이후 2000년대에 이르러 현재의 '서울예술대학교'로 교명을 변경하였으며, 민족 예술혼의 현대화·세계화를 창학이념으로 삼고 대한민국 예술 교육의 중추적인 역할을 해왔다. 특히 지리적으로 명동 중구 남산캠퍼스를 시작으로 우리나라 최초의 예술특수대학교의 역사와 전통을 이어오고 있으며 2002년도에 경기도 안산 단원구 예술대학로 171에 안산캠퍼스 터를 잡고 6개의 학부 15개의 전공이 있는 종합예술대학교로 성장했다.

서울예술대학교의 로컬콘텐츠 실천은 단순히 교육기관의 예술교육 차원에 머무르지 않고, 경기도 안산이라는 도시가 지닌 다층적 사회·문화적 조건과 입지 특성을 기반으로 다양한 가능성을 탐색하고 있다. 안산은 1970~80년대 국가 주도의 계획도시이자 공업단지로 형성되었으며, 이후 제조업 기반 산업지대와 반월·시화 산업단지를 중심으로 노동집약적 경제구조를 발전시켜 왔다. 이러한 배경은 도시가 가진 산업적 자원을 새로운 창작 실험의 장으로 활용할 수 있는 가능성을 제공한다. 동시에 안산은 전국에서 가장 높은 비율의 이주민·외국인 노동자·다문화 가정이 거주하는 도시로, 약 100여 개국 이상의 문화가 공존하는 다문화 사회라는 특징을 가진다. 이는 예술적·콘텐츠적 측면에서 문화 혼종성과 글로벌 감각을 실험할 수 있는 자원으로 기능할 수 있다. 예를 들어 음식, 언어, 축제, 공동체 기반 문화가 새로운 로컬콘텐츠 발굴의 기초가 된다. 또한 안산은 대학과 청년층이 밀집한 청년 인구 중심 도시로, 문화예술교육과 창업 인큐베이팅을 실험할 수 있는 청년 창작 생태계의 잠재지를 지닌다. 서울예술대학교가 위치한 고잔 신도시 일대는 카페·상업공간·공공시설이 결합된 특수한 도시 구조를 이루고 있어, 학생들의 팝업스토어 실험, 창업 시제품 검증, 시민대학 운영에 유리한 조건을 제공한다.

따라서 안산이라는 도시의 계획도시적 배경, 산업적 기반, 다문화적 특성, 청년 중심의 사회구조는 복합적이고도 실험적인 로컬 조건을 형성하며, 서울예대의 예술 기반 로컬콘텐츠 실천이 단순한 교육 프로젝트를 넘어 도시 재생, 사회 혁신, 지역 브랜드 창출로 확장될 수 있는 구체적 맥락을 제공한다.

(1) 도시학적 특성: 안산시 현황

안산은 계획도시로서 축적된 공공 인프라와 산업·주거 네트워크가 결합되어, 지역 기반 창작·교육 플랫폼을 구축하기에 이상적인 실험장이다. 1980년대 제2차 수도권 정비계획에 따라 조성된 대표적인 계획도시로, 반월·시화 국가산업단지, 공공주거단지, 중앙역 중심으로 한 상업·행정 축이 형성되어 있다.

1) 인구 감소

광역 지자체인 경기도의 전체 인구는 10년 동안 증가하고 있는 반면, 안산시의 인구는 10년 동안 지속적으로 감소 추이를 보인다.

2) 청년 이탈

안산시 내에는 서울예술대학교와 한양대 등 유수의 지역 대학이 소재하고 있으나 대학을 졸업한 청년들은 지역이 머무르지 않고 이탈하고 있다.

경기도, 안산시 인구추이

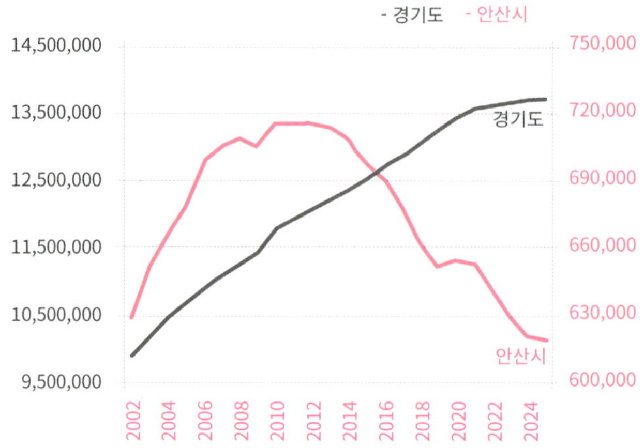

(자료 통계청)

3) 예술자원 유출

서울예대 재학생, 졸업생을 비롯하여 지역 내 많은 문화예술 인적 자원이 있으나, 문화예술을 보러 지역을 방문하는 유입 인구는 적은 편이어서, 자신의 예술작품을 보이기 위해 홍대, 성수 등 서울 도심으로 이동 중이다.

(2) 경제적 기반: 산업도시에서 창조도시로 전환 압력

반월·시화 산업단지는 안산의 경제를 지탱하는 핵심 축이지만, 최근에는 노후화된 산업시설과 노동력 이탈, 산업 재편 필요성이 대두되고 있다. 이에 따라 예술과 문화 기반의 창조 산업으로의 이행이 정책적 과제로 떠오르고 있으며, 이는 예술가 주도의 창업 인큐베이팅, 지역 상권과의 협업 모델을 실현할 수 있는 배경이 된다.

(3) 사회적 구조: 전국 최대 규모의 이주민 다문화 연구

안산은 전국에서 외국인 노동자 및 다문화 가구 비율이 가장 높은 도시 중 하나이다. 특히 원곡동·고잔동 일대에는 중국·베트남·몽골·우즈베크 등 다양한 국적의 이주민 커뮤니티가 존재하며, 이로 인해 사회적 갈등과 융합의 이슈가 공존한다. 이러한 구조는 예술가나 학생들이 '경계의 문화', '다언어적 감각', '이질적 시선'을 로컬콘텐츠로 전환하는 데 매우 유의미한 사회적 토양을 제공한다.

(4) 문화적 토양: 예술대학 중심의 로컬 창작 허브 가능성

서울예술대학교는 안산시 단원구 중심에 위치하며, 특히 시민대학으로 활용하는 'Cosmos 코스모스' 공간, 실험 창작, VR기반 예술 교육연구 등과 함께 지역 문화기반 창작의 허브로 기능하고 있다. 단원미술관, 안산문화재단, 안산시 청년창업지원센터 등과의 협업이 용이하며, 특히 LH 주택공사 와 함께하는 주거 기반 창작스튜디오 모델은 안산이라는 도시의 주거-교육-창작-창업을 통합한 도시형 예술 생태계 구축 실험을 가능케 하고 있다.

4. WHAT_해당 사례의 활동 범위

(1) 공간적 범위 Spatial Scope

안산의 행정구역 25개 동 중에 안산동, 수암동, 성포동, 대부동 등을 중심으로 서울예술대학교 캠퍼스-도심-생활권 전반을 포함한다.

코스모스 공간(창업·시민대학 허브 역할)을 중심으로 생활권 지원현황 지도[5]를 보면 코스모스는 맞이공간 역할을 수행한다. 학교 주변 다세대 주택 지하 유휴 공간을 활용한 LH 다세대주택 지하 아티스트 레지던시는 월피동 주변을 크리에이터 타운으로 만드는 역할을 한다. 이

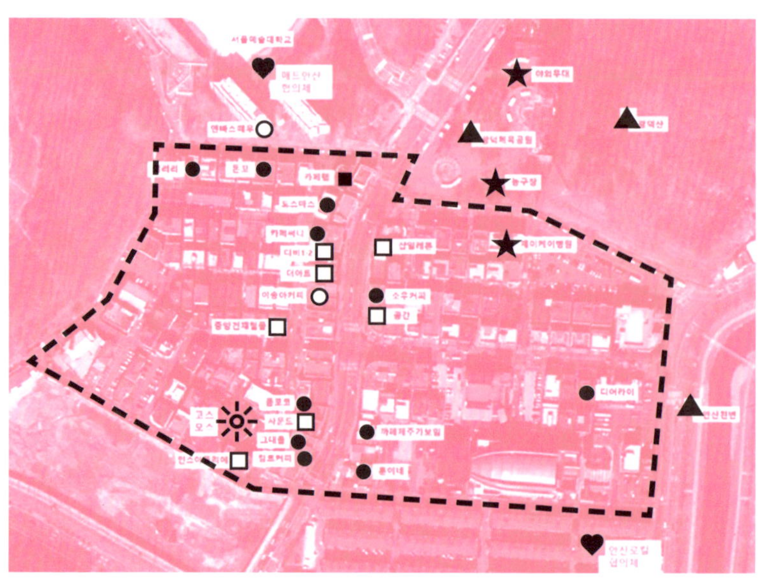

범례	유입공간	소비공간	생산공간	편의공간	향유공간	운영공간
	☼ 맞이공간	○ 집객공간 ● 체류공간	■ 협업공간 □ 제조공간	★ 생활공간	▲ 회유공간	♥ 인적자원

웃하고 있는 소비, 생산, 향유공간과의 느슨한 연대와 전략적 협업이 매우 중요하다.

5 ㈜ 로컬모티브, 〈안산시 로컬브랜딩 발전방향 모색 워크숍 운영 결과보고서〉, 2023, p. 35.

(2) 교육 및 창작 프로그램 범위 Programmatic Scope

서울예대의 연계-순환-통합 구조를 기반으로, 다음 3단계 교육-창작-창업 프로그램을 운영하고 있다.

단계별 교육과정 및 주요 내용

범례	프로그램명	주요 내용	연계 요소
1단계	지역자원조사 및 아이디어 발상	한달살기, 로컬 자원맵핑, 문화지리조사, 아이디어 워크숍	지자체 - 주민협력
2단계	로컬스튜디오 창작실습	예술+기술+기획 기반 팀 프로젝트	학제 융합, 현장실습
3단계	창업브랜딩 실험	팝업스토어, 린캔버스, IP 개발, 코스모스 인큐베이팅	행정공간, 기업협력

(3) 참여 규모 및 산출물 Scale & outputs

- 연간 참여 인원: 학생 약 30여 명(다학제 융합 팀), 전담교수 및 전문가 6명, 지역 주민 및 외부 협력자 100여 명
- 연간 프로젝트 수: 로컬스튜디오 결과물 연간 6건, 팝업스토어/창업 시도 5팀
- 산출물 유형: 창업계획서·시제품·브랜드 디자인 등 실질적 결과물, 공간 리모델링(코스모스), 전시/행사/워크숍 등 커뮤니티 확산 활동 창업 전환율, 지역 연계 협약 수, 언론/홍보 성과 등 정량지표

(4) 행정 및 산학협력 부분 Governance & Partnership

- 공공 부문: 안산시, LH, 중소벤처기업부 로컬콘텐츠 중점대학 사업

- 산업 부문: 노루케미칼[6], 지역 소상공인, 경기창작캠퍼스[7](대부동) 등
- 교육 부문: 서울예술대학교 전공 연계 및 융합 교과목
- 운영 거버넌스: 대학-지자체-공공-산업-커뮤니티가 연결되는 4중 나선형 구조 Quadruple Helix 로 설계

5. WHO_주요 참여 주체 및 이해관계 지도 (거버넌스 구조: 지자체, 공공기관, 민간기업, 소상공인 등)

안산시는 경기도 남서부 해안가에 위치하며, 동쪽은 군포시, 서쪽은 서해, 남쪽은 화성시와 의왕시, 북쪽은 시흥시와 접하고 있다. 안산시는 전체 2개 구(상록구, 단원구)와 25개 행정동(30개 법정동)으로 이루어져 있다. 2024년 서울예대는 안산시 산하조직인 안산시마을만들기지원센터를 통해 안산시 25개 동의 주민자치회와 MOU를 맺었다. 이후 다양한 프로그램을 유기적으로 구상 중이며, 이미 프로그램을 통해 몇 개의 콘텐츠 창업 사례가 도출된 바 있다. 서울예술대학교 캠퍼스에서 로컬 교육을 주도하고, 거점공간 코스모스 Cosmos 를 운영하면서 학교 밖 캠퍼스의 개념으로 지역사회와 연계하여 다양한 실험과 도전을 계속하고 있다. 또한 학교가 위치하고 있는 지역의 소상공인, 전통시장과도 프로그램을 연계하여 다양한 사례를 만들어 나가고 있다. 이런 활동을 함에

6 노루케미칼은 안산시 반월공단과 안양에 사업체를 두고 있으며, 2024년도 경기도 시군별 공간조성사업인 서울예술대학교 코스모스 거점공간 조성에 페인트를 후원하여 도움을 주었다.

7 경기창작캠퍼스는 2025년에 '바다 여행자를 위한 문화예술 휴게소'라는 새로운 정체성을 바탕으로 경기 서부해안권 대표 복합문화 공간으로 재구성하였으며, 시크릿사파리 팀의 프로그램을 팝업 pop-up 으로 운영할 수 있는 기회를 적극적으로 제공하였다.

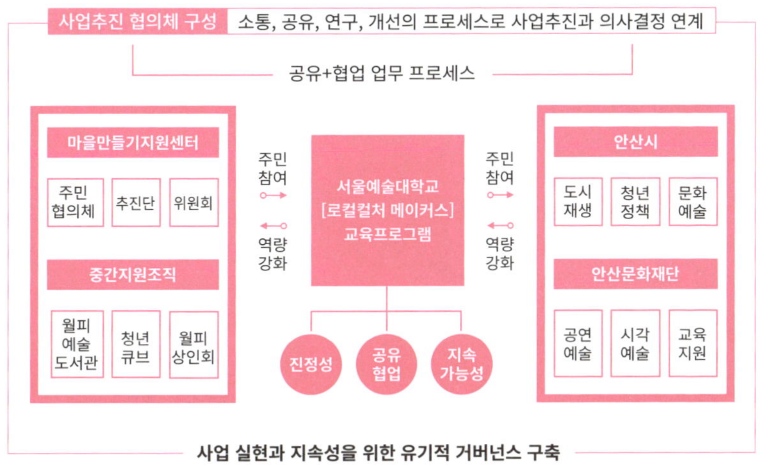

있어 중요한 기관, 두 축이 있는데 그것은 바로 서울예술대학교 코스모스 거점공간과 그 공간과 지역사회를 연계하는 안산시마을만들기지원센터이다.

(1) 거점공간 코스모스 COSMOS 소개

현재 서울예술대학교의 로컬콘텐츠 중점대학 사업의 주요 거점공간으로 운영 중인 코스모스는 25년 전에 어린이집으로 만들어지고 2023년에 폐원한 3층짜리 독립 건물이다. 2023년 프로그램 1년 차를 마치면서 '작당모의'를 할 수 있는 우리들만의 전용공간이 절실히 필요했고, 적절한 시기에 눈앞에 나타난 폐원한 유치원 부지는 매력적인 공간일 수밖에 없었다. 우선 그곳의 가장 큰 특징은 도심 안쪽 길에 자리잡아 한갓지며 독특한 외관구조와 마당이 있는 점이다. 우리가 앞으로 진행할 수 있는 다양한 프로그램을 수용하기에 크기나 위치가 아주 적절하였다. 건물주에게 바로 연락하여 로컬의 포부를 설명하면서 앞으로의 기대와 원대한 계획을 공유하였다. 건물주 역시 교육과 연관지을 수 있는 점 그리고 서울예술대학교의 예술인들이 공간을 적극적으로 활용할 수 있는 점을 높게 평가하였으며, 극적으로 계약이 성사되었다. 이후 공간의 내부 수리와 페인트칠을 할 수 있는 예산을 마련하는 것이 매우 중요한 과제가 되었다. 우리는 온 힘을 다해 별도의 예산을 마련하기 위한 다양한 지원사업에 적극적으로 동참하여 후원을 해줄 수 있는 지역산업체를 물색하기 시작했다. 다행히 2025년도 경기도 시군별 공간지원사업에 선정되어 내부 공사를 시작할 수 있었고, 공간의 미적인 완성도를 높이고 마무리를 지을 수 있는 내부 도색의 경우, 경기도 안산에 위치한 노루케미칼이 필요한 페인트를 적극 후원해 주었다. 이에 기존의 어린이집 구조를 탈피한 다목적성을 가진 공간으로 탈바꿈하는 계기를 마련하였다.

1) 공간은 장소성을 가진다 Space→Place

코스모스는 단순히 물리적 건물이 아니라, 지역의 맥락과 사용자 경험이 결합된 '장소 Place '로 전환된 공간이다. 장소성 Place-ness 은 지리적 위치뿐 아니라 그 안에 축적된 시간, 이야기, 경험이 더해져 만들어진다. 코스모스는 과거 어린이집이라는 장소의 기억을 보존하면서도, 예술대학생과 지역 주민의 새로운 경험이 덧입혀지면서 다층적인 서사를 지닌 하이브리드 공간으로 재해석되었다. 이는 단순한 '공간 조성'이 아니라, 공간의 정체성을 지역 서사와 창작 활동을 통해 다시 쓰는 Rewriting Place 과정이다. 결과적으로, 코스모스는 학생들에게는 해방적 실험의 장이자, 지역 주민에게는 열려 있는 문화 거점이라는 공유된 의미의 장소가 된다.

이 푸 투안Yi-Fu Tuan의 『공간과 장소Space and Place: The Perspective of Experience』는 지리학 서적으로, 인간의 경험과 감정이 더해지면서 추상적인 '공간'이 의미 있는 '장소'로 변모하는 과정을 설명한다. 이 책은 공간을 객관적이고 측정 가능한 물리적 차원으로, 장소를 인간의 경험, 기억, 애착이 투영된 주관적이고 의미 있는 영역으로 구분하며, 이 둘 사이의 관계를 탐구한다. 앙리 르페브르Henri Lefebvre의 공간생산production of space 개념은 공간을 단순히 물리적·추상적 존재가 아니라 사회적 관계와 행위, 그리고 지배 이데올로기에 의해 끊임없이 생산되고 재구성되는 사회적 산물로 파악한다. 그는 공간을 공간의 재현사전 계획된 공간, 전문가에 의해 지배되는 공간, 재현적 공간개념적·문화적 의미가 부여된 공간, 그리고 공간적 실천일상생활과 실천을 통해 공간을 생산하고 경험하는 행위의 세 가지 측면이 겹쳐진 것으로 보았으며, 이들의 상호작용을 통해 사회가 어떻게 공간을 만들고, 그 공간이 다시 사회를 어떻게 형성하는지를 분석했다.

2) 공간 중심의 관계망을 형성한다 Space as Network Node

코스모스는 물리적 공간 이상의 역할을 하며, 지역·학교·기관·창작자 간의 관계망Network을 매개하는 허브로 기능한다. 서울예술대학교의 학생, 지역 상인, 마을만들기센터, LH, 안산시 등 다양한 주체들이 코스모스를 통해 연결되고, 자발적 프로젝트와 협업이 발생하는 플랫폼 역할을 한다. 팝업스토어, 전시, 워크숍, 공동 제작 프로젝트 등은 단발적 이벤트가 아니라, 네트워크를 강화하고 새로운 조합을 만들어 내는 촉매 장치로 작동한다. 특히 느슨한 연대Loose Alliance 방식으로, 고정된 조직 구조가 아닌 유연한 협력 구조를 만들어 내어 지속 가능한 협업 생태계를 형성하고 있다. 이런 관계망은 공간이 단순한 '장소 제공자'가 아니라, 창의적 에너지의 교차점Crossroads으로 작동할 때 가능하다.

브뤼노 라투르 등이 창안한 행위자-연결망 이론 Actor-Network Theory, ANT 은 인간과 비인간 사물, 기술, 자연 등 을 동등한 '행위자 actant '로 간주하며, 이들이 복잡한 네트워크를 이루며 상호작용을 한다고 보는 이론이다. 이 이론은 사회 현상을 설명할 때 인간과 비인간의 관계에 주목하며, 사회적 힘이 특정 행위자에 의해서만 발생하는 것이 아니라 다양한 행위자들의 연결망 안에서 구성된다는 점을 강조한다. 어반 커먼즈 Urban Commons 개념으로 확장된다. 노후화되었거나 버려진 자원의 가치를 새롭게 발견하고 되살리고자 하는 움직임이 커먼즈 운동이다. 커먼즈의 개념은 자원뿐만 아니라, 자원과 공동체, 그리고 공동체가 고안한 가치와 규범을 통칭한다. 사람들이 재화를 공유하여 공동으로 생산하고 분배하며, 공동체의 구성원들이 만든 규칙에 따라 운영한다. 커먼즈 운동은 공동의 가치를 사회, 시장, 국가의 차원으로 확장하고 있다.

3) 지속적인 활동으로 지역의 이미지를 만들어 낸다 Cultural Branding through Practice

코스모스는 단발적 프로젝트가 아니라, 지속적인 문화예술 활동을 통해 지역의 새로운 이미지를 축적한다. '바이바이 코스모스' 전시, 게릴라 가드닝, 팝업스토어, 코스북스, 헬로우 코스모스 등 일련의 프로젝트는 모두 지역의 정체성에 예술적 서사를 덧입히는 작업이다. 이러한 축적은 마케팅적 브랜드 캠페인과 달리, 실제 행위와 경험을 기반으로 한 '살아 있는 문화브랜딩'이다. 지역 주민과 청년 창작자, 행정이 함께 만들어 가는 공동 창작의 이미지는 도시의 고정관념(예: 공업도시, 베드타운, 범죄, 사건 사고 등)을 서서히 전환하는 힘을 지닌다. 결과적으로 코스모스는 장소 기반 예술 실천을 통해 '지역 이미지 생산자'로서 기능한다.

『브랜드는 어떻게 아이콘이 되는가? Cultural Branding-Douglas Holt』는

바이바이 코스모스 전시 포스터

2004년 출간된 더글라스 B. 홀트 교수의 책으로, 브랜드가 상품/서비스의 식별자를 넘어 시대를 초월하는 문화적 상징, 즉 '아이콘'으로 발돋움하는 과정을 깊이 있게 파헤친다. 이 책은 기존 마케팅 이론의 한계를 지적하고, '문화 브랜딩Cultural Branding'이라는 혁신적인 개념을 제시하여 브랜드가 사회·문화적 맥락과 맺는 역동적인 관계를 강조한다. 존 듀이John Dewey의 'Art as Experience' 경험은 누군가 혼자만의 감정이나 감각 속에 밀폐되어 있음을 의미하지 않는다.

지역을 새롭게 바라보기 위해서는 그 지역과 연관성이 없는 새로운 시각도 필요하다. 익숙한 일상을 새로운 시각으로 바라보고 지역 커뮤니티를 이해하기 위해 끊임없이 노력해야 한다.

(2) 안산시마을만들기지원센터 소개

안산시마을만들기지원센터는 마을공동체 활성화와 지역 주민 중심의 생활 환경 개선을 촉진하는 거점 역할을 하고 있으며 특히 주민 간 협력과 조율을 통해 소규모 공동주택·마을 단위와 마을주민 주도의 공동체 사업을 지원하는 기능을 수행한다.

안산시마을만들기지원센터와 서울예술대학교의 코스모스 공간은 다음과 같은 시너지 효과를 기대할 수 있다.

1) 주민 기반 프로젝트 실행력 강화

코스모스에서 기획·디자인한 프로젝트가 마을만들기센터의 주민 네트워크, 행정 지원, 생활 기반 사업과 결합하면, 단발성 실험이 아닌 지속가능한 공동체 프로젝트로 발전할 수 있다.

• 로컬 프로그램→코스모스에서 아이디어 및 콘텐츠 기획→센터를

코스모스 어린이집 공간 (전), (후) 모습 비교

통해 아파트 단지 주민과 연계→정기 프로그램화 및 마을 단위 브랜드로 발전

- 팝업스토어 및 창업 실험→코스모스에서 학생 기획→마을센터의 상권·행정 인프라를 활용하여 실제 지역 상점가와 연결

결과적으로 기획–실행–정착의 선순환 구조가 형성된다.

2) 공간과 커뮤니티의 확장

마을만들기센터는 소규모 공동주택, 골목길, 마을회관 등 생활권 공간과 긴밀한 접점을 가지고 있고, 코스모스는 디자인·색채·스토리텔링을 통한 공간 경험 변환에 강점을 가지고 있다.

- 코스모스의 공간 디자인 실험(예: 노루케미칼 협력)→마을 내 거점공간으로 확산
- 마을센터가 보유한 공간 운영 기반과 코스모스의 공간 리디자인 능력이 결합하면, 지역 내 다양한 마이크로 공간들이 문화·창작의 플랫폼으로 재생될 수 있음

이를 통해 도시 전체에 소규모 창작 거점 네트워크를 구축하는 기반이 마련된다.

3) 교육–지역–정책 연결 구조 강화

코스모스는 대학 교육 및 창업 인큐베이팅의 일부로 기능하고, 마을만들기센터는 지자체 정책과 주민 자치 활동의 중간 지원 조직이다. 이 둘이 협력하면, 교육 프로그램→마을 실천→정책 지원→피드백→교육

개선이라는 순환 구조가 만들어진다.

- 로컬컬처메이커스 교육과정의 결과물을 센터와 연계하여 주민 주도형 사업으로 발전시키고, 센터가 진행하는 공모사업이나 마을활동에 코스모스가 예술·디자인 파트너로 참여한 성과물을 다시 서울예대 커리큘럼과 연구로 환류

대학–지역–정책의 3자 구조가 단단히 엮이는 실질적 모델을 구현할 수 있다.

4) 지역문화 브랜딩 및 거버넌스 확장

안산은 다문화, 산업도시, 계획도시라는 복합 정체성을 지닌 지역이다. 코스모스와 마을만들기센터의 협력은 이러한 복합성을 창작 콘텐츠와 주민 정체성으로 연결하여 지역 문화 브랜드를 구축할 수 있는 기반이 된다.

- 코스모스→콘텐츠, 브랜드 스토리텔링
- 마을센터→주민 네트워크와 도시 조직력
- 공동으로 '마을 브랜드 프로젝트'를 추진하거나, 지역의 생활문화와 창작 활동을 연결하는 공동 플랫폼 구축 가능

장기적으로는 지자체–대학–주민이 함께 운영하는 로컬 크리에이터 생태계의 모델이 될 수 있다.

(3) 공간운영위원회: 안산 지역 창의거점 네트워크

1) 느슨한 연대 모임의 성격 설정

이 모임은 '조직화된 협의체'보다는 자율적 네트워크로 시작하는 것이 중요하다. 코스모스와 같은 '창의거점'을 중심으로, 지역의 소규모 문화 공간, 작업실, 독립서점, 청년 창작소, 마을 기반 공간들이 서로 느슨하게 연결되어야 유연한 프로젝트 실험이 가능하다.

- 핵심 목표: 공간 간의 자원·아이디어·프로그램의 공유와 협업 기반 마련
- 운영 방식: 정기 회의보다는 프로젝트 단위로 모였다 흩어지는 프로젝트 별동부대 네트워크
- 초기 역할 분담: 코스모스가 촉진자initiator, 젤리장[8]은 콘텐츠 실천 파트너, 다른 거점은 개별 프로그램과 공간 제공자 역할

이 모임은 "안산 지역 창의거점 네트워크(가칭)"로 운영 예정이다.

2) '목소리 피켓 프로젝트' 구체화 아이디어

젤리장의 강점인 기획력, 실행력, 메시지 전달 방식을 살려서, '목소리 피켓 프로젝트'를 단순한 캠페인이 아니라 공간+주민+청년이 참여하는 예술적 공론장으로 기획할 수 있다.

8 젤리장은 소통과 관계의 관점에서 공공문제를 바라보고 이를 디자인적으로 해결하기 위해 다양한 창작활동을 하는 공공 소통 크리에이터이자 디자이너이다.

① 프로젝트 개요

- 주제: "지금, 이 지역에서 우리가 외치고 싶은 말"
- 형태: 각 거점공간, 주민, 창작자들이 자신이 전하고 싶은 메시지를 피켓(혹은 오브제 형태)으로 제작하여 거리·공간에 전시
- 특징: 각 공간의 색깔과 메시지가 자연스럽게 드러나면서, 전체적으로는 하나의 '목소리 맵 Voice Map '을 형성

② 코스모스의 역할

- 기획 총괄, 디자인 매뉴얼 피켓 규격, 재료, 제작법 제공
- 제작 워크숍 개최 학생+주민 공동제작
- 전시 동선 기획 및 기록 아카이브, 지도 제작

③ 젤리장의 역할

- 참여 공간 및 커뮤니티와의 연결 중간자 역할
- 메시지 큐레이션 및 퍼포먼스 기획
- 실행 과정 전체의 문화적 내러티브 구성

④ 참여 역할 및 소개

- 자체 커뮤니티와 함께 피켓 제작 및 설치
- 공간 앞에 전시 또는 특정 구간 거리 전시
- 자체 SNS, 로컬 채널을 통한 확산

제이콥: 푸른나무 사회적 협동조합

일동 마실

다문화 전문 교육기관 문화세상고리 행사 풍경

세계문화체험 부스

#국가별의상 #국가별인형 #국가별악기

세계요리체험

#세계요리 #중국월병 #베트남빤미

결과적으로 각 공간의 고유성과 더불어 하나의 집단적 '목소리 풍경'이 만들어지고, 이는 지역 정체성을 가시화하면서 협력 네트워크를 가능하게 한다.

3) 구체적 사례

① 제이콥: 푸른나무 사회적 협동조합 (경기도 안산시 상록구 반석로 5)

푸른나무 사회적 협동조합은 '이음' 역할을 하는 마을커뮤니티 공간이며 다양한 문화와 예술을 쉽게 마주할 수 있는 마을공간이다. 이미 오래전부터 서울예술대학교 예술 전공 재학생들이 마을의 청소년들과 상담이나 멘토와 멘티 활동을 이어오고 있다.

② 일동 마실 (안산시 상록구 성호로6길 23-1 1층)

안산 일동 마실은 제로웨이스트 상점을 겸한 협동조합 마을 카페로, 환경 보호를 실천하고 마을 주민들이 모여 소통하며 휴식하는 아지트 역할을 한다. 텀블러 대여 및 수거, 용기내 장터 운영, 빗물을 받아 화단에 물주기 등 환경 보호 활동을 하고, 폐휴지곽, 폐의약품, 폐건전지 등 수거함도 설치하여 마을 공동체와 함께하는 다양한 활동을 진행하고 있다.

③ 다문화 전문 교육기관 문화세상고리 (경기도 안산시 단원구 화정로 9)

문화세상고리는 안산에 거주하는 중국, 일본, 베트남, 캄보디아, 우즈베키스탄, 필리핀 출신 결혼 이주 여성이 주축이 되어 지난 2014년부터 지금까지 원곡동 다문화특구를 중심으로 활동해 오고 있다. 다문화 이해 교육, 세계 각국 전통 의상·놀이·요리 등 문화 체험, 이주민의 삶을 간접 경험할 수 있는 원곡동 다문화특구 여행 프로그램까지 지난 8년 동안 활동해 오며 쌓은 이주민 및 원곡동 스토리텔링과 다양한 네트워킹 역량은 문화세상고리만이 가진 독보적이고 차별화된 장점이다.

6. 거점공간_코스모스 공간 개선 프로젝트

(1) '공간의 문제'에서 출발하기

거점공간 코스모스 공간 개선 프로젝트는 지역에 방치된 유휴 공간에 대한 문제의식에서 출발한다. 어린이집으로 사용되다 기능을 상실한 공간은 한때 돌봄과 놀이의 장소였지만, 시간이 지나며 지역의 기억만 남긴 채 비어 있었다. 우리는 이 공간을 단순히 새로 꾸미는 것이 아니라, 지역의 다양한 구성원이 다시 모이고 관계를 회복하는 커뮤니티 거점으로 재해석하고자 했다. 학생, 주민, 창작자, 소상공인, 행정기관이 함께 드나들 수 있는 열린 구조로 공간을 재편함으로써, 코스모스는 일상과 예술, 학습과 실험이 교차하는 장소로 변모했다. 낡은 교실과 복도는 워크숍과 전시, 팝업스토어가 공존하는 복합 공간이 되었고, 마당과 공용부는 자연스러운 만남과 대화를 유도하는 커뮤니티 플랫폼으로 작동한다. 이러한 변화는 공간이 단순한 물리적 장소를 넘어, 사람과 활동을 연결하는 사회적 인프라로 기능할 수 있음을 보여준다. 코스모스는 유휴 공간을 지역의 창의성과 에너지가 흐르는 거점으로 전환하는 실천적 모델이다.

(2) 디자인의 방향은 '모두의 놀이터'

"Nothing is Impossible", "유휴 공간을 창작과 교류의 플랫폼으로 전환한다", "비워진 건물에서 살아 있는 마을 거점으로" 같은 콘셉트로 어떻게 모두가 머무르고 사유하고 창작하는 즐거운 공간으로 만들 수 있을지 고민이 되었다. 우리는 최종적으로 공간 개방성 강화, 공용 라운

무엇이든 가능하고 불가능은 뭣도 아니다
(Anything is Possible and Impossible is Nothing)

안산이 가지고 있는 **다양성 예술을 매개로** 누구나 본인이 **하고 싶은 일을 하고 실수와 실패가 허용되는 공간**	주변 상권의 매리트를 살려서 예술과 끼, 표현과 자유 발산과 포용이 함께하는 **지역 공간 마을 타운 (Town)**	우리가 만든 지역은 각자의 목소리를 내고 조화롭게 만들어서 **세상을 바꾸는 일**

지 구성, 유연한 가변형 가구, 간판 및 시그니처 색상 통일 등으로 방향성을 잡고 지역의 인테리어 업체와 상의하면서 모든 것이 가능하고, 가변적인 뚫린 공간을 디자인하기로 결정하였다. 그리고 핵심적으로 이전의 어린이집의 헤리티지를 남기고 이를 기념하는 의미로 화장실 1호실과, 나무 계단을 남기고 철거하기로 했다.

> "남들과 다르게… 결국 세상은 '찐따'가 바꾼다."
> 대부분 찐따를 멀리하고 싶어 하지만 이들은 곳곳에서 '찐따력'을 발휘하기도 한다. 다수의 취향에 휩쓸리지 않을 때 나오는 상상력과 창의력이 그 힘이다. 〔조선일보 오피니언, 2023〕

(3) '변화의 과정'은 새로운 시작

코스모스 공간의 리모델링 공사는 단순한 건축적 개선이 아니라, 예술대학의 교육-창작-창업을 지역사회와 접속시키는 플랫폼 공간으로 재구성하는 전략적 실험이었다. 기존의 유휴 상가 건물을 활용하여 1층은 지역사회와의 접점을 형성하는 개방형 문화공간으로, 2층은 학생과 청년 창작자의 실험과 창업을 지원하는 인큐베이팅 공간으로 재탄생시켰다.

어른을 위한 불가능이 가능이 되는 꿈의 놀이터

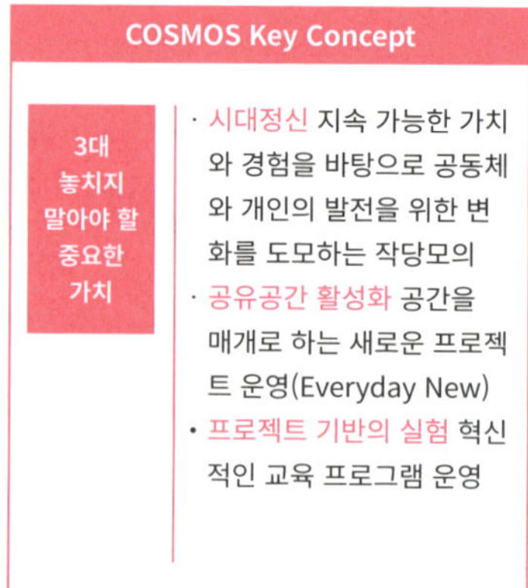

1) 1층 공간 리모델링: 시민과 예술이 만나는 '공유문화 플랫폼'

1층은 지역 시민과 학생, 창작자가 자연스럽게 교류할 수 있는 열린 복합문화공간으로 설계되었다. 주요 특징은 다음과 같다.

① 공개형 라운지+전시/워크숍 공간

벽체 철거 및 유리 파사드 개선으로 가시성과 개방성을 확보하고, 시민대학 강좌, 소규모 공연, 전시, 주민 회의 등 복합적 활용 가능하다.

② 색채 디자인 실험

노루케미칼과 협업하여 '공간과 삶, 커뮤니티를 확장하는 컬러'를 주제로 공간별 색채를 기획하여 지역 브랜드의 정체성을 색과 질감으로 표현하는 등 감각적 경험을 강화한다.

③ 로컬 커뮤니티 허브로의 전환

단순한 대학 부속시설이 아닌, 안산시마을만들기지원센터, 주민조직과의 협업 활동이 실제로 이루어지는 거점으로 설계한다.

1층은 외부와 내부를 잇는 '도시의 거실Urban Living Room' 역할을 목표로 한다는 점이 공사 서술에서 핵심 포인트가 되었다.

2) 2층 공간 리모델링: 창작 – 창업 인큐베이팅 스튜디오

2층은 서울예술대학교 고학년 학생들을 중심으로 팝업스토어 및 창업 아이디어를 실험하는 공간으로 기능한다. 주요 특징은 다음과 같다.

① 기능이 아닌 행위로 정의하는 공간

콘셉트란 이미지이고 이미지는 규칙이다. 이곳에서는 대략 이런 행위가 가능(허용)할 것이라 예측한다.

② 동적 옵션의 추가

실제로 행위가 일어나는 메커니즘이다. 사회적 변화를 위해 논의하고 실천하는 이노베이팅 공간인데, 문제 고민, 논의, 해결책, 행동, 평가로 이뤄지는 서사적인 동선이 존재한다.

③ 행위와 규칙 정하기

한 공간에 다양한 비즈니스 모델을 넣어서 자꾸 변화시킨다. 낮과 밤의 규칙, 일상과 비일상, 안전지대와 모험지대 등.

④ 교육 – 실습 – 시장 테스트 – 인큐베이팅이 하나로 연결된 '실험실'

로컬스튜디오 수업, 마을대학 프로그램, 시민대학 활동 등과 실시간으

코스모스 어린이집 공간 활용계획

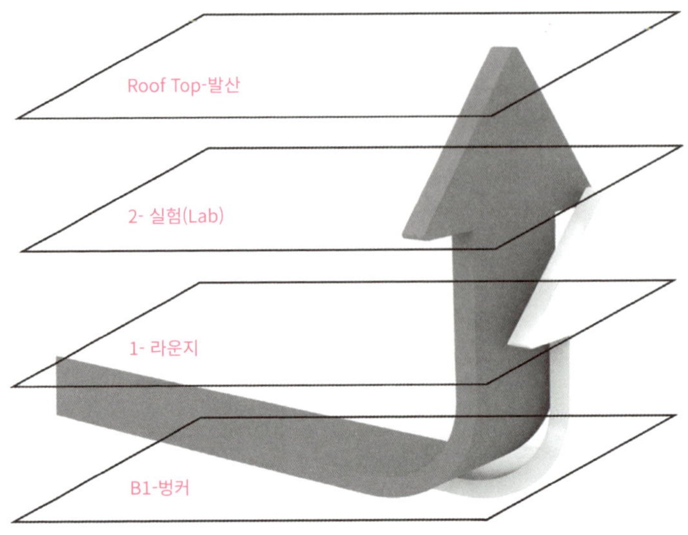

로 연계되는 창작 실습 공간으로 학생들이 직접 브랜드를 기획·디자인·운영할 수 있는 팀별 작업실, 팝업 테스트존, 소규모 팝업형 상점과 스튜디오를 운영한다. 창업 교육·상담·실습의 결합 공간이며 멘토링·사업계획서 작성·브랜딩 시각화 작업을 한 곳에서 할 수 있다. 로컬 자원과의 실험실 역할을 한다.

2층은 단순한 창업 공간이 아니다. 교육–실습–시장 테스트–인큐베이팅이 하나로 연결된 '실험실'로 활용이 가능하다.

(4) '사람과 활동'이 생동감을 불어넣는다.

학생들은 1, 2층과 마당에서 팝업스토어를 열어 제품을 판매하고, 주민들은 1층에서 열리는 시민대학 프로그램에 참여했다. 하루에도 몇 번씩

공간의 쓰임이 달라지는 '열린 플랫폼'이 되었다.

"처음에는 단순히 폐건물을 개조한 공간이라 생각했어요. 그런데 학생들이 하나둘 모여서 밤 늦게까지 무언가를 만들고, 이야기하고, 벽에 그림을 그리고, 갑자기 작은 전시나 팝업 행사를 열곤 하더라고요. 예술 전공 학생들에게 이 공간은 단순한 작업실이 아니라 '숨쉴 수 있는 곳' 같아요. 학교 안에서는 완성도와 평가에 대한 압박이 크지만, 여기서는 실패해도 괜찮고, 이상한 아이디어도 마음껏 꺼낼 수 있으니까요.

마치 '작당모의'가 가능한 아지트 같은 분위기예요. 밤이 되면 작은 조명 아래에서 음악이 흘러나오고, 작업과 토론이 뒤섞이면서 학교에서는 볼 수 없던 실험적인 시도들이 자연스럽게 태어나요.

무엇보다도 이곳은 '허락받은 자유'가 아니라, 스스로 만들어 낸 자유의 공간이라는 점이 학생들에게 큰 해방감을 주는 것 같아요. 제가 지켜보는 입장에서도, 이 공간 안에서는 모두가 조금씩 다르게 빛나요."

코스모스 근로생 인터뷰

"예전에는 예술대 학생들이 거의 학교 담장 안에서만 생활했어요. 점심시간에 잠깐 나와서 밥 먹고 들어가는 정도였죠. 그런데 코스모스가 생기고 나서부터 분위기가 확 달라졌습니다.

학생들이 거리로 나오기 시작하니까, 동네 자체가 살아나는 느낌이에요. 전시나 팝업 행사를 보러 오는 사람들도 있고, 학생들이 작업한 결과물이나 제품을 들고 와서 가게에 전시해 보자고 제안하기도 하거든요.

사실 상인들 입장에서는 젊은 사람들이 동네에 자주 오고 머무는 것만으로도 활력이 생겨요. 덕분에 가게 앞 거리도 밝아지고, 자연스럽게 손님들의 발길도 잦아졌습니다.
무엇보다 좋은 건, 학생들과 지역이 서로 '눈을 마주치게 됐다'는 점이에요. 예전엔 서로 별 상관이 없는 존재였는데, 이제는 인사도 나누고, 작업 얘기도 하고, 같이 무언가를 꾸밀 수도 있겠다는 분위기가 생겼습니다. 이런 흐름이 계속 이어졌으면 좋겠어요."

서울예술대학교 인근상권 대표

(5) 노루케미칼의 공간 조성을 위한 페인트 후원

1) 코스모스×노루케미칼 협력의 의의

서울예술대학교가 운영하는 코스모스 공간은 단순한 캠퍼스 부속 공간이 아니라, 학생 창업 인큐베이팅, 시민대학 운영, 로컬 문화·예술 실험의 허브로 기능하는 복합 커뮤니티 거점으로 활용된다.

2024년 진행된 '공간과 삶, 커뮤니티를 확장하는 컬러' 프로젝트에서는 노루케미칼의 페인트 전문성과 서울예대 학생 및 교원의 예술·공간 디자인 역량이 결합했다.

코스모스의 내부 및 외부 공간 디자인 과정에서 색채 계획Color Planning과 공간 스토리텔링이 통합되었고, 노루 측은 전문가 연계 및 소재 지원을 통해 공간의 완성도를 높였으며, 예술대학은 색채를 단순한 마감재가 아닌 공간의 경험적 언어로 활용해 지역 커뮤니티 정체성을 강화했다. 이 협력은 단순한 후원이 아니라, 산업기술–예술창의–지역공간이 교차하는 실천적 산학 협력 모델로서, "크리에이터 타운" 조성의 기반을 다졌다는 점에서 의미가 크다.

2) 지역 산업체×예술대학 협력의 시너지

산업체와 예술대학의 협력은 단순 기술 지원을 넘어서 공간, 브랜드, 커뮤니티, 창작 생태계에 실질적인 영향을 미친다.

① 기술과 소재의 고도화

기업은 예술적 해석을 통해 자사 기술·소재의 새로운 쓰임새를 발견할 수 있다. 또한 예술대학은 실험적 공간·작품 제작에 고급 기술력을 접목 가능하다.

② 브랜드 및 사회적 가치 제고

기업은 단순 후원이 아닌 공공·문화적 브랜드 이미지를 확보할 수 있고, 대학은 교육과 창작이 실제 지역공간에 구현되는 사회적 실천력을 보여줄 수 있다.

코스모스×노루표케미칼 시너지 효과

COSMOS X MAD ANSAN + 노루표 페인트 = 뛰어난 크리에이터 / 남다른 기업문화

③ 지역 커뮤니티와의 접점 확대

공간 개선은 단순 인테리어가 아니라 공유공간의 경험적 재구성을 통해 지역사회와의 관계망을 강화한다.

코스모스는 이후 시민 프로그램, 학생 창업, 전시·공연 활동의 무대로 작동하며 지역문화의 거점으로 진화한다.

3) 국내외 유사 사례

[국내]

① 성수동×페인트 기업 & 디자인 스튜디오

성수동의 여러 창작 공간에서는 기업(예: KCC, 삼화페인트)과 독립 디자이너가 협력해 공장 건물 리노베이션 시 색채계획을 공동 개발하는 사례가 다수 존재한다. 이는 공간을 '단장'하는 수준을 넘어 도시 이미지 자체를 브랜딩하는 효과를 냈다.

② 한국예술종합학교×아모레퍼시픽 컬러랩

K-Arts와 아모레퍼시픽이 협력해 '색채·향·공간 경험'을 융합한 실험적 전시와 디자인 작업을 진행. 예술대학의 감성적 언어와 기업의 기술·마케팅 역량이 결합해 교육 및 지역문화 브랜드 양쪽에 파급력을 가져왔다.

[해외]

① IKEA×디자인학교(스웨덴 콘스트팍)

학생들이 지역 사회주택단지를 리모델링할 때 IKEA가 소재와 시스템을 제공, 디자인학교는 공간 실험과 커뮤니티 구축을 담당. 이는 IKEA 브랜드 이미지 제고와 동시에 지역공동체 재생 모델로 발전했다.

② Benetton×Fabrica(이탈리아)

Benetton이 디자인 리서치센터 Fabrica를 설립해 예술가와 디자이너에게 전폭적으로 공간·기술을 지원하고, 이를 통해 공간·도시·브랜드를 동시에 혁신하는 모델을 만든 대표적 산학융합 사례이다.

종합하면, 코스모스와 노루케미칼의 협력은 산업기술+예술창의+지역공간이 결합하여 공간의 질적 전환, 커뮤니티 정체성 강화, 산학협력 모델 제시라는 3중의 시너지를 만든 실천적 사례이다. 이는 성수동, Fabrica, IKEA 등의 국내외 사례와 유사하게, 기업의 전문성과 예술대학의 실험성이 교차할 때 도시와 지역문화의 새로운 가능성이 열림을 보여준다.

또한 공간과 삶, 커뮤니티를 확장하는 컬러를 주제로 한 프로젝트를 통해, 페인트 회사의 전문성을 예술과 접목하여 공간 디자인 역량을 보여주었으며, 후원을 통해 공간의 마지막을 잘 마무리할 수 있었다.

(6) 마무리: '공간이 바뀌자 지역의 흐름도 바뀌었다'

코스모스는 단순한 리모델링 프로젝트가 아니라, 예술대학과 지역이 만나는 거점으로 진화한 사례였다. 공간이 바뀌자 프로그램이 생겼고, 사람이 모이고, 다시 지역의 흐름이 만들어졌다.

코스모스 거점공간의 4가지 역할

코스모스의 공사는 공간의 물리적 개선을 넘어, 지역사회와 예술대학, 산업체, 청년 창작자가 만나는 '거점공간'을 물리적으로 구현한 과정이었다. 이 공간을 통해 서울예술대학교는 캠퍼스를 넘어 지역으로

교육의 범위를 확장했으며, 마을만들기센터·LH·지자체·기업과의 실질적 협력 구조를 공간에 내재화했다는 점에서, 향후 '안산형 크리에이터 타운' 구축의 시발점이 될 것이다.

7. 주요 참여 주체 및 이해관계 지도(거버넌스 구조: 지자체, 공공기관, 민간기업, 소상공인 등)

(1) 안산시+ LH 주택공사 + 서울예술대학교

2025년도에 진행하는 프로그램 중 하나인 언더그라운드 100 Underground 100 은 안산시, 서울예술대학교, LH가 협업하여 크리에이터 타운을 만드는 프로젝트다. Underground 지하 로 명명한 이유는 다음과 같다.

안산은 특히 사회적 산업 구조와 인구 구성 때문에 다가구 주택 비율이 타 지역에 비해서 높은 편이다.

안산시 상록구 월피동 LH 매입임대 관리현황

[관리현황]

기존주택 463호(55%), 청년 215호(25%), 신혼 135호(16%) 등 전체 848호 관리 중

[입지특성]

월피동 내 서울예술대학교(3,000명)가 위치하며 예술대학 특성상 작업 및 거주 공간 수요가 높은 곳임

청년 매입임대 수요 높음(25년 1차 3,364%, 2차 신청률 1,840%). 이로 인해 수요대비 공급 불균형이 뚜렷함

[활용 가능한 자원공간]

월피동 반지하 주택 공가 37호(전용 22~49㎡), 주민 공동시설 1호(전용 24㎡)

[핵심 포인트]

예술대학 주변에 유휴 주거자산(반지하)과 공공 공간이 실재하며, 동시에 청년 예술가의 창작·거주 수요가 매우 높은 상태이다. 이 둘을 연결하면 실질적인 지역 창작 거점이 될 수 있다.

특히 월피동에는 주택공사가 소유한 다세대 주택의 지하공간이 공실로 운영되면서 다양한 문제점이 발생하기 시작했다. 이러한 지역과 거주시설의 근본적 문제를 해결하는 동시에 예술가는 마을 안에 새로운 잉여공간을 분양받게 된다. 생활적·공간적 변화를 꾀하고 콘텐츠를 만들어 보려는 시도는 서울예술대학교의 제안이었으며 이를 통해 궁극적으로는 학교 캠퍼스 주변 예술인들의 창작활동 공간을 조성하면서 마을이 자연스럽게 캠퍼스를 끌어안는 구조를 만들어 보려고 했다.

1) 대학 – 지자체 – LH 협력모델제안

협력모델 제안 개요의 내용은 다음과 같다. LH 임대주택월피동을 활용한 청년 예술가, 창업 레지던시 프로그램 구축을 한다. 서울예술대학과의 협력으로 졸업생 예술가들이 단기 아티스트 레지던시 입주→지역기반 프로젝트 기획→콘텐츠 창업 연계의 경로를 만들어 낸다. 이를 통해 지역 커뮤니티 활성화와 LH의 사회적 가치 실현과 창업생태계 조성이라는 다층적 효과를 추구한다.

단순한 임대가 아니라, 공간의 기획·운영·활용을 예술대학이 주

대학 - 지자체- LH 협력모델구상

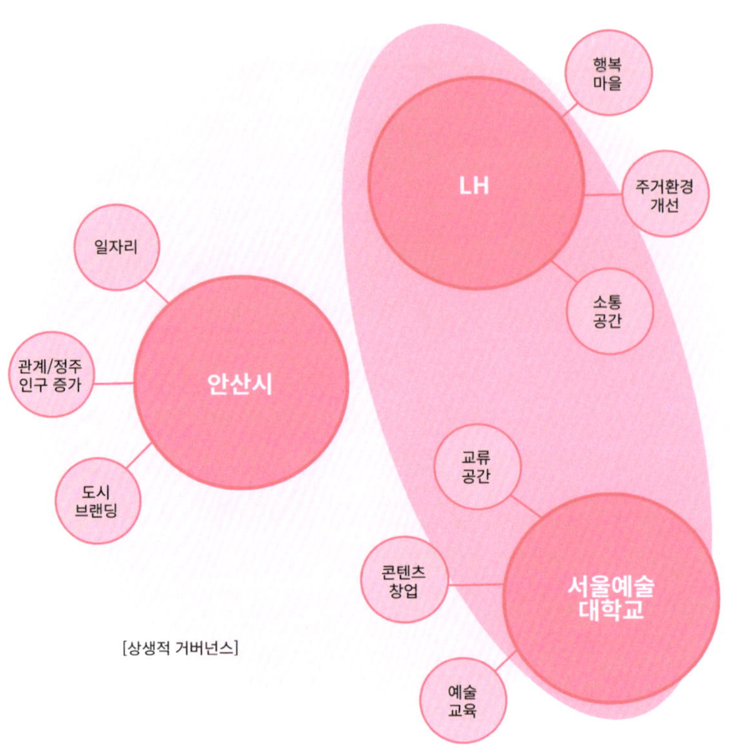

안산시, 주택공사LH, 서울예술대학교의 협력모델

주체	역할
안산시	행정적 지원, 주민 커뮤니티 공간으로의 활용을 제도적으로 보장
LH (주택공사)	매입임대 반지하 공가 및 공동시설 제공, 관리·임대 체계 마련
서울예술대학교	공간 기획 및 운영, 청년 예술가 레지던시·창업 인큐베이팅 추진, 프로그램 콘텐츠 기획

도하고, 지자체와 LH는 행정과 자산을 지원하는 3자 협력형 모델이 핵심이다. 안산시청 통계자료에 의하면 안산에는 다양한 유형의 주택이 존재하지만 특히 다세대 주택이 전체 주택 수에서 상당한 비중을 차지하고 있다. 지리적 특성과 역사적 배경, 주택시장 변화 등이 복합적으로 작용한 결과이다. 특히 평지가 많지 않고 산지가 많은 지역적 특성으로 인해 대규모 아파트 단지보다는 빌라 같은 소규모 주택이 더 많이 들어서게 되었다. 또한 외국인 노동자 밀집지역으로 인해 다양한 형태의 주거공간이 필요했고 그 결과 다세대 주택, 연립 빌라 같은 작은 주택이 자연스럽게 증가했다.

지자체 커뮤니티 공간 등 제한적으로 활용 중인 반지하 주택을 지역 특성에 맞는 상생적 거버넌스LH+안산시+서울예술대학교 공간청년 예술가 크리에이티브 클러스터으로 조성하면 예술인들은 자기만의 공간이 생겨 정주 의식과 지역 커뮤니티에 대한 소속감을 가지고 활발한 활동을 개진해 나갈 수 있는 기회를 얻는 것이다.

2) 활용 방향: '청년 예술가 레지던시+커뮤니티 스튜디오'

① 청년 예술가 창작 레지던시

반지하 유휴 공간을 리모델링해 작업실 및 거주 공간으로 활용. 저렴한 임대료와 공간 운영 프로그램 제공으로 창작 초기 청년층의 정착 기반을 마련

② 지역 커뮤니티 스튜디오

주민 공동시설을 작은 갤러리, 커뮤니티 카페, 워크숍 공간 등으로 리디자인Re-design해 주민과 예술가가 만나는 접점을 형성하고 코스모스Cosmos와 연계해 팝업 전시, 지역 프로그램 등을 정기적으로 운영할 수 있음

LH 주택공사 대상시설: 안산시 상록구 월피동 527-4/리모델링 (전)

LH 주택공사 대상시설: 안산시 상록구 월피동 527-4/리모델링 (후)

③ 캠퍼스 – 타운 확장

월피동의 주거 공간을 캠퍼스의 일부처럼 확장해 '크리에이터 타운' 개념으로 발전시킬 수 있음. 예: 작업실–전시공간–주거가 5분 거리 내에 연결되는 구조

3) 기대효과: 예술적 실험에서 안산시 정책모델로 변환

① 청년 정착

월세 부담 없이 작업과 주거를 병행할 수 있는 환경을 제공해 졸업 후 청년 창작자의 지역 정착률 향상

② 도시공간 재생

유휴 반지하 주택의 리모델링을 통해 방치된 공간→창작 거점으로 전환

③ 지역사회 교류 활성화

주민 커뮤니티 공간과 예술활동을 연결해 공동체 기반의 창작 생태계 조성

④ 정책 모델화

'지자체–LH–대학' 협력모델로서 타 지자체로의 확산 가능성 확보→'안산형 캠퍼스타운–크리에이터타운' 모델 제시

종합하면, 월피동 주택공사LH 매입임대 반지하 주택과 주민 공동시설은 서울예술대학교의 창작 수요, 지역의 공간 자원, 지자체의 정책 의지가 교차하는 접점에 위치한다. 대학의 창작 인큐베이팅 역량과 LH의 공공자산, 지자체의 행정 지원을 결합하여 '청년 예술가 레지던시

+커뮤니티 스튜디오' 모델로 전환할 경우, 유휴 공간의 도시적 재생과 청년 정착, 지역문화 활성화, 정책확산이라는 다층적 효과를 기대할 수 있다.

(2) 지역소상공인: 예술로 반상회

서울예술대학교 주변 2Km 반경 내에 편의점, 카페, 요식업 등의 상권이 형성되어 있지만, 예술 전공에 특수성을 가진 학교이고 전체 재학생 수는 3,000여 명 남짓으로 경제규모가 작다 보니 상권이 그다지 발달하지 못했다. 공식적인 매출이나, 유동인구 분석은 불가한 상황이나 서울예술대학교 학생들을 대상으로 수요가 있을 뿐이지 타지에서의 방문객 유입률이 상대적으로 적은 편에 속한다. 이러한 이유로 주변 상권의 소상공인들과 대학가 주변의 문제, 소상공인의 니즈, 대학의 발전적 기여에 대한 것을 다각화하고 소통과 교류를 통해서 실질적으로 도움이 될 만한 프로그램을 제공해 보려고 한다.

그런 취지로 상권의 상인들의 교육을 위한 프로그램 연계를 고민하고 있던 참에 학교에서 자체 제작한 '로컬크리에이터 특강'이라는 온라인 수업을 외부인들이 수강 가능하도록 하는 방안을 추진 중이다. 소상공인 대상 비교과로 운영하면서 전체 프로그램 이수 시 학교에서 완료 이수증을 지급하는 방안을 검토하고 있다. 로컬크리에이터 특강 수업은 전국의 독특한 브랜딩을 기 구축한 로컬 기반의 산업체가 다양한 콘셉트와 섹터에서 자신들만의 철학과 스토리텔링을 이야기한다. 대표적으로 인천 개항로 프로젝트의 이창길 대표, 군산 (주)지방의 조권능 대표, 공주 퍼즐랩의 권오상 대표와 도시재생과 리노베이션 스쿨이라는 기획자 양성 프로그램에 특화되어 있는 한국리노베링 이승민 대표, 소셜 임팩트 투자사로 다양한 콘텐츠 직군의 창업자를 발굴하고 육성하는 MYSC의 김정태 대표 등 다양한 분야의 전문가 특강으로 구성되어 있다. 이는 2025년도부터 실행하고 있는데 교내에서도 인기 있는 수업 중에 하나이다. 온라인 특강 수업을 이수한 상인들은 자신의 브랜드를 효과적으로 노출하는 방법과 새로운 고객을 유치하기 위한 팝업스토어를 운영하는 프로그램 등을 배우면서 서울예술대학교와 함께 지속 가능한 미래를 준비하고 시도하는 실험을 계속해 나갈 예정이다.

(3) 지역전통시장 활성화: 재래식 복합종합상가 다농마트

안산은 이미 우리가 알고 있는 보통의 전통시장의 모습은 오래전에 감추었고, 재래식 종합 상가를 전통시장으로 특화해서 각 동네마다 운영 중인데, 이 중 서울예술대학교와 가장 가까운 거리에 위치한 다농마트(경기도 안산시 상록구 예술광장로 1, 월피동)의 상인회와 서울예술대학교가 상생적 협력을 위한 MOU를 체결(2025년 7월)하고 다양한 방법으로 협업할 수 있는 것을 논의 중에 있다.

다농마트의 현재 상황에 맞는 분석해 보면 다음과 같은 두 가지 방법으로 접근이 가능하다.

1) 슬로우 러닝 프로젝트

다농마트는 총 11개 층으로 구성된 재래식 복합 종합상가이고, 약 100여 개가 넘는 상점이 입주해 있다. 특히 운동과 관련된 아이템(풋살장, 실내테니스, 실내 골프연습장, 복싱 등)이 집중되어 있어서 기존의 5~60대 고객층 외의 새로운 고객군인 2~30대 젊은층을 공략하기 위해서는 기존의 이런 특징을 확대해서 어필을 할 만한 구체적인 프로그램 구상이 필요하다. 그래서 고안해 낸 프로그램은 슬로우 러닝Slow Running, 빠르게 달린다기보다 움직임이 있지만 같이 한다라는 개념으로 중장년 또는

다농마트 슬로우 러닝-브랜딩 티셔츠 디자인 시안

노년층과 젊은 세대가 같이 어울리면서 뛸 수 있는 슬로우 러닝 프로그램이다. 이 프로그램을 운영하는 동안 건물 자체 내 계단을 이용하거나, 또는 주변의 안산천, 다이아몬드 광장을 잇는 달리기 루트를 개발할 수 있으며 러닝 외에도 상가나 먹거리, 스포츠, 휴식 등 달리기 종목에서 확장하여 다양한 커뮤니티를 하나로 모을 수 있다.

2) 스트릿 댄스로 풀어낸 방탈출 게임 'DancEscape'

현재 다농마트는 4층 전체 층이 공실이고, 임시적인 사업장으로 활용이 되는 수준이다. 이 공간에 예술적 특성을 가미한 새로운 양식의 방탈출 프로그램을 도입하여 10~20대를 수용할 수 있는 문화콘텐츠 공간으로 활용하는 것을 제안 중이다. 이 프로그램은 이미 25년도 서울예술대학교 젊은창작 프로그램으로 선정되어 코스모스Cosmos에서 운영된 바 있으며, 타 방탈출 게임과의 차별점은 모든 단서가 댄스 비디오를 통해 제공되는 힌트를 얻어서 진행된다는 점이고, 이후 영상과 실제 공연이 결합되어 관객이 색다른 경험을 할 수 있도록 구성되어 있다는 점이다. 특히 방탈출에 필요한 단서 수집과 관객 인터렉션은 디지털아트 전공의 프로그래머가 참여하여 실제 센서를 통한 선택과 진행이 가능하도록 디자인되었다.

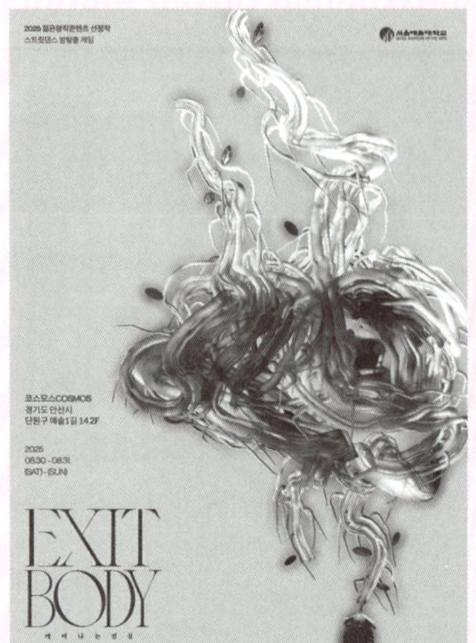

9 https://www.instagram.com/danc.e.scape/

2장
사업계획

1. 매드안산MAD ANSAN의 비전과 계획

서울예술대학교에서 만든 매드안산 Mad Ansan 은 새로운 도시 브랜딩의 가치이다. 안산은 계획적으로 조성된 신도시이지만 시화, 반월공단을 중심으로 2차 산업인 제조업이 집중되어 있고 산업 특성상 과거 이민 노동자를 비롯한 외국인 노동자 유입이 많았다는 점에서 노동집약적 성격이 강하다. 이런 이미지가 고착되어 있는 곳에 새로운 아이덴티티를 만들기보다는 기존의 성격을 약간 수정 보완하여 도시가 가진 매력을 담아낼 수 있다고 생각했다. "매드안산"이라는 이름에는 안산이라는 도시가 가진 이중적 정체성이 고스란히 담겨 있다. '매드 MAD '라는 단어는 영어로 '미친, 과감한, 열정적인'이라는 긍정적 뉘앙스를 지니는 동시에, '혼란스럽고 거칠다'는 부정적 의미도 함께 내포한다. 이는 안산이라는 도시의 현실과도 절묘하게 겹친다. 계획도시로서의 질서 정연함과 공업도시의 거친 풍경, 다문화 사회의 생동감과 사회적 긴장감, 청년 인구의 창의적 에너지와 주변부로 인식되는 이미지가 동시에 공존하는 도시. 안산은 어느 한쪽으로 단정할 수 없는 도시다. 그렇기에 '매드'라는 단어는 이 도시의 모순이자 가능성을 상징하는 언어가 된다.

보통 도시 브랜딩은 부정적 이미지를 지우고 '깨끗하고 멋진' 이미지를 덧씌우는 방식으로 진행된다. 하지만 매드안산은 정반대의 전략을 택했다. 도시가 가진 '양가성'을 숨기지 않고, 오히려 그 모호함과 충돌, 경계의 틈새를 창조의 자원으로 삼는다. 거칠고 복잡한 현실 속에서만 가능한 실험, 예상 밖의 조합, 즉흥적 창작, 그리고 경계를 넘나드는 상상력이 바로 이 브랜드의 힘이다. 이러한 브랜드 서사는 단지 '이미지를 세탁'하는 전략이 아니라, 있는 그대로의 지역성을 적극적으로 재해석하여 새로운 의미를 부여하는 과정이다. 매드안산은 도시의 과거와 현재, 긍정과 부정, 중심과 주변의 사이 공간에서 예술적 실천과 창의적 실험을 통해 새로운 정체성과 서사를 만들어 가는 브랜드다.

이와 더불어 독특한 서울예술대학교의 학풍은 이렇게 새로운 상상을 하는 방법을 예술적으로 풀이하기에 이상적인 구조를 가지고 있다. 서울예술대학교는 6개의 학부 15전공이 존재하는데 전공 간 연계, 순환, 통합 교육을 통해 예술 창작 분야의 융합 교육을 강화하고 있다. 이를 위해 학부별 교육 과정 외에도 다양한 융합 교육 과정을 운영하고 있다. 특히 로컬과 관련해서 운영하고 있는 융합트랙인 로컬컬쳐메이커스 같은 경우에는 지역과 상생하는 실무형 인재를 양성하기 위해 이론과 실무를 겸비하는 프로그램을 다각적으로 구성하며, 학교 밖의 전문가들과의 네트워킹으로 타 지역의 성공사례를 선진지 견학하고 그 경험을 토대로 거주하는 지역에서 새로운 콘텐츠를 만들어 내고 구현하는 방법을 배우고 익힌다. 로컬컬처메이커스로 교육과정을 특화하기 이전부터 서울예술대학교는 그동안 다양한 분야에서 새로운 개념의 콘텐츠 창작자를 배출하였으며, 이는 서울예술대학교만의 창의적이고 독창적인 교육프로그램의 결과로 추정된다. 특정 전공에 국한하지 않고 다양한 융합과정을 교육프로그램으로 운영하는 커리큘럼 특성상 다양한 가능성을 실험하고 준비할 수 있는 토대를 마련하는데, 그 구체적인 사례는 다음과 같다.

MAD
LOVE
MAD
CITY
ANSAN
MAD
Mad for Arts
MAKERS OF THE FUTURE
ARTS!
WELCOME
매드안산

(1) 다양한 산업 분야에서의 창업

서울예술대학교는 전통적으로 예술·디자인·공연에 강점을 가진 학교지만, 졸업생들의 창업 영역은 매우 폭넓다.

이처럼 엔터테인먼트·공연예술·디지털테크·플랫폼 스타트업 등 전방위로 창업자가 배출되고 있다는 점이 특징이다.

(2) 공통적 특징

1) 예술적 감각 기반의 창업

기술 혁신보다 창의성·스토리텔링·브랜딩에서 강점 발휘하였으며 배달의민족의 B급 유머 광고, 너덜트의 영상 연출, 닷밀의 몰입형 공간 디자인, 앰비규어스의 독창적 퍼포먼스 등 다양한 분야에서 예술감각을 기반으로 문화적 가치를 전파하고 있다.

2) 생활 밀착형 혁신

사람들의 일상 경험을 예술적 감각으로 재해석해 사업화하고 배달 전

서울예술대학교 동문 창업자 현황

분야	사업자명	내용
디지털 콘텐츠 & 뉴미디어	너덜트(NERDULT)	유튜브 기반 크리에이터 팀, 일상 코미디 콘텐츠로 대중적 성공
	닷밀(dotmill)	실감형 미디어아트/테마파크 기업, 코스닥 상장까지 진출
	앰비규어스 댄스컴퍼니	서울예대 무용과 출신 김보람 감독이 설립, 이날치 밴드와 협업해 세계적 주목
플랫폼 사업자	배달의민족 (우아한형제들)	김봉진 대표(실내디자인 전공 출신), 한국 배달 앱 시장의 대표 브랜드로 성장, 사회적 환원 실천

화번호부를 앱으로(배달의민족) 개발하거나, 전통 판소리를 현대 밴드+무용으로(앰비규어스) 승화한 내용이 그렇다.

3) 브랜드 중심 전략

초기부터 브랜드 정체성 확립→소비자와 정서적 연결을 중요시하면서 배민체 폰트 와 배민다움, 너덜트의 병맛 감성, 닷밀의 "Make the World Magical" 비전을 선보인다.

4) 사회적 · 문화적 파급효과

단순 비즈니스를 넘어 사회 환원, 문화 확산, 글로벌 K-컬처 확장에 기여하고 특히 김봉진 대표의 사회적 기부나, 앰비규어스의 한국관광공사 협업으로 한국의 국가 브랜딩을 한 차원 다른 시각으로 풀이한 점, 닷밀의 글로벌 테마파크 콘텐츠 제작 등으로 한국의 문화 강국으로 문화 관광객 유치에 힘쓰고 있다.

(3) 창업 사업별 특징 및 내용

1) 너덜트 NERDULT

너덜트는 유튜브 중심의 코믹 숏무비 짧은 콩트 콘텐츠를 제작하는 크리에이터 집단이며 영상 기획, 연출, 편집, 연기 등 콘텐츠의 모든 제작 과정을 멤버들이 직접 제작한다. 대표 영상으로는 "당근마켓 남편들" 등이 있고, 이 영상이 빠르게 입소문을 타면서 구독자 증가에 큰 역할을 했다. (구독자 수 215만 명, 누적 조회수 5억 2천만 뷰, 동영상 업로드 수 149편)

2) 닷밀 dotmill

닷밀은 실감미디어, 인터랙티브 미디어아트, 체험형 전시/테마파크/

영상제작과 공간 연출 및 시설 구축을 주로 하는 회사인데 주요작업은 동피랑, 노형슈퍼마켓, 워터월드Waterworld Digital Theme Park, Lunafall, Disney 100주년 팝업 전시 "House of WISH", "OPCI Horror media attraction" 등이 있다. 단순히 영상이나 전시를 만드는 것이 아니라, 공간 연출, 체험형 전시, 테마파크 시설 등 공간과 기술, 스토리텔링이 만나는 형태의 작품을 많이 하고 디즈니, 현대차, 제일기획 같은 큰 브랜드와 협업 경험이 있고, 복합문화 공간 개장, 테마파크 사업, 글로벌 실감 미디어 시장 진출 의지 등이 보여진다.

3) 앰비규어스댄스컴퍼니 Ambiguous Dance Company

앰비규어스 댄스 컴퍼니는 한국의 현대무용/퍼포먼스 단체이다. "춤의 장르나 개념에서 벗어나 가슴 속에 있는 '그 무엇'을 몸과 음악으로 풀어내기 위한 단체"라는 방향성을 갖고 있다. 특히 장르에 구애받지 않는 움직임movement과 몸을 통한 음악적 표현에 집중한다. 무용과 음악혹은 음향의 결합, 신체 언어body language를 통해 감정과 내면을 표현하려 한다. 대표작으로는 〈공존Coexistence〉, 〈Body Concert〉, 〈Bolero〉 등이 있다. 특히 〈공존〉은 작품 초연 이후 재공연, 국내외 초청공연 사례가 있다. 작품 수상 내역도 있다. 예를 들면 서울국제공연예술제SPAF 서울댄스콜렉션에서 최우수 작품상, CJ 영페스티벌 최우수작품상 등 여러 무용 축제 및 심사에서 인정받았으며 2020년에 앰비규어스댄스컴퍼니×이날치 밴드와 함께 'Feel the Rhythm of Korea' 시리즈를 시작했으며 서울, 부산, 전주 등 전국 도시를 배경으로 촬영했다.

4) 배달의민족: 주식회사 우아한형제들 Woowa Bros

"배달의민족BAEMIN"은 디자인 출신 창업자가 시각적/브랜딩 감각을 많이 적용한 회사이다. 배달의민족 서체 개발, UI/UX, 광고, 마케팅 등에서 독창성이 뚜렷한데 김봉진 대표가 서울예술대학교 동문으로서 예술 교육·지원 활동도 하였으며 사업을 다각화하여 단순 배달 앱을 넘어서 '배민1', '배민스토어' 등의 확장, 자영업자와의 상생 프로그램, 기술 투자(예: AI)에도 힘쓰고 있다. "생활 밀착형 창업" 모델−배달의민족은 거대한 기술 혁신보다는 일상 속 불편함을 해결하는 데서 출발하였으며 초기에는 단순히 '배달 전화번호부'를 앱화한 개념이었지만, 점차 주문·결제·리뷰·포인트 시스템을 붙이며 성장했다. 즉, 거창한 아이디어보다 생활 속 문제 인식→디자인적 접근→사용자 친화적 해법이라는 과정이 특징적이다.

(4) 예술가 창업의 의미

1) 예술적 감수성과 브랜드 스토리텔링 역량

서울예술대학교 출신 창업자들은 단순한 제품·서비스 제작자가 아니라 브랜드의 '서사와 감정'을 구축할 줄 아는 창작자들이다.

예술교육 과정에서 강조되는 서사적 상상력, 시각적 표현력, 감각적 경험 설계가 브랜드의 정체성으로 자연스럽게 확장된다.

팝업스토어, 전시, SNS 캠페인 등에서 소비자와 감성적으로 소통하는 방식이 뛰어나며, '지역+스토리+디자인'을 결합한 브랜드가 탄생한다.

이는 기술 기반 스타트업과는 차별화되는 영역으로, '브랜드 초기 단계에서 팬층을 형성하는 힘'을 발휘한다.

2) 현장 기반의 창업 실험과 교육 방식

서울예대의 로컬콘텐츠 프로그램(한달살기, 로컬스튜디오, 코스모스 인큐베이팅 등)은 '이론→실습→창업'이 자연스럽게 순환되는 구조를 가지고 있다.

학생들은 실제 지역에서 아이디어를 발굴하고, 실험적인 시제품이나 팝업스토어를 통해 시장 반응을 즉시 확인한다.

로컬스튜디오 성과물은 수업이 끝난 뒤 실제 사업자 등록, 지자체와의 협업, 창업팀 전환으로 이어진다.

이러한 프로젝트 기반 학습Project-Based Learning은 일반 대학의 창업교육과 달리, 지역과 공동체를 실험장으로 삼아 '살아 있는' 창업 경험을 제공한다.

3) 다학제적 협업과 '융합형 창업가' 양성

서울예대는 디지털아트, 공연, 영상, 공간디자인, 스토리텔링 등 다양한 전공이 혼재된 종합 예술대학이다.

로컬스튜디오와 창업 수업은 전공 간 팀 빌딩과 역할 분담을 통해 자연스럽게 기획자–제작자–스토리텔러–공간 디자이너가 한 팀에서 협력하는 구조를 만든다. 이는 초기 스타트업에서 부족할 수 있는 브랜딩, 콘텐츠 기획, 공간·미디어 디자인 역량을 내부에서 해결할 수 있게 하여 실행력을 높인다.

결과적으로 '기획–제작–운영'을 통합적으로 실행할 수 있는 소규모 크리에이티브 팀이 배출된다.

4) 로컬과 연결된 창의 생태계+행정적 지원의 결합

서울예대의 창업자는 단순히 개인의 역량만으로 성공하는 것이 아니라, Cosmos·LH·지자체 협력 기반의 실험 공간과 제도적 인큐베이팅 위에서 성장한다.

월피동 LH 매입임대 공간을 활용한 창업 스튜디오, Cosmos 팝업 인큐베이팅, 마을만들기센터와의 느슨한 네트워크 등 로컬 기반의 지원 구조가 존재한다.

이는 단순한 창업보육센터와 달리, 예술+지역+공공 거버넌스가 결합된 형태로, 지속적 실험과 창업 전환율을 높이는 기반이 된다.

이러한 '현장–공간–행정'의 삼각 구조는 전국적으로 더 보기 드문 모델이다

2. 교과과정 설계

위와 같은 혁신적인 창업을 이룬 졸업생을 다양하게 배출할 수 있었던 이유 중 하나는 독특한 교육과정과 학제적 구조가 있었기 때문이다. 서울예술대학교는 예술창작의 계열은 확장시키고 전공은 심화시키는 차별화된 교육과정인 '현장중심 예술창작 시스템PACS, Professional Artistic Competency System 10을 자체적으로 개발하여 '학부–전공–세부선택을 심화'시키면서도 '학부와 학부 간, 전공과 전공 간 그리고 세부선택과 세부선택 사이를 강화'시키는 연계·순환·통합의 교육을 실천하고 있다. 특히 PACS 교육과정 중 '로컬콘텐츠 크리에이터'는 로컬씬에서 요구하는 현장 중심의 예술창작교육을 지향하여 지역에서의 예술창작의 가능성을 확인하고 지속 가능한 사업모델을 구성하며 새로운 창작의 장을 모색하는 데 노력을 기울이고 있다.

10 PACS Professional Artistic Competency System : 서울예술대학교의 독창적인 교육시스템으로 현장 중심의 예술교육을 위하여 본 대학교가 NCS에 기반하여 예술분야별 창작역량 및 직무별 지식, 기술, 조명 등을 역량기반 교육체계로 체계화시킨 것으로 모든 전공의 예술창작과 직무역량 기반의 교육과정 트랙을 지칭한다.

(1) 교과과정

일반 교육과정의 수강신청과 달리 로컬컬처메이커스의 교육과정은 참여자 모집 오디션을 하는데, 이를 개최 "로디션Local+Audition"이라고 한다. 일반적인 수강신청과 달리 적극적으로 참여하고 소통하여 문제해결하는 방식으로, 유능한 학생들을 해커톤 형식으로 선발한다. 다양한 전공, 성격, 취향 등을 고려한 입체적인 선발방식이고, 수강자들은 로디션에 참여하기 위해 지원서도 작성해야 한다. 그리고 일정 시간 담당교수와 전문가들이 지켜보는 가운데 문제해결방식, 커뮤니케이션 스킬, 그룹 활동 등 다양한 면모를 관찰하고 조화롭게 선발을 하는 형식으로 운영하고 있다. 독특한 선발과정으로 학생들의 진정성, 참여의지를 확인하고자 한다. 이 프로그램은 로컬 중점대학〔2023년도(7개 대학), 2024년도(14개 대학)〕 중에 가장 특색 있는 프로그램으로 언급되기도 하였다.

로컬컬처메이커스의 정규 수업과정은 총 1년 과정으로 구조화되어 있으며, 융합교과인만큼 다양한 전공의 연계 교과목을 열어 두어 정규 프로그램 이외에 학생들이 주도적으로 커리큘럼 구성을 할 수 있도록 고안되었다. 1학기에는 '로컬콘텐츠 크리에이터 특강'이라는 로컬 개론에 가까운 온라인 수업을 운영하면서 지역의 특성과 콘텐츠의 개발, 그리고 도시 브랜딩에 대한 전반적인 지식을 전달하고 지적 호기심을 유발하도록 하였으며 안산, 서울, 공주, 군산, 인천의 대표 콘텐츠 및 지역을 대표하는 크리에이터들의 생생한 프로젝트를 공유하고, 가치, 철학에 대해서 살펴보며 로컬에 대한 견해, 이해, 사고하는 능력을 배양한다. 여름방학을 이용하여 '현장실습: 로컬 한달살기'를 운영하면서 학생들을 직접 활발한 로컬 활동이 일어나는 지역에 파견하고 현지에서 생생한 경험을 통한 로컬 체험과 교육을 진행한다.

학생들은 자체적으로 미니 프로젝트를 수행하면서 PDCA의 과

로컬컬처메이커스 로디션 현장

로디션(Local+Audition) 선발 방법 및 기준

구분	내용
선발 시기	매학기 2~3월
선발 방법	해커톤 형식으로 운영하고 성실성, 팀워크, 문제해결능력, 창의성을 종합적으로 평가함
선발 인원	20~30명
선발 기준	로컬콘텐츠 배움의 열정, 프로젝트에 대한 구체적인 명시와 인식전환, 사업 취지 및 내용에 대한 중요성 제고

정을 거쳐 하나의 작은 문제를 발굴하고 이것을 풀이하는 결과물을 만들어 내는 과정을 경험한다.

이후 선진지 견학의 경험을 바탕으로 안산(서울예술대학교 소재) 지역의 특성과 콘텐츠를 개발하고 1학기의 이론적 배움과, 하계방학의 실천적 응용을 기반으로, 2학기 진행되는 '로컬스튜디오', '로컬 창업' 수업에 적극적으로 참여한다. 2학기 수업은 철저히 PBL Project Based Learning 방식의 프로젝트 기반의 수업으로 구성하여 지역의 문제 발굴, 디자인, 구현 및 응용의 과정으로 이루어져 있다. 전문가와 전담교수의 지도를 받으면서 훈련된 학생들은 개별 팀 또는 개인으로 프로젝트를 구체화하고 이를 바탕으로 장기적으로는 비즈니스 로드맵을 구성한다. 각자의 니즈와 성향에 따라 프로젝트를 고도화하고 지속 가능한 사업으로 연계하고자 할 경우 후속지원 사업으로 연결하여 행정적으로 지원 중이다. 궁극적으로는 비즈니스 독립을 할 수 있게 지원하며 지속 가능한 사업자가 될 수 있는 가이드를 제공하고 있다.

(2) 교육 서울예술대학교 PACS Professional Artist Competency System 에 기반한 융합교육과정 프로그램

서울예술대학교의 융합교육과정 프로그램은 총 6개의 트랙으로 구성되어 있으며 글로벌 융합예술인 양성을 목표로 둘 이상의 학부(전공) 혹은 교육지원부서가 연계하여 운영하는 교육과정으로 이해하면 된다. 각 프로그램별 이수조건을 충족하면 소단위전공 마이크로디그리 이 명시된 증명서를 발급한다.

1) 로컬크리에이터 특강 (온라인 수업, 유연학기제, 1학점, 학부 공통)

로컬크리에이터 특강 수업은 특별히 로컬의 기본 개념과 각 지역에서

구분	교육목표	참여학부 전공 및 대상
사운드디자인	다양한 장르의 문화예술산업 현장에서 필요로 하는 음향, 사운드 엔지니어링 및 사운드 디자인 분야의 창의적인 융합형 인재 양성을 목표	학부(전공) 재학생
프로덕션디자인	다양한 전공의 문화예술에 필요한 시각적 효과를 통해 전체적인 작품을 구현할 수 있는 융합형 인재 양성을 목표	학부(전공) 2024년 입학생 및 1학년 1학기 과정 이수자
K 스토리	이야기의 기원, 이야기의 유형 등을 연구하는 기초 단계부터 다양한 예술분야가 접목된 실제 스토리 메이킹 단계까지의 전 과정을 교육하며 융합형 스토리텔러 양성을 목표	학부(전공) 2024년 입학생 및 1학년 1학기 과정 이수자
로컬콘텐츠 크리에이터	지역사회에 기반한 다양한 콘텐츠를 통해 지역 내 로컬크리에이터 및 창업가로 활용할 수 있는 융합형 인재 양성을 목표	학부(전공) 재학생별 2학년 (이상) 로디션 합격자
글로벌 컬처허브	우리문화의 정체성에 기반을 두고 세계적 관점에서 다양한 문화예술과 교류하며 창조적인 예술을 창작할 수 있는 글로벌 예술인재 양성을 목표	학부(전공) 2024년 입학생 및 1학년 1학기 과정 이수자

교육과정운영	교육명	목표
1학기	로컬크리에이터 특강	로컬의 이해, 이론강의를 통한 개념적 정리 및 2학기를 위한 준비단계
여름방학	로컬 한달살기	로컬 한달살기를 통해 지역콘텐츠 활용 및 실제사례 경험을 통해 구체적인 아이디어& 실행력 준비
2학기	로컬스튜디오 로컬 창업 외 연계 창업수업 (7개)	안산(지역)의 로컬콘텐츠를 만들어 내기 위한 실무수업 외부 전문가를 통한 창업 시뮬레이션

활발한 활동을 하고 있는 크리에이티브 리더들의 이야기를 직접 들어보면서 어떤 가치와 철학을 가지고 다양한 프로젝트를 수행하는지 엿볼 수 있는 로컬개론 성격의 수업이다. 먼저 다양성을 가지면서 개별적인 분야의 내용을 들여다볼 수 있는 후보자를 선정하고, 현지로 직접 찾아가서 인터뷰 형식의 기록과 지역의 스케치를 담아내었으며, 개별 크리에이터의 개성이 묻어나는 영상을 만들었다. 온라인 수업으로 기획한 이유는 우선 접근성이 높고, 수업에 부담이 없으면서 여러 지역을 간접적으로 체험하기 좋은 내용을 충분히 확보할 수 있었기 때문이다. 이런 효율성 때문인지, 25년도 1, 2학기 수업에서 각각 220여 명, 총 440명 되는 학생들이 수업을 이수하는 기록을 남겼다. 또한 안산의 학교 주변 지역의 소상공인의 역량 향상과 네트워킹을 위한 비교과프로그램으로 로컬크리에이터 특강 프로그램을 운영할 계획을 세우고 있으며 수업 이수 후의 서울예술대학교 산학협력단에서 이수증도 발급할 예정이다.

2) 현장실습 – 로컬 한달살기(전문학사/학사 공통수업개설, 3학점)

로컬 한달살기는 하계방학 동안 전국의 로컬 브랜딩으로 선도하고 있는 지역의 사업체와 연계되어 학생들을 한달 동안 지역 살기를 지원하는 프로그램이다. 이 프로그램은 사업 1년 차부터 전략적으로 구성하여 운영하고 있으며 주요 방향은 선진지 로컬 사이트의 지역성, 창의성, 그리고 현장성을 경험하고 본인이 속한 지역(안산)으로 돌아와서 프로젝트를 수행하는 방식이다. 이 프로그램은 현재까지 가장 인기가 있는 교과목이기도 하다. 실제로 학생들은 본인이 원하는 지역의 특화된 산업분야에 지원하여 한달 동안 사람, 공간, 콘텐츠에 대한 고민을 하고 이런 업무적 사이클을 반복하면서 다양한 직·간접적 경험을 체화한다.

I ♥
PP

KOREA
ARMY

3) 로컬스튜디오(전문학사/학사 공통수업개설, 4학점)

로컬스튜디오 수업은 창작과 제작 수업의 형태로 진행되며, 학생들은 1학기의 이론수업인 로컬크리에이터 특강, 여름방학의 한달살기를 통해서 대략적인 로컬에 대한 이해를 기반으로 다양한 방법을 통해 팀의 아이디어와 콘셉트를 피칭Pitching 하고, 이를 토대로 운영안을 만들고 실행해서 계획한 결과를 수립해야 한다.

매주 차 지도교수와 전문가와 크리티컬과 의견을 청취하고 빠르게 수정 보완하여 그 다음 피칭에서 검증을 받는다. 이런 과정을 몇 차례 겪으면서 당위성, 개연성, 논리성을 가지고 프로젝트를 완성해 나간다. 로컬스튜디오 수업은 프로젝트 중심의 학습Project-based Learning 으로 디자인씽킹과 리노베이션 스쿨의 방식을 혼합하여 매주 제안되는 팀별 아이디어를 피칭하도록 하는데 이때 로컬 전문가, 담당 교수, 유관기관 배석으로 효율적인 크리틱을 제공하여 아이디어의 제안, 검증의 선순환적인 과정을 만들어 낸다. 이를 통해 점차 개별 팀은 논리적이고 개연성 있는 내용으로 구현되고 진화한다. 특히 수업에 능동적으로 참여하는 외부 전문가들의 도움과 지도를 받으며 본인들이 세운 가설을 검증해 나가는 작업을 지속적으로 운영하여 창의적인 결과물을 도출한다.

2023년도 2학기 로컬스튜디오에서 선택한 동네는 안산에 위치한 안산동이다. 안산동은 1995년 대통령령에 의해 시흥시에서 안산시로 행정구역 변동이 있었으며, 안산시 대부분의 동네가 계획도시인 것과 달리 도시와 농촌이 병존하는 도농 복합동洞 으로 경관이 수려한 해발 398m의 수리산수암봉 이 위치하고 동 전체 면적의 87.4%가 개발 제한구역이다. 이 동네는 두 가지의 큰 특징이 있는데 첫째는 안산시 최고봉인 수암봉(해발 398m)이 위치하고 있으며, 전체 면적 8.35㎢ 중 7.29㎢(87.4%)가 그린벨트 지역으로 자연경관이 수려하고 산림이 우거져 등

산객들이 많이 찾아오는 곳이다. 도립공원이어서 야간에도 산행이 가능한 점이 특징이다. 또한 『세종실록지리지』 '안산군' 편에 '진산을 취한'이라 했다. 취산이란 그 형세가 수리산의 상징적 봉우리인 수암봉을 칭하고, 취鷲란 수리를 뜻한다. 독수리 머리처럼 치켜든 거대한 수암봉의 모습이다.

두 번째 특징은 안산동에 경기도 기념물 제127호 안산읍성安山邑城과 관아지官衙址 터가 있다는 점이다. 안산읍성은 수암봉에서 서쪽으로 뻗어 내려와 만들어진 전형적인 평산성平山城과 평지성의 절충식으로 만들어진 읍성으로 수암봉의 능선을 이용하여 쌓았는데 이렇게 자연지세를 이용한 읍성의 형태는 우리나라 성곽의 전형적 특징이다. 성의 둘레는 772m이고 주요 방어지역으로 여겨지는 서쪽과 북쪽은 자연지형을 그대로 이용하여 바깥쪽이 매우 가파르며 몇 개의 높은 단을 이루고 있다. 평지인 남쪽은 돌을 쌓았는데 도로로 인해 절단된 곳을 보면 성벽의 바깥 부분과 내부에는 부분적으로 석축을 하고 그 안쪽에는 흙을 다져서 성벽을 쌓았던 것으로 보인다. 문터는 읍성의 주된 통로였던 남문터를 비롯하여 동문과 북문 등 3곳이 있었으며 성의 북서쪽 정상부에는 편평한 터가 있는데 지휘본부의 역할을 하는 장대가 있었던 것으로 추정된다. 또한 성내에는 조선 초기의 무장이었던 김정경1345~1419의 거처가 있었다고 하는데 지금은 없어졌고 김정경이 심었다고 전하는 은행나무 세 그루가 남아 있다. 관아터는 처음에는 목내동에 있었으나 1669년 현종10년에 이곳으로 옮겨졌다. 성내의 곳곳에서는 기와 조각이 많이 발견되어 건물이 여러 채 있었던 것으로 추정되며 성의 형태와 객사, 동헌 등의 행정시설과 옥사와 창고가 있었던 것으로 보아 군사적 목적보다는 행정적인 역할이 더 강한 전형적인 읍성으로 보인다. 조선 초기 왜구를 막기 위하여 쌓았던 서해안지역 여러 읍성과 그 계통을 같이 한다.

지금은 모든 시설이 파괴되어 주춧돌과 장대석 기와 조각이 곳곳에 흩어져 있어 시에서는 복원계획을 수립하여 공원화할 계획이며 현재 한양대학교 박물관 팀이 유물 발굴 중에 있다. 지역 주민의 이 두 가지만으로도 동네에 대한 자부심이 많고 발전 가능성에 대해서 주목하고 있다.

로컬스튜디오 수업에서는 안산시의 100년 된 오래된 동네 안산동을 대상지로 정하고 "안산동의 OOO을 활용하여 2030들이 미칠 수 있도록 하라!"라는 다소 파격적인 주문을 하고 프로젝트를 진행하였다. 총 5개의 팀이 만들어졌으며 한 학기 동안 아이디어 발굴, 프로그램 개발, 현장운영과 아카이빙까지 로컬의 A–Z까지 풀이해 나가며 예술과 지역의 결합을 고민하였다. 5개 팀의 5가지의 아이디어는 다음과 같다.

한밤 중에 오감五感을 열고 도립공원을 오르는 야간산행, 수암산 자락의 지역 특산품으로 조리한 음식으로 정성스럽게 준비한 등산 도시락 패키지, 수암이라는 뜻을 풀이하여 독수리鷲가 물어온 고기를 상징화해서 만든 수암산 바베큐 산장, 핫도그Hot Dog 반려견 프로그램은 안산읍성에 마실을 나온 반려견과 함께 쉬며 즐길수 있는 반려동물 프로그램이다. 안산이 가지고 있는 이중적인 면을 오이에 대한 호불호好不好로 풀이한 지역 브랜딩 프로젝트–오이진흥원과 같이 조금은 엉뚱하고 기발한 아이디어를 선보였다.

이 중 야간산행 프로젝트는 진화를 거듭하며 그 가능성을 인정받아 안산동 주민자치회 주관으로 안산동 동네 관광 콘텐츠 프로그램으로 구체화되어 진행 중이며 이 내용은 뒤에서 다시 자세히 설명하도록 하겠다.

2차 년도는 안산시의 25개 동 중 총 세 개의 마을을 각각 두 팀씩 선발하고, 총 6팀으로 구성하였다. 한 동네의 두 개의 다른 시선, 또는 다른 마을의 아이디어와 콘셉트를 발전시켜 나가는 과정을 서로 공

" 이 공간 안에서 2박 3일 동안 노루페인트를 사용하고
안산의 OOO 지역을 연계해서 OO 을/를 행복하게 & 미치게 해라"

유하면서 거울효과 Mirror Effect 를 낼 수 있도록 설계되었다. 총 세 개의 지역은 각각 ①월피동, ②성포동, ③대부동으로 지정되었다. 각각의 동네가 가지고 있는 특성과 자원을 활용해서 "OOO동의 가치와 콘텐츠를 코스모스에서 팝업 Pop-up Store 으로 만들고 2030이 2박 3일 동안 미치게 하라"라는 미션을 부여했다.

① 월피동

수인산업도로, 안산-신길 간 고속도로와 서해안 고속도로가 교차되는 교통의 요충지이며 전형적인 농촌마을의 양상동, 다세대 주택지역인 부곡동, 도시개발지역의 상가 및 아파트 단지인 월피동으로 3개의 법정동으로 구성되어 있다. 인구 38,366여 명의 주거 밀집 지역이다. 월피동과 양상동에서는 선사시대부터 사람이 거주하였던 흔적인 지석묘와 적석토광묘가 발견되었으며, 적석토광묘에서는 무문토기 1점과 유구석부 1점이 발견되는 등 역사가 깊은 고장이다.

서울예술대학교 캠퍼스가 위치하고 있으며 안산천과 광덕산이 지나가는 위치여서 다양한 사업으로 확장시키거나 연결할 수 있는 가능성을 내포하고 있다.

② 성포동

성포동은 1.71㎢ 면적에 인구 26,570명으로 인구밀도가 높은 아파트 단지 형성 지역이다. 시외버스터미널과 대형할인매장(홈플러스, 롯데마트)이 소재해 있고, 서울과 인근 도시로 출퇴근이 용이한 교통의 요충지다. 도심 속에 노적봉공원 외 3개의 공원 성포, 성어, 예술광장 이 있어 주거지역 최적의 요건을 갖추고 있다. 노적봉 공원 일대에 「스토리가 있는 김홍도 천년의 길」을 만들어, 접근성이 좋은 도심 속 명품 관광명소로 조성하고 2026년 신안산선 성포역이 개통되면 '사통팔달 안산' 교통의 중심으로 자리매김할 수 있는 발전 가능성 또한 높은 지역이다. 특히 베드타운으로 알려져 있어, 예술인아파트 등 콘텐츠적으로 특화시킬 수 있는 부문이 다양하게 구성되어 있다.

③ 대부동

대부동은 서해안에 위치한 큰 섬으로, 넓은 간석지와 아름다운 해안 경관이 특징이다. 과거에는 갯벌의 기능이 중요했으나, 시화방조제 건설 이후 육화되기도 했다. 현재는 농업 인구 비율이 높고, 구봉도, 동춘서커스, 방아머리 해수욕장 등 다양한 관광 자원을 보유하고 있어 관광객이 많이 찾는 지역이지만, 상대적으로 놀거리나 즐길거리에 대한 콘텐츠 사업이 개발되거나 제공되지 않아서 유입인구가 머물거나 소비를 할 수 있는 방법이 제한적이다.

지역마다 다양성이 존재하고, 뚜렷한 차별성을 가지고 있기 때문에 예술가들의 고민과 관찰로 도출될 결과물에 대한 기대가 있었다. 로컬스튜디오를 운영하면서도 안산 지역은 아직 특성화된 브랜딩이나 지역색을 특별히 가지고 있지 않다. 그렇기 때문에 전략적으로 브랜딩의

2023, 2024 안산의 프로젝트 타깃마을

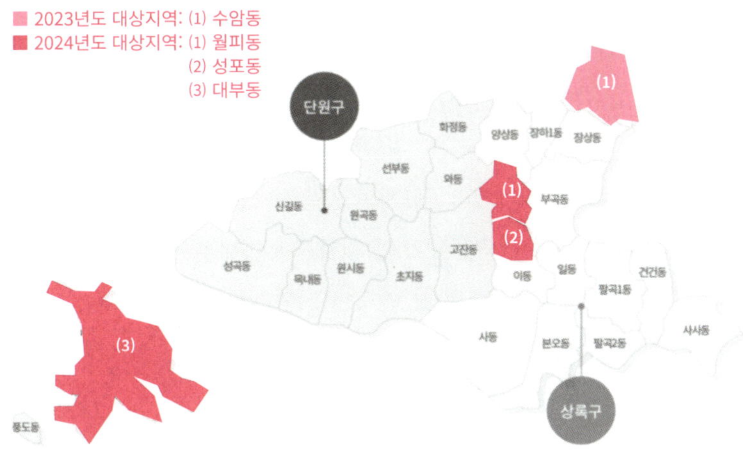

리포지셔닝 repositioning 이 필요한 상황이어서 학생들을 새롭게 바라보는 시각과 해석을 발전시키는 창의력과 기획력을 필요로 한다. 이와 동시에 지역사회의 협력적 거버넌스 governance 구축을 통해 안산시와 서울예술대학교 교육기관 그리고 지역의 창의적인 플레이어들이 공동으로 지원 운영하는 과정으로 이루어져야 한다. 또한 다양한 전문가 특강과 외부 산업체 연계를 통해 청년 로컬 크리에이터로서의 준비과정을 준비하고 실용적인 교육프로그램으로서의 지속 가능성을 모색해 보도록 한다. 서울예술대학교의 다양한 전공에서의 전문성을 기반으로 다양하고 이색적인 서비스, 제품, 콘텐츠 등의 사업화를 모색하고 지역사회 브랜딩을 함께 고민하고 연구하고자 한다.

수업의 결과로 나온 아이디어들은 다양하였으며, 학생들은 무형에서 유형으로 콘텐츠를 만들어 내거나, 유형의 것을 가치 있는 것으로 전환하기도 했다. 월피동의 두 팀은 확연히 다른 아이디어를 냈는데 한 팀은 서울예술대학교 학생들의 DNA 중 유일무의한 덕후Maniac를 콘셉트로 이것을 극대화하는 커뮤니티성 모임을 구상하였으며, 이번 팝업에서는 추리소설과 이것을 맞추어 나가는 단서들을 가지고 마니악적인 풀이와 해석을 같이하는 커뮤니티를 모집하는 것이었다. 동일한 지역을 선택한 믹스픽스Mix & Fix 팀은, 자동차 정비소가 즐비한 월피동 거리(2km 거리에 약 20개 이상의 정비소 위치)의 공통점으로 노동의 가치를 믹스커피로 치환하여 의미를 되짚어 보는 캠페인에 가까운 작업을 진행했으며, 실제 정비소 크루의 인터뷰와 인사이트를 가지고 팝업을 운영해 좋은 반응을 이끌었다.

두 번째 동네인 성포동은 전형적인 베드타운Bed Town의 성격을 가진 동네이지만, 마을만의 몇 가지 독특한 특징들이 있었고 이번에도 이 동네에 배정된 두 팀은 전혀 다른 성격의 콘텐츠를 발견하고 만들어 냈다. 첫 번째 팀은 성포당이라는 MZ를 위한 굿당을 만들었으며, 이곳에는 젊은이들의 고민과 근심을 털어낼 수 있는 인터렉티브한 전시 콘텐츠가 릴레이 형식으로 설치되어 있다. 관람객은 마치 게임을 즐기듯이 동선을 따라가다 보면 놀이와 굿이라는 매개를 활용한 콘텐츠를 만나게 된다. 관람객은 콘텐츠를 경험하면서 고민을 드러내고 바라보며 해결한다. 두 번째 팀은 본인들의 특성에 200% 의미 부여한 '내향인 아파트'라는 프로젝트를 발전시켰다 내향적인 성향의 팀원들은 여름방학 동안 진행된 로컬 한달살기를 통해 부산지역에서 같이 지냈으며, 같은 시·공간에서 서로를 깊이 관찰하게 되었고, 여기에서 얻은 인사이트Insight로 내향적인 성향의 사람들 & 커뮤니티를 대상으로 운영하는 공간대여 사업을 구상했다. 이들은 내향인들의 성향을 존중하여 대면에 대한 부담을 가지고 있는 주 타깃층을 위해 무인시스템, 즉 대화나 마주침 없이, 무인으로 모든 콘텐츠를 경험할 수 있게 디자인하였다. 팀원 모두 MBTI의 I Introvert 성향을 가지고 있었으며 이런 비슷한 부류의 사람들을 위해 다양한 장치 device 와 공간연출을 고민하고 운영하였다. 예약은 짧은 시간에 마감되었고 실제 긍정적인 후기를 많이 받았던 프로그램 중에 하나이다. 현재 이 팀은 지속 가능한 사업모델을 구상 중이고, 새롭게 결성된 팀원들과 사업자 등록증을 취득하고 구체적인 사업 계획서를 작성 중이다.

세 번째 지역인 대부동에도 두 팀이 있었다. 한 팀은, 대부도의 바다와 젊음의 상징인 청바지(진)를 합쳐서 대부진 Daebu Jeans 이라는 콘셉트를 제안했는데, 대부도의 바다 색깔이 해가 떠서 지는 시간에 따라 달라지는 점, 그리고 청바지의 청 Blue 색도 그 다양함이 무궁무진한 점, 이 둘의 접점에 색 Color 이라는 것으로 공통되게 묶이는 것을 포착하여 아이디어를 발전시켰다. 특히 대부도 바다의 소금으로 청바지 색 빠짐을 유도하는 물리적 작업으로 실제 다양한 청바지를 만들었다. 마지막 팝업스토어에서는 이런 바다, 소금, 청바지를 활용한 극적인 공간 연출까지 가미되었다. 또 다른 팀은 대부도의 필드 트립 중에 본인들이 만들어 낸 '건물과 닮은 동물 이름 대기' 게임을 하면서 즐거웠던 경험을 콘텐츠의 콘셉트로 응용하여 구체화시켰다, 실제 로케이션 헌팅 Location Hunting 을 다니면서 만난 건물, 구조물 등에서 착안한 동물을 소환해 내기 시작했다. 이 팀은 이런 동물들은 밤에만 출현한다는 세계관과 스토리텔링을 만들었다, 건물을 작은 스케일로 만들고, 투명한 이젤 앞에서 자신만 볼 수 있는 건물의 동물들을 그려낼 수 있도록 고안되었다. 실제 사람들의 상상을 통해 생각하지 못한 동물들을 그려내는 전시를 기획하여 큰 호응을 이끌어 냈다. 2025년도에는 프로그램과 내용을 업그레이드하여 대부동의 지역성을 가미하였으며, 이 가치와 의미를 인정해 준 경기창작캠퍼스 대부동 의 리뉴얼 개관식에 관객참여형 프로그램인

SOS 갯벌 생태계 구조작전[11]으로 참여하고 있다. 갯벌에서 벌어지는 환경문제와 연계하여 그 깊이를 더했으며 실제 가족과 어린이들을 대상으로 프로그램을 운영하면서 의미 있는 결과를 도출할 것으로 기대한다.

4) 로컬창업(전문학사, 3학점)

로컬창업은 린 캔버스 Lean Canvas 를 활용한 창업 기법을 연구하고, 본인의 아이디어를 사업계획서까지 도출해 보는 수업으로 로컬의 아이디어를 창업으로 연계하려는 학생들에게 특화된 수업으로 운영된다. 2024년도에 처음 개설되어 운영되었으며 당해년도는 소셜 임팩트 투자사인 MYSC의 연구원들과 함께 수업을 설계하고 기획하였다. 이때 가장 중점을 둔 것은 실제 모의창업을 하고 비즈니스 모델을 만들어 보는 과정을 한 사이클 모두 경험해 보는 것이었다. 특히 로컬스튜디오 수업과의 차별성을 가지면서 창업에 더 방점을 두는 수업으로 운영하였다.

2025년도 창업수업은 조금 더 개별적인 아이디어를 구체화시키는 데 초점을 두었으며, 각자는 린캔버스와 신사업창업 사관학교 예비창업자 사업계획서[12]를 준비하는 것으로 구성하였다. 사업계획서에는 사업 아이템 소개, 차별성, 시장분석, 사업화 전략, 재무계획을 포함해야 한다. 아이템의 핵심기능, 소비층, 사용처를 구체적으로 작성하고, 경쟁우위를 명확히 하여, MVP부터 완제품까지 개발과정을 설명해야 한다. 또한 국내 시장분석을 기반으로 마케팅 및 홍보 전략을 세우고, 3년간

11 경기창작캠퍼스의 SOS 갯벌 생태계 구조 작전 프로그램 운영은 다음 사이트에서 확인할 수 있다. https://gcc.ggcf.kr/edus/138

12 신사업사관창업학교 예비창업자 지원사업은 예비 소상공인의 준비된 창업 및 전주기별 맞춤형 지원을 통한 기업가형 소상공인 육성기반을 마련하기 위해 중소벤처기업부와 소상공인진흥공단이 운영하는 프로그램이다.

경기창작캠퍼스의 SOS 갯벌 생태계 구조 작전 프로그램 포스터

의 사업 로드맵과 자금조달 계획을 상실히 작성해야 한다.

이런 구조 안에서 각자 본인만의 고유한 사업 아이디어를 발전시키고 구체화하는 것 이외에도 기업가 정신, 창업 타이밍, 비즈니스 모델, 확장 가능성 등 구체적으로 창업을 할 때 필요한 내용들에 대해 자신이 고안한 아이디어와 연계하여 구체적인 고민과 연구를 할 수 있도록 구성되어 있다. 특히 이번 학기에는 외부 전문가 특강을 연계해서 구성하였는데, 전문가 중 한 분은 서울예술대학교 영상학부 영화 전공 동문 중에 이미 플랜트 스터디카페(https://plantstudylounge.com/)로 전국에 150호 이상의 프랜차이즈 매장을 확보하고, 이외에도 반려동물, 요식업 등의 다양한 사업체를 운영하고 있는 동문 창업 특강도 연계되어 있다. 이를 통해 학생들은 실질적인 창업사례를 직·간접적으로 경험하면서 본인들이 선정한 아이디어를 구체화하고 예술가로서 로컬콘텐츠 창업에 얼마나 구체적으로 준비를 할 수 있는지 이론과 실무를 겸비해서 연구할 수 있다.

(3) 비교과 프로그램

비교과 프로그램으로 운영된 활동들은 단순한 프로그램 나열이 아니라, '로컬콘텐츠 중점대학'으로서 서울예술대학교가 지역과 학생, 예술적 실천을 연결해 나간 흐름을 보여주는 중요한 축이라고 할 수 있다. 최근까지 다양하게 진행한 활동들을 카테고리별로 정리하고, 각각의 내용·의미·확장 가능성에 대해 살펴보겠다.

1) 공간 및 물성 재활용을 통한 창의적 전환

① 활동 사례

- **바이바이 코스모스** Bye Bye Cosmos

코스모스 어린이집은 25년 동안 지역 어린이집으로 운영되다가 사회적·경제적 이유로 폐원을 한 사립기관이다. 한 지역에서 20년이 넘는 시간 동안 수많은 동문을 배출한 교육기관으로 가지는 상징성은 매우 크다고 볼 수 있다. 원에 남아 있던 아이들 눈 맞춤으로 설계된 건물구조, 교탁과 의자, 사용하던 교구, 장난감 등도 새로운 시각에서 활용을 하면 의미 있는 콘텐츠가 될 수 있다고 믿었다. 그리고 25년 동안 이어온 헤리티지와 레거시Heritage & Legacy에 대해서도 존중과 아쉬움을 표현하고 싶었다. 예술가들이 바라보는 시각으로 이 공간을 기억하는 '공간 기억 프로젝트' 바이바이 코스모스Bye Bye Cosmos를 기획한 의도이기도 하다. 서울예술대학교 재학생을 대상으로 프로젝트 아이디어를 공모하였는데 다양한 전공의 학생들이 관심을 가지고 참여했다. 사진, 공간디자인, 시각디자인, 문예창작, 예술경영, 광고창작 전공 20여 명의 학생들이 '유년기의 기억'과 '버려진 물성'을 소재로 전시하는 아이디어를 제안했고, 본격적인 다학제간 융합 프로젝트가 시작되었다.

이와는 별도로 공간에 대한 기억을 프로페셔널 아티스트의 시점으로 재해석하는 프로젝트도 동시에 진행했다. 첫 번째는 서울예술대학교 미디어 창작학부의 크리스티안 타피에스Christian Tapies 다큐멘터리 필름 전공 교수와 진행하였는데 한 사회에서 어린이집이 사라진다는 것의 의미, 한국의 인구소멸, 지역사회 커뮤니티의 기억의 흔적을 찾아가는 과정을 지역 주민 인터뷰, 사회적인 현상에 대한 리서치, 또한 작가의 해석과 시선을 따라 다큐멘터리로 제작되었다. 두 번째로 서울예술대학교 디자인학부 사진 전공 동문 중에 안산에서 태어나고 자란 황찬호 작가와 어린이집의 공간의 기억을 남기는 기록 사진전시를 준비하였다. 어린이집은 구조물을 헐고 새로운 공간으로 탈바꿈될 계획이었고, 작가는 오랜시간 동안 아이들의 추억과 손때가 묻은 곳곳을 선명한 기억으로 남기고자 하는 의도를 정확히 파악하였다. 특히 안산에서 오랜 시간을 보내온 그는 지역을 바라보는 따뜻한 시선을 가지고 있었다. 이 프로젝트의 콘셉트가 지역의 특성을 예술가의 시선으로 재성리하는 것이었던 만큼, 평소 자신만의 색깔로 현상을 담아내는 작업을 이어온 작가의 활동이 눈에 띄어서, 이 프로그램에 함께하는 것을 적극 요청하였다.

• **게릴라 가드닝 프로젝트**

'게릴라 가드닝 프로젝트'는 지역 주민과 전문 정원사가 함께한 생명 회복형 예술 프로젝트로, 도시의 잔여물 속에 새로운 생명을 심는 과정을 통해 예술과 환경, 공동체의 경계를 허무는 실천이었다. 참여자들은 코스모스 인근 거리와 폐공간을 탐색하며 버려진 가구나 생활용품을 직접 수집했고, 각각의 오브제, 의자, 테이블, 낡은 시계, 통기타, 화분대 등에 식물과 흙, 조명, 메시지를 더해 '살아 있는 조각Living Sculpture'으로 재탄생시켰다.

이 워크숍은 단순한 원예 활동이 아니라, 참여자 각자가 도시 속 '죽어 있던 사물'을 발견하고 돌보는 과정에서 자신과 도시의 관계를 다시 묻는 감각적 리서치로 작동했다. 학생, 시민, 예술가가 함께 만든 작품들은 이후 코스모스 공간 내부와 외부에 전시되었으며, 2024년 안산거리극축제의 미디어 파사드 조형물로 확장되어 도시의 밤거리를 밝히는 공공예술로 재구성되었다.

특히, 이 프로젝트는 '예술이 환경을 돌본다'는 메시지를 넘어서 예술이 관계를 회복한다는 확장된 의미를 보여주었다. 버려진 사물에 식물을 심는 행위는 곧 '사람 사이의 단절된 연결을 다시 잇는 상징적 제스처'로 작용했다. 참여자들은 물건을 고치고, 흙을 나르고, 함께 물을 주며 도시의 시간과 기억을 공유하는 새로운 공동체적 리듬을 만들

2024 안산거리극축제 미디어 파사드 조형물

어 냈다. 결국, '게릴라 가드닝 프로젝트'는 예술가의 손에서 태어난 작품이 아니라, 시민의 손으로 완성된 공동 창작물Co-Creation이었다. 이 과정에서 예술은 더 이상 전시장의 오브제가 아닌, 삶의 현장에서 피어나는 관계의 예술, 지속 가능한 도시의 언어로 자리 잡았다.

② 의미

• 순환적 디자인과 지역자원의 재해석

'게릴라 가드닝 프로젝트'는 단순히 버려진 물건을 재활용하는 수준을 넘어, 도시 속 잉여자원을 예술적 상상력으로 재해석하고 순환시키는 디자인 실천이다. 낡은 의자, 깨진 시계, 오래된 통기타와 같은 물성은 더 이상 폐기물이 아니라, 새로운 생명과 이야기를 품은 예술적 매개체로 다시 태어난다. 이러한 '업사이클링Upcycling'은 지속 가능성에 대한 교육적 실천이자, 도시의 감각을 되살리는 물질적 서사Material Narrative로 작동한다. 즉, 사물이 가진 시간의 흔적과 사람의 손길이 만나며 예술이 곧 환경과 기억의 회복 장치로 기능하게 되는 것이다.

• 참여적 지역문화 형성

이 프로젝트의 핵심은 '함께 만든다'는 과정 그 자체에 있다. 학생, 주민, 전문가가 동일한 참여자로서 식물을 심고, 오브제를 다루며, 서로의 이야기를 나누는 동안, 지역의 감정적 관계망Emotional Network이 복원된다. 이 과정은 지역의 '정서적 기억emotional memory'을 재생시키는 예술적 행위이며, 참여자에게는 공동체 속에서 자신이 어떤 역할을 할 수 있는지를 체험하게 하는 문화적 리허설이 된다.

즉, 예술이 관계를 매개로 커뮤니티를 생성하는 사회적 촉매Social Catalyst로 기능하는 것이다.

• **공간→콘텐츠→커뮤니티로 이어지는 순환 구조**

'게릴라 가드닝'은 하나의 장소에서 시작되지만, 그 결과는 공간을 넘어선다. 공간에서 생성된 예술적 행위가 콘텐츠로 전환되고, 그 콘텐츠를 매개로 새로운 커뮤니티가 형성되는 순환적 구조의 출발점이 된다. 예를 들어, 코스모스에서 만들어진 식물 오브제가 안산거리극축제의 미디어 파사드로 재해석되어 도시 공간 속으로 확장되듯, 하나의 창작이 또 다른 공공적 경험으로 이어지는 구조를 만든다. 이러한 확장은 예술-교육-커뮤니티-산업을 잇는 순환 시스템의 첫 단추로서, 지역의 지속가능한 창의 생태계를 구축하는 중요한 계기가 된다.

2) 지역 정체성과 세계관을 결합한 브랜딩 실험

① 활동 사례

• **코스북스 프로젝트** CosBooks=Cosmos+Books **: 예술과 사유, 로컬과 우주의 경계를 잇는 출판 실험**

'코스북스 프로젝트'는 코스모스 공간이 가진 '우주적 세계관 Cosmos Worldview '을 독립서점과 협력하여 서적, 아트북, 리플릿, 미디어 콘텐츠 등의 형태로 확장하는 출판·문화 실험이다. 이 프로젝트는 단순한 책 제작이 아니라, 예술적 사유를 지역적 언어로 번역하고, 지역의 이야기를 우주적 시선으로 재해석하는 창의적 행위로 기획되었다.

프로젝트의 첫 번째 시리즈는 인문학 교수 초청 강연과 연계되어 '우주 Cosmos vs혼돈 Chaos '이라는 주제를 탐구하며, 질서와 무질서, 조화와 불안정의 개념을 지역문화와 예술적 상상력의 관점에서 풀어냈다. 참여자들은 강연과 워크숍을 통해 철학적 개념을 시각적·문학적 언어로 전환하고, 이를 독립출판물로 엮어내며, 예술적 사고가 교육, 출판, 커뮤니티로 이어지는 새로운 형태의 창작 순환 구조를 실험했다.

특히, 코스북스는 지역 독립서점, 로컬 북스토어, 독립 출판사 등과 협력하여 '서점-학교-공간'이 연대하는 지식 생태계를 구축했다. 이는 기존의 일방향적 강연이나 전시를 넘어, '지식을 함께 만들고 함께 유통하는 '참여형 문화 플랫폼Co-Creation Publishing'으로 발전했다.

'코스북스 프로젝트'는 책이라는 매체를 통해 코스모스의 정체성을 물리적 공간에서 사유의 공간으로 확장한 시도이며, '지역에서 출판하다'라는 행위를 지식의 로컬화Localization of Knowledge로 전환한 실험이다. 이는 예술대학이 지역사회와 협력하여 사유·창작·기록이 순환하는 지속 가능한 문화 생태계의 한 모델을 제시한 사례라 할 수 있다.

② 의미

• 지역 정체성과 확장된 서사: 코스모스가 만들어 낸 새로운 로컬 내러티브

코스모스는 단순한 '지리적 장소'가 아니라, 공간과 우주의 상징을 결합하여 로컬의 정체성을 새롭게 서사화한 브랜드로 확장되고 있다. 이곳에서 로컬은 행정적 단위나 생활권의 범주를 넘어, 예술과 철학, 산업과 학문이 서로 얽히며 새로운 이야기의 구조를 만들어 내는 장場으로 기능한다. 즉, 코스모스는 지역을 '배경'으로 소비하지 않고, 그 속에 내재된 기억·인물·언어·시간의 결을 브랜드의 서사적 자산narrative asset으로 전환한다.

이러한 확장은 곧 지역 정체성Local Identity의 재구성 과정이다. '코스모스'라는 이름이 가진 우주적 상징Cosmos vs Chaos은 질서와 혼돈, 생성과 해체의 리듬이 공존하는 도시의 현실을 은유하며, 그 자체로 로컬이 지닌 다층적 의미를 확장하는 메타포가 된다. 이 공간은 예술가와 시민, 학생, 연구자가 함께 로컬의 과거·현재·미래를 상상하고 기록하며, 그 결과를 콘텐츠·전시·출판·창업 등으로 구체화하는 복합적 문화 플랫폼으로 작동한다.

3) 학생 주도의 실험과 제작 기반 구축

① 활동 사례

• DIT 코스먼데이+코스모켓: 학생 주도의 창의 실험이 지역경제로 순환되는 로컬 비즈니스 플랫폼

'DIT 코스먼데이DIT CosMonday'와 '코스모켓CosMarket'은 서울예술대학교 학생들이 직접 기획·제작·운영하는 로컬형 창의 실험 플랫폼이다. 이 프로그램은 단순한 과제나 전시를 넘어, 학생이 기획자·디자이너·창작자·운영자의 역할을 동시에 수행하며 자신의 아이디어를 실제 시장과 연결하는 교육-창업 연계형 프로젝트로 설계되었다. 학생들은 팝업스토어 운영을 위해 매대, 가구, 간판, 브랜딩 소품 등을 직접 디자인하고 제작한다.

이는 학교 수업에서 배운 공간디자인, 제품디자인, 시각커뮤니케이션, 브랜딩 지식을 현장에 적용하는 실천적 디자인 러닝Practice-based Learning의 대표 사례다. 이후 완성된 매대는 매 팝업마다 재활용되며, 단순한 전시 소품을 넘어 지속 가능한 순환형 전시 인프라로 발전한다. 또한 학생들은 자신이 제작한 부스를 외부 지역 행사나 지역 상점, 공공기관 프로그램에 렌털대여 형태로 제공함으로써 로컬경제와의 실질적 연계를 실현하고 있다. 이 과정에서 디자인·창작이 단순한 표현 행위가 아니라, 사회적 자원과 경제적 가치로 순환되는 구조임을 직접 체험한다.

'코스모켓'은 이 과정을 통해 탄생한 학생 창업팀의 아이디어 부스와 상품이 시민들에게 공개되는 장으로, 지역 주민과 창작자가 함께 교류하고 협업하는 로컬 크리에이터 마켓의 성격을 가진다. 여기서 판매되는 제품은 단순한 소비재가 아니라, 학생들의 학습 과정에서 생성된 아이디어와 정체성의 표현물이다. 즉, '코스모켓'은 교육과 창업, 지역문화가 한 점으로 수렴되는 현장 중심의 창의 인큐베이팅 플랫폼으로 작동한다.

결국 DIT 코스먼데이+코스모켓은 서울예술대학교가 지향하는 '연계-순환-통합' 구조의 축소판이라 할 수 있다. 학습에서 창작으로, 창작에서 지역 실천으로, 다시 교육 피드백으로 이어지는 예술-비즈니스-로컬의 순환 생태계를 구현하며, 학생 주도의 창의성과 지역 공동체의 참여가 함께 성장하는 새로운 로컬 크리에이티브 모델Local Creative Model을 제시한다.

② 의미

• 창작과 제작, 유통이 맞물린 통합 구조 실험

DIT 코스먼데이+코스모켓 프로젝트는 단순한 전시나 판매의 수준을 넘어, 학생이 직접 창작자이자 제작자, 운영자, 그리고 기획자로 참여하는 통합형 실험이다. 학생들은 자신이 만든 창작물을 선보이기 위한 물리적 기반(매대, 디스플레이, 구조물)을 스스로 디자인하고 제작하며, 운영 방식과 동선, 수익 구조까지 자율적으로 설계한다. 이 과정에서 학교는 단순히 '공간 제공자'가 아니라, 학생이 주체가 되어 창작-생산-유통 전 과정을 경험할 수 있는 실험적 창업 교육 플랫폼으로 기능한다.

이러한 구조는 '결과 중심 교육'이 아닌, 과정 속에서 창의적 문제해결력과 협업 능력을 길러내는 학습 모델로 작동한다. 학생들은 팝업스토어의 기획 단계에서부터 공간 연출, 브랜딩, 제작, 마케팅, 고객 응대까지 전 과정을 경험하며, 실제 사회의 유통 구조를 학습하고 개선점을 발견한다. 이를 통해 예술교육은 더 이상 '학교 안에서만 머무는 창작'이 아니라, 현장 속에서 실시간으로 작동하는 창의 실천의 과정이 된다.

• **지속 가능한 지역 창업 기반 조성**

DIT 코스먼데이의 가장 큰 성과는 지속 가능성Sustainability에 있다. 학생들은 매 프로젝트마다 새롭게 매대를 제작하는 대신, 기존 구조물을 재활용하고, 이를 공용화·렌털 시스템으로 전환했다. 이로써 불필요한 자원 낭비를 줄이는 동시에, 학교의 창작 인프라가 지역사회와 공유되는 순환형 자원 구조Circular Resource system를 구축했다. 제작된 매대와 부스는 지역 행사, 시민 축제, 공공기관의 전시 등에서 대여되어 활용되며, 이 과정에서 학생 창작물이 지역의 공공 자산Public Asset으로 기능한다. 이러한 실천은 예술교육이 지역경제와 맞닿을 수 있다는 가능성을 보여준 로컬 크리에이티브 인큐베이팅Local Creative Incubating의 성공적 사례다.

• **교육과 실천의 경계 해체**

DIT 프로젝트의 가장 중요한 의의는 교육과 사회 실천의 경계를 허물었다는 점이다. 이곳에서 수업의 결과물은 더 이상 '과제'로 끝나지 않는다. 학생이 만든 매대, 브랜드, 제품, 시각 콘텐츠는 실제 지역의 현장에서 사용되고, 사람과 사람을 이어주는 사회적 자산Social Capital으로 순환한다. 즉, 교육의 산출물이 다시 사회 속으로 들어가 다른 프로젝트의 자원이 되고, 그 경험이 다시 교과 과정에 환류되어 새로운 창작으로 이어지는 순환형 학습 생태계Closed-Loop Learning Ecosystem가 만들어지는 것이다.

결국 DIT 코스먼데이+코스모켓은 예술교육이 산업적 실험, 지역 협력, 공공 참여로 확장되는 새로운 예술-경제-교육의 융합 모델을 보여준다. 이 모델은 학생에게는 실천적 학습의 장이자, 학교에게는 지속 가능한 지역 협력 플랫폼이며, 지역사회에게는 청년 창의력이 작동하는 살아 있는 창작 생태계로 기능한다.

4) 커뮤니티 실천과 창업 실험의 통합

① 활동 사례

• 헬로우 코스모스HELLO COSMOS 프로그램: 지역의 창의 거점으로서 정체성을 선언하는 예술적 개막Opening

'헬로우 코스모스HELLO COSMOS'는 단순한 리뉴얼 오픈 행사가 아니라, 서울예술대학교가 지역과 함께 구축해 온 '로컬 창의 거점'의 정체성을 공식적으로 드러낸 예술적 개막Opening Ceremony이었다. 이 프로젝트는 매드안산 브랜드를 활용한 타이다이 티셔츠 제작, 셀프 플랜테이션(식물재배) 워크숍, 김홍도의 씨름 장면을 현대적으로 재해석한 그라피티 벽화 디자인 등 지역 시민이 직접 참여하는 다양한 예술교육형 프로그램으로 구성되었다.

이날의 현장은 일회성 이벤트가 아니라, '장소–사람–콘텐츠'가 서로를 기억하게 만드는 예술적 공동체의 서막이었다. 참여자들은 단순한 관람자가 아니라 창작의 일부로서 자신의 손끝으로 공간을 완성하고, 일상의 감각을 예술로 확장하는 경험을 공유했다. 이러한 참여와 협업은 지역의 일상 속에 예술을 심고, 놀이와 교육, 창작과 실천이 교차하는 새로운 커뮤니티 문화를 형성했다.

특히 로컬스튜디오에서 탄생한 신생팀들의 창의적 아이디어는 아이디어 부스idea booth 운영을 통해 지역민과 직접 소통하는 장을 마련했다. 이 공간은 예술가의 실험실이자 시민의 놀이터로서, 로컬 창작자와 주민이 함께 도시의 새로운 가능성을 상상하는 공유 플랫폼으로 기능했다.

'HELLO COSMOS'의 진정한 의미는 공간의 재개장이 아니라, "우리가 누구이며, 왜 이곳에서 예술을 하는가"에 대한 스스로의 질문에 있었다. 이 행사는 단순히 건물의 오픈식이 아니라, 서울예술대학교가 안산이라는 도시 속에서 구축한 예술적 생태계의 정체성 선언이자

서울예술대학교
SEOUL INSTITUTE OF THE ARTS
매드안산
COLORFUL COSMOS
Anything is possible
Nothing is impossible!
COLORFUL COSMOS WEEK
COLORFUL COSMOS는 매드안산의 거점공간 코스모스의 개소식을 준비하며 '무엇이든 가능한' 코스모스의 정체성을 가지각색 담아내는 4주간의 프로그램입니다.
PROGRAM
9월 11일 - 코스모스 타이다이
9월 18일 - 코스모스 테라리움
9월 25일 - 코스모스 DJ파티
9월 30일 - 매드안산 그래피티
10월 2일 - 헬로우 코스모스 (개소식)
APLLY
일시 | 25.09.09.~25.10.02.
장소 | 코스모스 (예술1길 14) / 서울예술대학교
참여방법 | 사전 구글폼 신청
안내 | 인스타그램 @madansan_cosmos

사회적 인사였다. 즉, 코스모스는 하나의 건물이 아니라, 예술이 지역을 매개로 사람과 사람, 기억과 미래를 연결하는 거점 생태계의 시작점이었다. 이 오프닝은 지역의 시민, 창작자, 학생이 함께 참여해 만들어 낸 '로컬 리추얼Local Ritual', 즉 지역 공동체가 새로운 창의적 시대를 맞이하는 의식과도 같았다. 그날의 인사는 단순한 인사말 "헬로우Hello"가 아니라, "우리가 이곳에서 새롭게 만나는 방식"에 대한 선언이었다.

② 의미

이 프로젝트의 의의는 세 가지 축으로 확장된다.

• 커뮤니티 기반 창작 실험

지역 주민, 청년, 예술가가 함께 체험하고 만들어 가는 공동 창작의 현장을 열었다. 이곳에서 예술은 개인의 창작 행위가 아니라, 서로 다른 배경의 사람들이 만나 함께 상상하고 손으로 실현하는 관계의 언어로 작동했다. 그 결과 코스모스는 단순한 예술공간을 넘어, 시민과 예술가가 함께 도시를 다시 디자인하는 사회적 공방Social Atelier이 되었다.

• 전통과 현대의 융합

김홍도의 씨름, 안산의 지역 문화 상징 등을 현대적 감각으로 재해석함으로써, 과거의 서사가 현재의 창의 언어로 변환되는 문화적 번역 작업이 이루어졌다. 이는 전통을 보존하는 데 머무르지 않고, 예술을 통해 지역 정체성을 새롭게 재구성Recomposition하는 시도였다. 결과적으로 코스모스는 지역 고유의 미감을 미래지향적 콘텐츠로 확장시킨 로컬 내러티브의 실험실Local Narrative Lab이 되었다.

• **창업 실험과 문화 향유의 결합**

워크숍과 부스 운영이 동시에 이루어지면서, 창의적 활동이 곧 창업의 초기 실험장Creative Prototyping Lab으로 작동했다. 학생과 청년 예술가는 자신의 아이디어를 시민에게 직접 선보이고, 피드백을 받아 제품·콘텐츠로 발전시키는 현장형 창업 인큐베이팅 구조를 경험했다. 이는 예술교육이 '창작–비즈니스–커뮤니티'로 이어지는 지속 가능한 로컬 크리에이티브 생태계로 확장된 사례라 할 수 있다. 요컨대 'HELLO COSMOS'는 서울예술대학교가 예술·교육·지역을 통합해 하나의 창의적 공동체로 재조직한 선언적 사건이었다.

예술이 공간을 깨우고, 공동체를 모으며, 전통의 서사를 미래적 언어로 번역하는 순간, 그곳에서 코스모스는 더 이상 건물이 아니라, 사람과 예술, 지역이 함께 숨 쉬는 살아 있는 거점 생태계Living Ecosystem로 탄생했다.

3. 연구프로젝트

(1) 코스모스시민대학Playground ABC : 지역사회와 함께 성장하는 예술 · 학습 · 창작의 실험학교

'코스모스시민대학'은 서울예술대학교가 캠퍼스 밖으로 확장해 지역사회와 함께 운영하는 로컬 거점형 학습·창작 플랫폼이다. 이 프로그램은 정규 교과과정Local Culture Makers의 연장선에 있으면서도, 더 개방적이고 실험적인 형태의 시민 예술교육 모델을 지향한다.

'Playground ABC'에서 A, B, C는 Art, Build, Connection을 의미하며, 예술적 감수성Art, 창의적 기획력Build, 지역의 연대와 공존Connection이 하나로 융합되는 학습 구조를 상징한다.

이곳은 학생뿐 아니라 지역의 청년, 시민, 창작자, 교육자 모두가 함께 배우고, 협업하고, 창의적으로 실험하는 열린 배움터 Open Learning Ground 로 운영된다. 특히 코스모스시민대학은 '지속 가능한 로컬 거점 공간의 형태'를 연구하고 실천하는 리빙랩 Living Lab 성격의 프로젝트이다. 예술가의 창작활동이 지역 문제 해결, 시민 문화 확산, 창업 실험 등으로 이어지는 순환형 생태계 모델을 탐구하며, 이를 통해 서울예술대학교만의 정체성과 차별성을 반영한 운영 프로그램을 구축하고 있다.

운영 방식은 세 가지 축으로 구성된다.

- 교육 Education : 예술·기술·지역문화를 융합한 단기·모듈형 워크숍 개설
- 창작 Creation : 지역 시민과 학생이 함께 참여하는 협업형 프로젝트 운영
- 공유 Community Exchange : 창작 결과물을 전시·공연·출판 형태로 환류하며 지역 커뮤니티와 예술대학이 상호 교류하는 구조 형성

결국 '코스모스시민대학'은 단순한 교육 프로그램이 아니라, 지역-예술-대학이 함께 성장하는 협력 생태계의 실험 플랫폼이다. 이곳에서 예술은 배우는 대상이 아니라, 사람과 사람, 지역과 학교를 연결하는 사회적 매개체 Social Medium 로 작동한다.

이 프로젝트는 서울예술대학교가 향후 구축할 '지속 가능한 예술대학 거점 모델'의 프로토타입으로서, 로컬 거버넌스와 공공예술 교육의 새로운 가능성을 탐색하고 있다.

코스모스시민대학은 단기적 교육사업에 머무르지 않고, 서울예술대학교 평생교육원과 연계하여 지속 가능한 정규 시민예술교육 프로그램으로 발전하고 있다. 이를 통해 예술교육이 특정 연령대의 전유물

이 아니라, 지역 주민 누구나 참여할 수 있는 열린 예술학습 생태계 Open Learning Ecosystem로 확장된다.

또한 향후 교육부의 RISE 사업 Regional Innovation System of Education과의 연계를 통해, 프로그램은 보다 체계적인 모듈화·세분화·맞춤형 교육체계로 발전할 예정이다. 이 과정에서 지역자치단체, 문화재단, 공공기관과 협업하여 지속 가능한 재정 구조와 운영 모델을 구축함으로써, 코스모스시민대학은 예술대학과 지역사회의 공생적 교육 플랫폼 Co-Learning Platform으로 자리매김하게 된다.

요컨대, 'Playground ABC'는 예술대학이 캠퍼스의 울타리를 넘어 지역과 함께 배우고, 만들고, 성장하는 21세기형 시민예술대학 Citizen Art College의 시범 모델이다. 이곳에서 예술은 교과가 아니라 삶의 언어, 교육은 제도가 아니라 공동체를 묶는 문화적 실천으로 작동한다.

1) 배경

① 인구 유동 쏠림과 산업구조의 변화

안산시는 국내 최대 규모의 반월국가산업단지를 배경으로 형성된 계획도시로, 산업·공업 지역과 주거·상업 지역이 구획화되며 시간대별 인구 쏠림이 극심하다. 한때 산업 중심 도시로 번성했으나 전통 제조업 쇠퇴와 함께 인구 감소 및 청년층 지역 정착 약화 현상이 뚜렷해졌다.

② 청년 주거지로서의 대학가 한계

서울예술대학 등 대학 주변은 원룸촌 및 편의시설 중심의 단순 소비 공간에 머무르고 있다. 청년 대학생은 '소비자'로 머물다 떠나는 존재로 인식되며, 지역 정체성과 상호작용의 계기가 부족하다.

③ 문화예술 콘텐츠 및 거점 부족

서울예대는 전국 최고 수준의 예술 인재를 보유하고 있으나, 이를 담아낼 지역 기반과 거리 콘텐츠 부재로 로컬 크리에이터들의 활동이 분산된다. 지역과 청년이 로컬 브랜딩과 자긍심 형성과 함께 교류하고 성장할 수 있는 예술 기반 커뮤니티 및 콘텐츠 설계가 필요하다. 다세대주택, 저소득층 밀집 지역이라는 낙인 극복과 함께, 청년 예술가가 지역과 함께 성장하는 구조로 전환이 필요하다. 주민과 청년이 교류하며 지역에 활기를 불어넣는 방식으로 마을 정체성을 재창출하고, 지속 가능한 지역 활성화 실현이 가능하다.

2) 사업추진목표

① 지속 가능한 문화 플랫폼 구축

지역 내 예술 활동과 교육이 일상적으로 이루어지는 구조를 마련하고 예술 활동이 지역사회에 정착하고 순환하는 기반을 구축하고자 함이다.

② '학교 담장 밖 캠퍼스'로의 확장

카페, 공방, 거리 등 지역 공간이 강의실이 되고 예술 창작의 무대로 활용된다. 또한 서울예대 학생들의 공연·전시 등이 지역 곳곳에서 이루어지도록 연계하기 위함이다.

③ 코스모스의 창업 인큐베이팅 플랫폼화

예술가·기획자·소상공인이 지역 자원을 활용해 비즈니스 모델을 구축하고 지속 가능한 사업모델을 구상해 나간다. 그럼으로써 예술 활동의 경제적 지속 가능성 확보할 수 있다.

④ 열린 예술 캠퍼스와 문화경제 생태계 조성

코스모스Cosmos라는 거점공간에서 Playground ABC라는 시민대학으로서의 구체적인 예술교육 실행 프로그램을 제안하고 운영해 봄으로써 그 가능성과 한계를 확인하고 진화하고자 한다. 초기 교육 콘셉트인 Playground ABCArt-Build-Connect는 '코스모스의 모든 것이 가능하고 불가능은 없다'라고 내세운 특징을 구체화하여 다음과 같은 세 가지의 구조를 가지고 운영된다. 첫째, Art정규 문화예술 교육 프로그램으로 전생애주기 지역사회 커뮤니티와 교류하고 문화예술교육 프로그램을 운영하고, 둘째, Build만들기로 실제 필요한 도구와 작품을 만들어 보고, 셋째, Connect연결에서 모두가 창작한 콘텐츠를 공유하고 나눔으로써 문화예술 교육의 가치를 확대하고 각자가 가지고 있는 의미를 확인하는 자리를 가진다. 이로써 문화예술 교육의 선순환 구조가 성립되고 추구하는 가치와 이념을 직간접적으로 커뮤니티에 공유하고 확대해 나간다.

주요 프로그램 내용은 다음과 같으며, 지속적으로 포트폴리오를 구축해서 다양한 문화예술교육을 통해 시민사회에 기여하는 대학의 책무를 다해 나갈 예정이다.

3) 로컬콘텐츠 아이디어 IP화를 통한 지속 가능성 확보: 아이디어 원천창작자와 지역을 연결하다

로컬콘텐츠 아이디어를 IP화하여 지속 가능성을 확보한다는 건 단순 콘텐츠 창작 지원을 넘어 지적재산권IP 관리, 플랫폼 비즈니스 모델화라는 두 축을 동시에 제안하는 것이다. 서울예술대학교에서는 매 학기 100여 개가 넘는 창작품이 탄생한다. 좁게 보면 로컬컬처메이커스 융합교육 과정에서도 매해 5~6개의 반짝이는 비즈니스 아이디어가 생겨난다. 이들 대부분은 아이디어에 그치거나 사업으로 연계해서 지속 가

프로그램 Fashion Action Direction
스토리가 흐르는 런웨이, 우리의 움직임으로 만드는 새로운 패션쇼

내용 안산 지역 청소년들과 서울예술대학교 공연학부 연기 멘토의 업사이클링 패션을 활용한 움직임이 있는 패션쇼

수업차시 7월 7일~18일 공연 & 패션 워크숍 운영, 7월 19일(토) 최종발표

특이사항 안산의 환경 영상제작 프로덕션 회사인 '에코'가 버려진 바람막이 점퍼 100여 벌을 활용할 방법에 대해서 상의, 안산의 '고려인지원센터 너머'의 버려진 한복 100여 벌의 후원까지 이어지면서 이 재료를 이용한 이색적인 패션쇼를 진행하면 좋겠다는 아이디어에서 시작

프로그램 오늘부터 광고천재
경력단절 여성이 우리동네 상점광고를 직접 만드는 제작 워크숍

내용 안산시 월피동과 고잔동에 거주하는 경력단절 여성을 포함하여 다양한 중년층 중에 광고영상제작에 관심이 있고 자신의 핸드폰으로 광고영상 기획 및 제작하는 방법을 배우고 우리동네 상점 광고해보기

수업차시 9월 2일~9월 30일

특이사항 서울예술대학교 인근의 마케팅 홍보까지 응대가 불가능한 소상공인 중에 프로그램에 동참하는 주체를 모집하여 운영

프로그램 다! 문화, 슈퍼 히어로즈!
다문화 초등학생이 자기표현 과정 중심의 연극 예술 교육

내용 문학작품의 나의 이야기를 비추어서 다양한 이야기를 만들고 연극으로 엮어가는 참여형 교육연극 프로그램

수업차시 9월 10일~11월 17일

특이사항 고려인 마을센터 [미르]의 초등학생 대상으로 한국에서 외국인으로 살아가는 자신감 고취 프로그램. 안산시는 특히 고려인들이 전국에서 가장 높은 비율로 고려인들이 거주 중임(2023년에 2만 명을 넘어 전국 최대 수준이고 2025년 3월 기준 전체 인구의 10%인 10만 580명이 외국인이고 이 중 고려인의 비율이 가장 높음)

프로그램 나의 모놀로그

시니어들의 인생 이야기로 만든 한 편의 모노드라마 연극

내용 시니어들의 이야기는 구비구비 이어지고, 각자 이야기의 주인공이 되며 타인의 이야기에 보조역할을 하면서 개인과 공동의 기억과 스토리를 엮어나가는 체험 프로그램

수업차시 9월 18일~10월 20일

특이사항 시니어 인구는 늘어나고, 대상을 위한 특화콘텐츠는 아직 그 수요를 따라가지 못하는 추세이다. 다양한 프로그램 연구를 통해 커뮤니티 안에서 존재감을 드러낼 수 있도록 지원

프로그램 AA 특공대

초등학생들이 쉽고 재미있게 AI, AR 을 배우는 예술교육 프로그램

내용 플라스틱 해양쓰레기가 한반도로 밀려 내려오면서 시작되는 모험 판타지. 학생들은 다양한 가상환경에서 일어나는 일들을 경험하면서 환경의 소중함과 기후위기에 대한 경각심을 몸소 체화하기

수업차시 10월 13일~11월 5일

특이사항 2022년도에 꿈다락 프로그램으로 성공적으로 운영한 바 있으며, 그해 우수 프로그램으로 서울에서 앵콜 운영을 진행

프로그램 코드명 Z: 꿀벌 실종사건

로블록스와 연극놀이로 만나는 초등학교 환경예술교육 프로그램

내용 기후위기에 기근, 식량의 위기도 이제 먼 이야기가 아니다. 꿀벌은 꽃과 꽃 사이를 날아다니며 화분 매개 역할을 하는데 이번에는 꿀벌이 사라지면 가장 큰 타격을 받는 음식물인 '아몬드'가 없어진다는 상상을 하면서 세계관과 스토리텔링를 구성

수업차시 10월 14일~11월 8일

특이사항 2023년도에 꿈다락 프로그램으로 성공적으로 운영한 바 있으며 안산의 양봉장과 협업해서 학생들이 실제 꿀벌의 생애주기에 대해서 학습하고 기후위기와의 연결성을 알아보기

프로그램 잘 살아봐 윷!

우리가족의 희망과 역경 인생을 담은 게임 만들기 워크숍

내용 Playground ABC(Art-Build-Connect)는 시민대학을 구성하는 문화예술교육 플랫폼을 코스모스(Cosmos)라는 공간에서 구현하는 프로그램이다. 이 중 B(Build)에 해당하는 본 프로그램은 가족 단위의 참여자들이 본인들의 가족 이야기를 중심으로 윷놀이 장기판으로 끌어들여 가족의 이야기를 게임과 스토리텔링으로 구성해 보는 워크숍

수업차시 10월~11월, 11월 1일 Playgorund

특이사항 가족 단위 토너먼트 형식으로 구성되고 참여하는 가족들의 워크숍 이후 실제 우리가족 보드판(Family Board Game)으로 만들어서 제공할 예정

프로그램 Playground ABC

어린이부터 할머니, 예술가부터 동네주민까지 모두 놀러와!

내용 Playground ABC는 시민대학의 프로그램의 결과물을 공유하는 공유와 소통의 장으로 다양한 구성원들이 거점공간인 코스모스(Cosmos)를 중심으로 하나가 되는 프로그램

수업차시 11월 1일, 하루종일

특이사항 지역의 대학, 시민대학 참여 수강생, 지역 주민, 인근 상인 등 다양한 참여자들의 한바탕 우리동네 잔치 & 페스티벌

능한 형태를 갖추지 못하는 아쉬움을 가진다. 이런 아이디어들이 창작자들에게는 창작자의 고유 IP 즉, 콘텐츠로 남고 지역에는 도움이 되는 비즈니스 형태로 남아 상생하는 구조를 만들고 싶었다. IP 전문 변호사 자문을 통해 창작자와 산학협력단, 그리고 아이디어를 가지고 활용한 창작자와의 계약 모델을 만들고 실행 기반을 갖춰 나가고 있는 상태이다. 앞에 언급한 안산동의 '야간산행' 프로그램이 그 구체적인 사례이다. 학생들의 아이디어를 마을이 승계받아서 지속 가능한 비즈니스 모델로 구체화하고 직접 참여하고 운영한다.

(2) 로컬콘텐츠 IP 플랫폼 확장 방안

1) IP 발굴 · 계약 단계 Seed 단계

① 핵심 기능

로컬 창작자(예술가, 주민, 청년 등)의 아이디어를 접수→선발→변호사 자문을 통해 IP 등록·계약. 1호 계약서 모델을 표준화하여 플랫폼 내 계약 프로세스를 자동화한다.

② 운영방식

오프라인 워크숍과 온라인 플랫폼 공모. 계약 시 "원천창작자의 권리"와 "지역 공유가치"를 동시에 반영한다.

③ 의의

창작자가 안심하고 아이디어를 공개할 수 있는 환경을 조성하고 지역 자원이 단순 '소재'가 아니라 법적 권리로 보장된 '콘텐츠 자산'으로 전환된다.

2) IP 관리 · 유통 단계 Platform Core

① 플랫폼 기능

등록된 IP를 카탈로그화 디지털 라이브러리 . 태그 기반 검색(예를 들어 "안산 외국인 노동자 이야기", "대부광산 문화유산", "지역 축제 스토리")로 만들고 추후 라이선스 계약 프로세스를 원클릭으로 진행 가능하다.

② 확장 포인트

기업·기관·방송사·게임사와 연결해 IP 활용을 중개. 지역 전설을 애니메이션 스토리로 계약하고 지역 브랜드와 패션 협업으로 구성한다.

③ 수익모델

B2B 라이선스 중개 수수료, 구독형 접근권(월 단위 IP 열람권), IP 활용·확장 단계 Marketplace & Ecosystem 로 발전시킬 수 있다.

3) 콘텐츠 변환

원천 아이디어를 2차 창작물로 확장할 수 있으며 이는 웹툰, 영상, 굿즈, 관광상품 등으로 발전시키면서 플랫폼에서 쇼케이스&판매가 가능하다.

4) 마켓플레이스 운영

로컬 IP 기반 상품 판매(굿즈, 전시, VR 체험, NFT 등)하고 "로컬IP 크리에이터 마켓"을 열어 창작자/기업/투자자가 만나는 장을 만든다.

5) 지속 가능성

수익 일부를 원천창작자·지역 공동체에 자동 배분(스마트 계약 활용 가능)하고 글로벌 확장·투자 단계 Scale-up 로 글로벌 진출한다. K-콘텐츠

한류 확산 흐름에 맞춰 로컬 IP를 "글로벌 niche"로 전환한다. 예를 들어 "제주 해녀 서사"가 넷플릭스 다큐로 상영되고, "안산 노동자 마을 이야기"가 해외 도시재생 워크숍을 운영하는 형태이다.

① 투자 · 펀딩

지역 IP펀드 조성하여 플랫폼에 등록된 IP에 공동 투자를 유치하고. 기업 CSR 사회공헌, 공공기관 도시 브랜딩 예산과 연계할 수 있다.

② 확장 모델

"지역별 IP허브" 운영(안산→부산→광주 등 타 지역으로 확장)하고, 글로벌 파트너 플랫폼(넷플릭스, Steam, TikTok 등)과 API 연계할 수 있다.

4. 실행으로 증명하다

서울예술대학교 출신 및 재학생 팀들이 각종 공모전·콘텐츠 경진대회·창업 경진대회 등에서 우수한 실적을 내는 배경에는 예술적 표현 능력뿐만 아니라 콘텐츠 기획력 Creative Content Planning 이 자리하고 있다.

학생들은 지역 자원 조사→아이디어 발상→스토리텔링→브랜딩→프로토타입→전시·발표까지 하나의 완결된 '기획-실행-발신' 프로세스를 학습하고 실천한다.

이러한 과정은 단순한 예술 활동을 넘어, 정책/산업 영역에서 요구하는 창의적 문제 해결력과 직결된다.

즉, 수상 실적은 '결과'이기도 하지만, 동시에 서울예대의 교육 모델이 실효성 있는 창작 인재를 길러내고 있다는 실증적 지표다.

2024 로컬콘텐츠
중점대학
수상실적

로컬컬처메이커스 1기 공삼일팀
2024 학생창업유망팀 300+
경진대회 예비트랙 최종 선정

로컬컬처메이커스 2기
사랑의 대부핑팀, 대부진팀
동상
400,000
혁신상
200,000
2024 수도권, 강원권 전문대학연합
제 10회 ESG 창업아이디어
경진대회 동상, 혁신상 수상

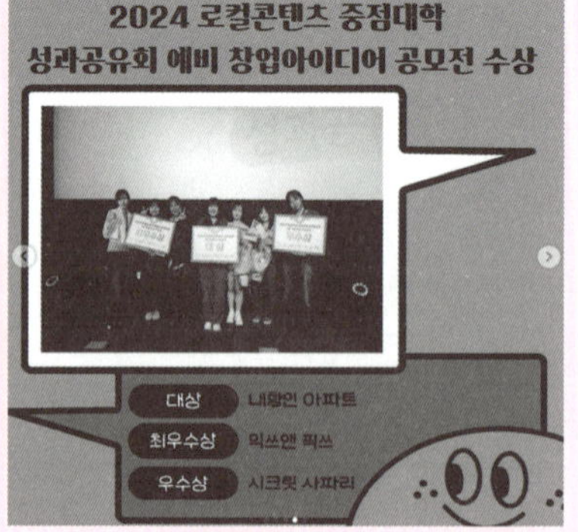
2024 로컬콘텐츠 중점대학
성과공유회 예비 창업아이디어 공모전 수상
대상 나랑인 아파트
최우수상 믹쓰앤 픽쓰
우수상 시크릿 사파리

(1) 마을대학 프로그램 1: 청년이 아이디어를 마을에서 실천하다

'안산동 수암봉 야간산행'은 대학이 만든 로컬콘텐츠가 주민주도형 창업 아이템으로 발전한 상징적 사례다.

1) 지역의 고유한 자원을 창의적으로 해석한 사례

'야간산행' 프로젝트는 2023년 로컬스튜디오 교과과정에서 탄생했으며, 학생들이 안산동의 산책로·등산로를 활용한 체험형 관광 콘텐츠를 기획한 것이 출발점이었다. 이 프로그램은 2023년 로컬콘텐츠 중점대학 아이디어 경진대회 수상을 시작으로 창업 300(문화체육관광부)의 최종 20팀까지 선정되고 2024년도 교육부장관상까지 수여했지만 학기제 수업의 한계와 학생들의 직접 창업으로 이루어지지 못해 지속 운영되지는 못했다.

2) 청년 창의력과 마을의 실행력이 결합된 모델

① 프로젝트 개요

"당신은 어둠 속을 걸어본 적이 있나요?"

도시는 밤에도 잠들지 않는다. 불빛과 다양한 사운드가 넘쳐나지만 그 안의 우리의 내면과 감각은 피로도가 쌓이고 감각은 무뎌지고 있다.

이 프로젝트는 잃어버린 감각을 되찾기 위한 오감 회복 프로그램이다. 눈보다는 귀와 발, 그리고 마음의 리듬으로 자연을 느끼며, 달빛 아래 나와 함께 걷는 우리의 존재를 확인하는 공동체적 예술 체험이다.

② 왜 야간산행인가?

현대인들은 감각의 과잉과 관계의 피로 속에 놓여 있다. 매일 수많은 사람과 연결되어 있지만 정작 누구와도 깊이 닿지 못한 채 살아간다. 끊임없이 들어오는 정보와 자극 속에서 우리의 감정과 관계는 점점 피로

안산동 야간산행 IP 활용 지역 브랜딩 협약식 & 실행디자인

해지고 있다. 야간산행은 어둠 속에서 자연이 주는 소리, 냄새, 바람과 흙, 나무의 감촉에 집중하게 한다. 함께 걷는 리듬 속에서 서로의 존재를 인식하고 공동체의 감각을 되찾는다.

③ 안산동에서의 예술적 실험

안산동은 천년의 역사를 품은 오래된 마을이지만, 인근 지역 신도시 개발이 예정되면서 점차 활력을 잃어가고 있는 원도심이다. 하지만 지역을 지켜내며 새로운 활력을 찾고자 하는 주민들의 마음이 모이고 있다. 2023년 서울예술대학교 학생들과 예술가들은 마을을 캠퍼스 삼아 예술을 통해 지역 활력을 되찾을 수 있는 방법을 모색했다. 낮에는 주민들의 이야기를 듣고 밤에는 숲길을 걸으며 시각보다 청각과 촉각으로 세상을 느끼는 감각 실험을 진행했다. 그 과정에 탄생한 아이디어가 '야간산행'이다. 이 실험은 예술적 체험을 넘어, 주민이 함께 참여하는 공동체 프로그램으로 발전했다. 그리고 2025년 대학교와 마을은 '야간산행' 콘텐츠를 지역에 전수하고 함께 운영하기 위한 업무협약MOU 을 체결했다. 이를 통해 대학의 예술 실험이 단발성 프로젝트가 아닌 지역의 일상적이며 지속적으로 이어질 수 있는 기반이 마련되었다.

3) 예술 기반 지역 프로그램의 지속 가능성 실험

공공기관·학교·마을이 협력하여 만들어진 본 프로그램은 예술활동이 '한시적 이벤트'가 아니라 지역에 정착하는 방식을 보여주는 모범적인 사례로 평가할 수 있다. 로컬콘텐츠 IP화와 주민교육으로 이어진 실행체계를 구축한다. 서울예술대학교는 이러한 한계를 극복하기 위해 2025년부터 '로컬콘텐츠 IP화' 전략을 본격화했다. 콘텐츠 저작권 전문 변호사와 협력하여 '로컬콘텐츠 아이디어 라이브러리 등록 계약서'를 제작하고, 기획자(학생)와 실행자(주민)가 공동으로 콘텐츠를 운영할 수 있는 법적 근거를 마련했다. 전국 로컬콘텐츠 대학 중에서 최초로 시도된 이 사례는 예술대학의 창작물이 지역의 경제활동으로 이전되는 혁신적 모델이 될 것이다. 이 계약서는 단순한 문서가 아니라, 대학의 창의적 결과물이 지역경제로 확산되는 시스템의 핵심이다. 서울예대는 이를 기반으로 '학생–주민–지자체' 3자 간의 협력구조를 제도화하였고, 이를 통해 주민이 주체가 되는 콘텐츠 비즈니스 생태계를 실험할 수 있었다.

4) 향후 확장 및 지속 가능성 전략

① 운영 주체의 다층화: '학생→마을→협동조합(마을사업자) 조직'

초기에는 학생이 주도했지만, 이후 마을 주민과 지역 단체가 프로그램을 정기적으로 운영할 수 있도록 운영 매뉴얼화 및 교육, 트레이닝을 진행한다. 안산시, 관광공사 등 공공기관과 협력하여 행정적·재정적 기반을 마련하면 자립 운영이 가능하다.

• 펀딩 성공, 그리고 주민의 자립

프로그램의 완성도를 높이고, 지역 주민과의 공감대를 형성하고, 매력적인 스토리텔링을 추가하는 동시에 2025년 10월 오마이컴퍼니 플랫폼에서 크라우드 펀딩을 진행했다. 그 결과 목표금액 3,000,000원 대비 106% 달성(총 3,150,000원)으로, 주민이 주도한 첫 로컬콘텐츠 펀딩 성공 사례가 되었다.

이후 총 6차례 외부참여형 야간산행이 성공적으로 운영되었고, 현재는 일주일에 두 번 매주 월요일과 토요일 정기 프로그램으로 자리잡았다. 주민이 가이드가 되어 스토리텔링을 진행하고, 지역 상인들이 간식을 제공하며, 마을의 작은 경제가 다시 순환하기 시작했다. 이 프로그램은 단순한 행사가 아니라, 지역 내 상권 활성화와 소득 환원 구조를 가진 예비창업형 마을 비즈니스로 발전 중이다. 서울예대의 컨설팅은 단순한 교육지원이 아닌, '지역창업 촉진자'로서의 역할을 수행하고 있다.

② 콘텐츠 다각화 및 시즌제 운영

계절별/테마별로 프로그램을 확장할 수 있는데 예를 들어 봄-소리산행, 여름-불빛산행, 가을-스토리텔링 산행 등 테마별로 디자인하고 참여자의 복수 방문과 관광상품화를 유도한다. 지역 예술가, 학생, 주민이 매 시즌 콘텐츠를 공동 기획하는 공동 창작 구조를 구축한다.

③ 지역 브랜드 및 창업 모델로의 발전

'야간산행' 자체를 지역 브랜드로 육성해 관광 상품, 굿즈, 미디어 콘텐츠와 연계할 수 있다. 프로그램 운영 주체(청년팀/마을협동조합)가 창업 전환하여 수익 구조를 갖춘 사회적기업 모델로 발전시키는 것도 가능하다.

④ 거버넌스 체계 구축

서울예대(교육·창의력)-마을(운영력)-지자체(행정지원)-기업(브랜드·투자) 등이 참여하는 협력 거버넌스를 공식화해, 장기 사업으로 발전시킨다. 정기 회의, 평가 시스템, 참여자 데이터 아카이빙 등을 통해 '지역-대학 협력형 창의생태계'의 모범 사례로 확립할 수 있다.

• 교육과 컨설팅을 결합한 '매드안산 시민대학' 운영

2025년 5월, 서울예술대학교는 안산동 주민을 대상으로 한 '매드안산 시민대학(동네기획자)' 과정을 개설했다. 이 프로그램은 단순한 강의 중심 교육이 아니라, 프로젝트 기반 실행형 교육PBL: Project Based Learning 으로 구성되었다.

수강생들은 실제 사업을 목표로, 주제 설정→콘텐츠 기획→현장조사→운영 시뮬레이션→홍보전략 수립→프로젝트 실행까지 6단계 과정을 수행했다. 사업PM인 저자는 직접 현장을 지도하며, 주민이 스스로 프로그램을 설계할 수 있도록 컨설팅을 병행했다. 서울예술대학교는 '수암봉 야간산행' 프로젝트를 중심 주제로 삼고, 주민이 직접 기획·운영할 수 있도록 각 팀별 워크숍과 현장실습을 반복했다.

교육 내용은 실무가 낯설게 느껴질 수 있는 주민들의 눈높이에 맞춰 진행되었다.

- 기획자 관점: 콘텐츠 발굴 및 사업 아이디어 구체화
- 운영자 관점: 안전관리, 체험동선 설계, 참여자 응대 매뉴얼
- 홍보자 관점: SNS 브랜딩, 포스터 제작, 홍보영상 기획

이 세 가지 축이 유기적으로 연결되도록 설계되어, 주민들이 한 단계 높은 수준의 운영 역량을 확보하게 되었다.

(2) 마을대학 프로그램 2: 세상을 바꿀 만한 청년의 아이디어

'내향인 아파트'는 성포동의 마을에서 얻은 영감으로 내향인을 위한 공간콘텐츠 프로그램이다.

1) 문제의식의 맥락화 – 베드타운과 '내향인'이라는 타깃

성포동은 주거 중심의 베드타운으로서 낮 시간에는 인적이 드물고, 산업이나 문화 활동이 활발하지 않다는 구조적 특성이 있다. 이 학생팀은 이러한 도시적 맥락에서 '외부와 단절된 조용한 환경'이 오히려 특정 집

단에게는 기회가 될 수 있다는 관점을 발견했다. 특히 '내향인'이라는 세분화된 타깃층에 주목해, 일반적인 대규모 청년 프로그램이나 소셜 이벤트가 간과하는 조용하고 사적인 커뮤니티의 욕구에 대응하는 새로운 방식의 프로그램을 기획한 점이 주목할 만하다. 여기서 중요한 것은 '문제해결'이 아니라, '맥락의 재해석'이다. 베드타운의 '정적靜'을 내향인의 '적합한 환경'으로 전환한 발상 자체가 도시와 청년이 만나는 지점이다.

2) 아이디어 구체화 – 공간 · 서비스 · 커뮤니티의 결합

이 팀은 단순히 '내향인을 위한 모임'을 제안하는 수준에서 머무르지 않고, 실제 공간 구성 및 프로그램 운영 방식을 구체화했다.

- 공간 설계: 조용한 개인 작업 공간, 소규모 대화가 가능한 라운지, 감각적 자극이 적은 조명·음향 등 '내향적 성향'에 맞춘 디자인 요소 반영
- 서비스 기획: 예약 기반의 소규모 프로그램(독서 모임, 혼밥 테이블, 감정 아카이빙 워크숍 등)을 통해 부담 없는 참여 방식
- 커뮤니티 운영: 일회성 이벤트가 아닌, 지속적인 이용자 커뮤니티 형성을 지향

이는 단순한 창업 아이디어가 아니라, 공간 기획–서비스 디자인–사용자 경험UX–사회적 감수성이 종합적으로 구현된 프로그램이라는 점에서 의의가 있다.

3) 실행력 – 아이디어에서 실제 창업으로

학생들은 프로그램 기획에 그치지 않고, 실제 사업자를 등록하여 창업

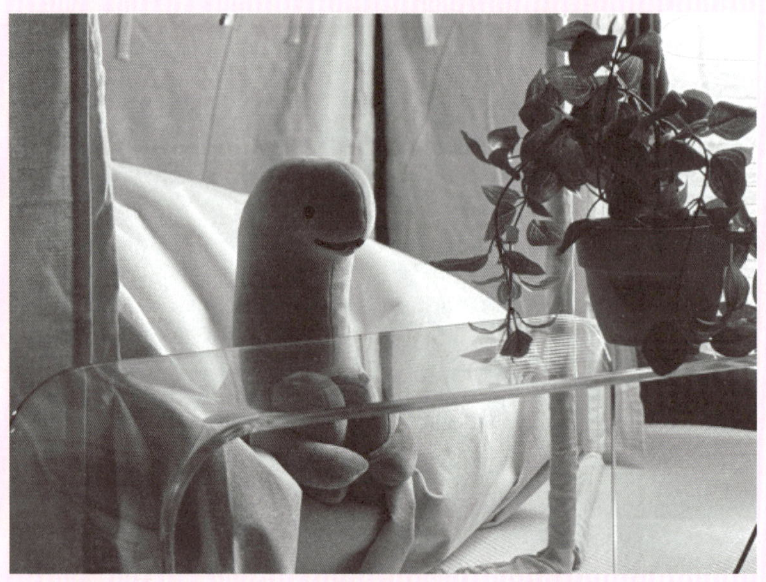

essential;

까지 이어갔다. 현재 이 팀은 '코스모스' 공간 내에서 인큐베이팅을 받으며 사업 모델을 다듬고 있으며, 시범 운영과 프로토타입 테스트를 병행하고 있다. 이 과정은 단순히 "좋은 아이디어를 냈다"에서 끝나는 것이 아니라, 지역의 맥락을 반영한 청년 창업 생태계 모델로 발전할 수 있는 가능성을 보여준다.

4) 의미 부여 및 향후 확장 전략

① 도시-청년-공간의 새로운 관계 설정

'내향인 아파트'는 지역의 물리적 조건 베드타운 을 단순한 제약으로 보지 않고, 새로운 사회적 타깃과 연결하여 사업으로 확장한 사례이다. 이는 청년이 도시를 해석하는 감수성과 기획력을 통해 도시의 사용 방식을 재구성하는 실천이라 할 수 있다.

② 세분화된 타깃을 통한 로컬 창업의 모델화

대부분의 로컬 창업이 '지역 주민 일반'을 상정하는 데 반해, 이 사례는 '내향인'이라는 구체적 집단을 대상으로 해 맞춤형 공간 및 서비스 모델을 제시했다는 점에서 차별적이다. 이는 향후 다른 지역에서도 적용 가능한 세그먼트 기반 로컬 비즈니스 모델로 발전할 가능성이 크다.

③ 지속 가능성 확보

코스모스 인큐베이팅을 통해 초기 브랜드·운영 역량을 강화하고, 시범 운영 후 지역 커뮤니티와 제휴를 확대한다. 지자체·주택공사 LH 와 협력하여 실제 아파트 공용 공간을 활용하는 모델로 확장 가능하다. 시즌제 프로그램이나 소셜 멤버십 모델을 통해 자립적 수익 구조를 마련할 수 있다.

(3) 마을대학 프로그램 3: 아이디어를 확산하자

대부동 캐릭터 콘텐츠 '시크릿 사파리'로 세계관을 만들었다.

1) 문제의식의 발굴 – '머무르지 않는 관광지'의 한계

안산 대부동은 연간 약 1,000만 명의 관광객이 찾는 경기 서해안 대표 관광지이지만, 대부분이 당일치기 여행에 그치고 지역 내에서 소비와 체류가 이어지지 않는다는 구조적 한계를 지니고 있다. 풍부한 자연환경과 관광 수요에도 불구하고, 숙박·체험·문화 콘텐츠 등 2일 이상 머물며 여가와 소비를 유도할 수 있는 인프라와 콘텐츠가 부족하다는 점이 문제로 지적되어 왔다. 학생팀은 이러한 '머무르지 않는 관광지'의 구조를 지역 콘텐츠의 기회로 전환했다. 대부도의 자연·환경·해양이라는 특성을 기반으로 지역의 정체성을 상징할 수 있는 캐릭터와 세계관을 기획하여 체류형 관광의 기점을 만들고자 했다.

2) 아이디어의 구체화 – 캐릭터×스토리텔링×환경

팀은 '대부기'라는 지역 기반 캐릭터를 구상하고, 단순한 마스코트에 그치지 않고 세계관과 스토리텔링을 결합했다.

① 캐릭터 기획

대부도의 지형과 생태, 바다 거북의 생명력을 모티브로 한 '대부기' 캐릭터를 만든다.

② 스토리텔링

관광객이 단순한 관람자가 아니라 '대부기의 친구'가 되어 대부도의 생태와 문화를 탐험한다는 세계관을 구축한다.

③ 환경 이슈 결합

최근 대두되는 해양 생물 보호, 기후변화, 쓰레기 문제 등과 연결하여 단순 체험이 아닌 환경 인식 전환형 프로그램으로 설계한다.

아이디어는 '관광 콘텐츠'이면서 동시에 '환경 교육'과 '지역 브랜딩'을 결합한 융합형 창의 콘텐츠라는 점에서 큰 의미가 있다.

3) 실행 및 외부 연계 – 초기 성과

학생팀은 이러한 기획을 단순 발표로 끝내지 않고, 경기창작센터의 오프닝 프로그램으로 초청을 받아 팝업 형태로 전시·체험 콘텐츠를 선보인다. 이 과정에서 '대부기' 세계관은 단순 아이디어에서 벗어나 실제 콘텐츠로 구현되어 외부 기관의 주목을 받는 창작 자산으로 자리 잡기 시작했다. 이는 로컬스튜디오 수업이 아이디어 발상→스토리텔링 설계→외부 협력 전시로 연결되는 창작 생태계의 선순환 모델로 작동했음을 보여준다.

4) 의의 및 확장 가능성

① 관광지의 체류형 콘텐츠화 모델

'시크릿 사파리'는 지역의 자연 환경을 단순 배경이 아닌 콘텐츠의 핵심 자원으로 전환한 사례이다. 이는 향후 대부동 관광의 패턴을 체류형·참여형으로 변화시킬 수 있는 실험적 모델이 될 수 있다.

② 브랜드 자산으로의 발전 가능성

대부기는 단순 캐릭터를 넘어, 지역의 브랜드 아이덴티티로 확장할 여지가 크다. 굿즈, 체험 프로그램, SNS 콘텐츠, 교육 교재, 관광 홍보물 등으로 확장해 지속 가능한 수익 구조를 갖춘 로컬 IP로 발전시킬 수 있다.

③ 환경과 예술의 접점 실험

해양 환경 이슈와 예술적 스토리텔링을 접목한 점은 단순 관광 사업을 넘어, 공공성·교육성·예술성을 동시에 갖춘 새로운 지역 콘텐츠 모델로서 의미가 있다.

5) 향후 발전 전략 제안

① 콘텐츠 다각화

계절·연령대·관광 루트별로 프로그램을 세분화(예: 가족형 생태 탐방, 청년형 환경 아트워크숍 등)한다.

② 지역 네트워크 확대

경기창작센터, 안산시, 환경단체, 관광공사 등과 협업해 정기 프로그램화한다.

③ IP화 및 창업 연계

'대부기' 캐릭터를 중심으로 브랜드 개발 및 창업팀 구성→굿즈, 앱, 스토리북, 교육 콘텐츠 사업화한다.

④ 거버넌스 구축

청년-대학-지역기관이 공동 운영하는 협의체를 만들어 지속 운영 기반 마련한다.

3장
성과 및 시사점

1. 정량 · 정성적 성과

(1) 정량적 성과 Quantitative Outcomes

1) 교육 · 학생 성과

2023년부터 현재까지 약 60여 명이 로컬콘텐츠 교육프로그램의 마이크로디그리를 이수하거나 그 과정에 있다. 또한 2025년도부터 시작한 로컬 크리에이터 특강 온라인클래스에는 약 400여 명의 재학생이 참여하고 있다. 2023~2025년 로컬콘텐츠 중점대학 성과발표 프로그램 중 창업아이템 경진대회에서 4개 팀 이상이 대상, 최우수상, 우수상 등을 수상하였다. 학생 주도 팝업스토어를 연간 10개 팀 이상 운영하며 초기 비즈니스 모델 수립 및 지역 상권 연계에 적극적으로 동참 중이다.

2) 프로그램 · 프로젝트 운영

"로컬 한달살기"는 하계 현장실습 연계 프로그램으로 서울예술대학교 가장 특색 있는 교과목이며 누적 참여 학생 70여 명 이상, 프로그램 연계 지역은 전국의 약 20개 지역을 포함한다. 주택공사LH 와 안산시 협력 아티스트 레지던시 프로그램을 통해 2025년 안산시 월피동의 임대주택 2개 호를 예술가들의 창작 공간 & 커뮤니티의 공유 공간으로 활용할 것을 제안하고 실험을 시행 중이다. 이후 점진적·전략적 확대를 기대해 본다. '코스모스Cosmos 시민대학'은 2025년부터 향후 3개년 단계 운영(안) 수립하고 있으며, 1차년도 교육과정 수립 및 교육 체계 구체화, 신규 문화예술교육 프로그램 4개 개발, 기존 프로그램 2개 운영, 서울예술대학교 전임 교수 및 졸업생, 재학생, 지역 주민 및 청년 창업자, 상인회, 유관 기관 약 200명 이상 참여하고 있다.

3) 산학 · 행정 협력

2023년부터 현재까지 중소벤처기업부와 소상공인 진흥공단의 로컬콘텐츠 중점대학 지원사업에 선정되었으며 연간 약 3억 원 지원금 규모의 예산을 확보하고 3년간 약 9억 원 정도의 예산이 마련되었다. 안산시, LH, 한국예술교육진흥원, 경기도창작캠퍼스 등 공공기관 협력 프로젝트를 20건 이상 수행하고 있다.

교육과정 프로그램 운영 이외에도 거점공간 프로그램 활성화를 위해 문화체육관광부의 거점공간을 활용한 '꿈다락 문화예술교육 프로그램'을 운영 중이다. 이 프로그램은 아동부터 노년까지 전 생애주기를 대상으로 하는 문화예술교육 지원 사업이다. '꿈다락 문화예술학교'는 지역의 문화예술 기관과 연계하여 운영되며, 일상 가까운 곳에서 문화예술을 경험할 기회를 제공한다.

4) 성과 확산

로컬스튜디오 학기말 발표는 2학기 말에, 지역의 커뮤니티, 유관기관, 소상공인 등 로컬의 이해관계자들에게 공개 피치Pitch로 선보였으며 매번 예비예술가들이 지역을 바라보는 시선과 혁신적인 관점이 주목을 받았다. 2023년과 2024년에 누적 관람객 600명 이상으로 집계된다.

(2) 정성적 성과 Qualitative Outcomes

1) 교육 혁신

서울예술대학교는 전통적인 예술 교육을 넘어 Art+Local 융합형 교육 모델 제시하며 '뉴 폼 아트 New Form Arts', '문화와 융합 Culture Convergence'을 통한 차세대 예술가-창업가를 양성 중이다. 학생들이 단순 프로젝트 발표가 아닌 로컬 사업화와 지속 가능한 결과물을 도출하는 교육 성과를 창출하고 있다.

2) 지역사회 기여

안산을 '캠퍼스타운'에서 '크리에이터 타운'으로 발전시키며, 지역 문화·청년 창업의 허브 역할을 하고자 하며 시민대학, 슬로우 러닝, 예술로 반상회 등 시민과 함께하는 프로젝트를 통해 주민-학생-기관 삼자 협력 경험을 확대한다. 지역의 산업단지·이주민·다문화 등 도시 특수성을 예술교육 자원화하여 문화다양성 실천 모델로 구축한다.

3) 창업 · 기업가정신 강화

'예술가도 창업자'라는 새로운 기업가정신 프레임을 제시하면서 배달의 민족, 닷밀, 너덜트, 앰비규어스댄스컴퍼니 등 서울예대 출신 창업자들의 성공사례와 기업가정신, 창업기회 도출 아이디어 등을 창업 교육에 적극 반영하고 있다. 창작-실험-사업화를 잇는 플랫폼형 창업 생태계 모델을 구축한다.

4) 브랜딩 & 문화정책 영향

'매드안산 Mad Ansan', '코스모스 Cosmos', '로컬콘텐츠 한달살기' 등 고유 교육 프로그램의 브랜드화를 확장해 나가면서 동시에 한국문화예술교육진흥원, 브랜드디자인학회, 한국예술교육학회 등 학술·정책 담론에서 서울예대 모델이 레퍼런스로 인용되고 있다.

'지역–대학–행정' 협력의 거버넌스 다이어그램이 실제 행정·정책에 반영되기 시작하면서 지역의 변화가 시작되고 있다.

5) 국제적 파급

전 세계적으로 K–컬처의 흐름 속에서 로컬콘텐츠를 글로벌 담론으로 확장하고자 하며 '지역성 Locality'을 새로운 한국형 글로벌 콘텐츠 전략으로 재해석한다.

2. 지역의 변화

(1) 서울예술대학교가 지역에 이끌 수 있는 변화

1) 사회적 변화

① 지역 주민 참여 확대

마을카페, 반상회, 시민대학 프로그램 등을 통해 주민이 단순 관객이 아니라 '참여자·공동 창작자'로 변모 중이다. '로컬스튜디오'나 '로컬 한달살기'에 참여한 학생들과 특정 지역(마을)의 주민이 프로그램을 공동기획할 때 지역 시공간을 활용하고 고유한 스토리에 기반한 차별화된 콘텐츠가 창출될 수 있다.

② 세대 · 문화 간 교류

다문화 청소년, 노년층, 청년 창업자까지 아우르는 프로젝트는 공동체 회복과 사회적 자본 Social Capital 을 형성하고 있다. 사회적 자본은 신뢰 trust , 네트워크 network , 규범 norm 등으로 구성되며, 지역의 지속 가능성을 지탱하는 보이지 않는 힘이다.

- 결속형Bonding 자본: 다문화 청소년들 사이의 네트워크, 노년층 커뮤니티 등 내부 집단 결속 강화
- 교량형Bridging 자본: 이질적 집단 간 연결, 예를 들어 청년 창업자-노년층, 다문화 청소년-예술가 등 새로운 관계망 생성
- 연계형Linking 자본: 지역사회와 행정, 대학, 공공기관 간의 협력 구조 형성-프로그램이 정책·자원과 연결될 때 지속성 확보

2) 문화적 변화

① 로컬 브랜딩 강화

안산 고유의 역사·이주민·산업단지 등 지역성을 예술로 재해석하여 '매드안산Mad Ansan' 같은 지역 고유의 문화 정체성 브랜드화 한다. '매드안산'은 "Be Mad for Arts"라는 슬로건 아래, 기성 중심의 주류 문화에서 벗어나 지역 고유의 에너지로 변화를 주도하는 브랜드이다.

② 새로운 예술 생태계 조성

공연·전시·디지털아트·체험형 콘텐츠가 지역의 일상 속으로 스며드는 상황에서 예술이 가지는 '공공성'은 단순히 접근 가능성이나 공유의 의미를 넘어서, 도시와 공동체를 변화시키는 강력한 동력으로 작용한다.

③ 공공 공간의 재해석과 장소성 강화

예술은 일상의 공간, 예를 들어 거리, 공원, 골목, 건물 외벽 등을 무대로 전환함으로써, 평범했던 장소에 새로운 의미를 부여한다.

예술 행위가 반복적으로 이루어지는 장소는 단순한 '공간'을 넘어 시민들에게 기억되고 공유되는 '장소place'로 전환된다.

공연장이나 갤러리라는 물리적 경계를 넘어, 도심 전체가 무대가

되면 누구나 예술을 '보러 가는' 것이 아니라 '예술 속을 걷는' 경계 해체를 경험하게 된다.

이는 도시 브랜드와 정체성을 형성하는 데 중요한 기반이 된다.

④ **글로벌 문화 파급**

지역 이야기가 글로벌 콘텐츠IP로 변환하고 이는 지역의 세계화K-local→K-global를 추구한다. 글로벌 문화 파급은 단순한 수출이 아니라, 지역의 고유성을 예술·기술 기반 콘텐츠로 재구성해 세계와 교감하는 전략적 전환이다. 안산의 이야기와 정체성이 IP로 개발되어 K-local에서 K-global로 확장될 때, 지역은 세계 속의 로컬Global Local로 자리매김할 수 있다. 핵심은 지역 고유성을 훼손하지 않으면서, 세계와 소통할 수 있는 '콘텐츠 언어'로 진화시키는 것이다.

3) 경제적 변화

① **창업 · 일자리 창출**

학생과 청년이 주도하는 팝업스토어, 로컬IP 사업, 문화 창업은 지속 가능한 로컬 비즈니스 생태계 형성한다. 코스모스Cosmos 2층 창업 인큐베이팅은 졸업 후 지역 정착을 하거나 새로운 고용 창출할 수 있다.

② **관광 · 소비 진작**

지역 스토리를 담은 전시·공연·투어·굿즈는 로컬 관광 상품화로 연결되고 한국관광공사와 협력한 앰비규어스댄스컴퍼니 사례처럼, 지역이 곧 관광 자원 투자 유치 가능성이 발생하는 것이다. 공공기관(LH, 시청)+민간기업(브랜드 협업)+대학이 함께 IP 플랫폼 구축하면 지역 투자 생태계가 활성화된다.

4) 도시적 변화

① 유휴 공간의 창작 거점화

최근 도시정책과 창의산업의 교차 지점에서는, 도심 속 유휴 공간을 예술가의 거주·창작·창업 기반으로 전환하는 움직임이 활발히 이루어지고 있다. 안산 LH 임대주택의 지하 층을 아티스트 레지던시 및 창업 인큐베이팅 공간으로 전환한 사례는, 기존 주거공간의 활용도를 확장하여 창작 생태계의 물리적 거점을 구축하는 실천이다. 이는 단순한 공간 리모델링이 아니라, 지역의 정체성과 창작 활동이 맞물리는 도시적 전환의 전략으로 볼 수 있다.

② 국내 유사 사례: 성수동 · 문래 · 부산 감천마을

서울 성수동은 과거 공장지대의 유휴 창고를 리모델링해 카페·갤러리·공유작업실 등으로 전환하면서, '성수 감성'이라는 독자적 문화 브랜드를 형성했다. 예술가와 청년 창작자들이 집적하면서 지역 자체가 창의산업 허브로 재탄생하였다.
문래창작촌은 철공소 골목의 빈 공간에 예술가들이 입주해 작업실·전시장·공연공간으로 전환함으로써, 기존 산업과 예술이 공존하는 독특한 문화지대를 만들어 냈다.
부산 감천문화마을은 빈집을 예술가들이 작업실과 전시공간으로 바꾸며 마을 전체가 하나의 '전시' 공간이 되었고, 관광 및 지역경제 활성화로 이어진 대표적인 도시재생 사례이다.

이러한 국내 사례들은 안산 LH 지하 레지던시 활용과 마찬가지로, 기존의 비활성공간을 창작활동의 플랫폼으로 재해석함으로써 도시의 성격과 브랜드를 변화시킨 공통점이 있다.

③ 해외 사례: 네덜란드 NDSM, 일본 Setouchi

NDSM(암스테르담)은 과거 조선소 부지를 예술가 공동체와 창작 스튜디오로 전환, 대규모 페스티벌·창작기업·전시공간이 결합된 도시 창작 클러스터로 발전시켰다.
세토우치 국제예술제(일본)는 섬의 빈집·학교·창고 등을 예술가 레지던시와 전시공간으로 활용, 예술이 지역의 공간 구조 자체를 전환시키는 실험으로 국제적 주목을 받았다.

이들 사례는 물리적 공간의 전환이 단순한 건축 리모델링을 넘어서, 지역 브랜드·문화·산업 생태계 전체의 변화를 촉발한다는 점에서 중요한 비교 대상이다.

3. 캠퍼스타운화 & 크리에이터 타운

'캠퍼스타운화 Campus Townization'와 '크리에이터 타운 Creator Town'은 단순한 도시 개발 용어나 대학 정책 언어가 아니라, 대학-지역-청년-창작 생태계가 결합된 새로운 지역 전략 모델로 이해할 수 있다. 특히 서울예대와 안산의 맥락에서는 두 개념이 매우 실천적으로 맞물릴 수 있는 지점이 많다. 대학-지역 상권-문화 공간이 연결되며 '대학이 곧 도시의 중심 허브'가 된다. 장기적으로 지역이 '예술-창업 복합도시'로 성장하는 가능성을 발견하는 것이다.

(1) 캠퍼스타운화 Campus Townization

1) 대학과 도시가 공생하는 창의 생태계로의 전환

전통적인 대학은 울타리 안에서 교육과 연구를 수행하며, 사회와 단절된 '폐쇄된 섬 closed island '에 가까웠다. 그러나 오늘날의 예술대학은 더 이상 지식의 요새에 머무르지 않는다. '캠퍼스타운화'는 대학이 스스로의 경계를 허물고, 인프라·인재·프로그램·창의적 자원을 지역사회에 개방하여 도시의 일부로 작동하는 전략적 전환 Strategic Transformation 을 의미한다. 이 개념은 단순히 대학 시설을 외부에 공유하는 차원이 아니라, 도시와 대학이 하나의 유기체 Organism 로 연결되어 서로의 문제를 함께 연구하고 해결하며 성장하는 순환형 생태계 Circular Ecosystem 를 지향한다.

즉, 캠퍼스는 더 이상 학교의 전유물이 아니라, 지역 주민과 창업자, 청년 예술가, 스타트업, 공공기관이 함께 활용하는 공유 인프라 Shared Infrastructure 로 재구성된다.

이 과정에서 대학의 건물과 공간은 지역의 문화 거점 Cultural Hub , 창업 인큐베이팅 허브 Incubation Hub , 커뮤니티 센터 Community Center 로 기능한다. 강의실은 프로젝트 스튜디오로, 전시장은 시민 워크숍 공간으로, 실험실은 지역문제 해결의 리빙랩 Living Lab 으로 변모한다. 학생들은 지역 현장에서 수업과 프로젝트를 수행하며, 지역 주민과 협력해 공공디자인, 도시재생, 문화예술교육, 사회적 브랜딩 등 다양한 창의 활동을 전개한다.

이러한 구조에서는 지역의 문제와 자원이 자연스럽게 대학의 수업·연구·창업의 주제가 된다. 예를 들어, 도시의 유휴 공간은 공간연출 수업의 실험장이 되고, 지역 상권의 브랜드 문제는 시각디자인 연구의 과제가 되며, 지역사회 이슈는 공연예술과 미디어아트의 주제가 된다. 이처럼 대학과 지역이 서로를 매개하며 지식을 교환하는 순환 구조가 형성된다.

결국 '캠퍼스타운화'는 단순한 산학협력이나 봉사활동의 확장이 아니라, 대학이 도시의 중심 허브 Core Hub 로서 작동하는 새로운 패러다임이다. 이 구조 속에서 대학은 교육과 연구의 공간을 넘어 지역의 경제·문화·사회적 발전을 견인하는 창의 인프라Creative Infrastructure가 된다. 또한 예술대학의 경우, 캠퍼스타운화는 예술이 지역을 설계하고 공동체를 연결하는 실천적 장으로 기능한다. 이는 예술이 단순히 전시·공연으로 끝나는 것이 아니라, 도시의 삶과 구조, 정체성을 새롭게 디자인하는 사회적 예술Social Art로 확장되는 과정이다.

서울예술대학교의 캠퍼스타운화 전략은 캠퍼스－도시－시민이 서로의 자원을 공유하며 학습하고 성장하는 열린 플랫폼Open Platform의 구현을 목표로 한다. 이를 통해 대학은 도시의 한 기관이 아니라, 창의성과 공공성을 중심으로 도시를 재구성하는 촉매Catalyst로 자리매김한다.

즉, 대학이 도시의 일부가 되는 것이 아니라, 도시가 대학의 확장된 교실이 되는 것, 그것이 바로 캠퍼스타운화의 핵심 철학이다. 이는 단순한 '산학협력'이나 '봉사활동'의 차원을 넘어, 대학이 도시의 한 부분이자 중심 허브로 작동하는 상태를 말한다.

2) 정책적으로는 청년 창업 · 문화 활성화와 연계

캠퍼스타운화는 단순히 대학의 공간을 개방하는 차원을 넘어, 도시의 청년 창업과 문화 활성화를 촉진하는 정책적 플랫폼으로 확장되고 있다. 서울시 캠퍼스타운 사업이나 여러 지자체의 청년정책에서 보듯, 대학 주변 지역에 청년 창업 공간, 문화예술 창작소, 커뮤니티 허브를 조성하여 대학 주도의 지역 재생 및 산업 생태계를 구축하는 방식으로 구현되고 있다.

이러한 흐름은 단발적 프로젝트가 아니라, 대학－지역－청년이 함께 성장하는 지속 가능한 생태계 모델로 진화하고 있다. 학생들은 자신의 창의적 아이디어를 실험할 수 있는 공간을 확보하고, 이를 기반으로 창업팀의 프로토타입 제작, 브랜드 디자인, 전시·판매 실험 등을 진행한다. 이 과정에서 지역의 상점, 시장, 기업, 공공기관 등과 협력하여 로컬 자원을 콘텐츠로 전환하는 창업·브랜딩 프로젝트가 전개된다.

또한 주민과 창작자, 학생이 함께 참여하는 워크숍·전시·마켓 등의 활동을 통해 지역의 생활문화와 예술 창의 활동이 자연스럽게 교류된다. 이러한 상호작용은 대학이 지역 주민에게 지식과 창의성을 공유하는 공공 플랫폼으로 작동하게 하며, 지역의 청년 창업 생태계와 문화 네트워크가 지속 가능한 순환 구조를 갖추는 기반이 된다.

서울예술대학교 후문에 위치한 '코스모스 Cosmos'는 이러한 캠퍼스타운화의 초기 모델이자 실험적 거점이다. 이곳은 대학이 도시 속으로 확장되는 과정을 실험하는 열린 실험실 Open Studio 로서, 학생, 시민, 청년 창작자가 뒤섞여 새로운 문화와 비즈니스를 만들어 가는 로컬 크리에이티브 허브 Local Creative Hub 의 역할을 수행한다. 즉, 코스모스는 서울예대가 추진하는 '교육–창작–창업–공유'의 통합 생태계가 실질적으로 작동하는 현장이다.

여기서 대학은 단순히 지역에 위치한 기관이 아니라, 지역의 변화를 설계하고 창의적 실천을 주도하는 도시의 협력 파트너 Collaborative Partner 로 기능한다.

이 모델은 향후 예술대학이 도시 속에서 공공성과 창의성을 결합하는 정책적·교육적 거점 Civic Art Campus 으로 확장될 가능성을 보여준다.

(2) 크리에이터 타운 Creator Town: 예술가와 청년이 함께 '살고, 만들고, 공유하는 창의 도시 생태계'

'크리에이터 타운'은 예술가·창작자·청년이 한데 모여 살고Live, 만들고 Create, 공유Share하는 복합적 도시 단위를 지향한다. 이는 단순한 예술촌의 개념을 넘어, 창작활동과 생활, 창업이 동시에 이루어지는 지속 가능한 로컬 창작 생태계의 새로운 모델이다.

이곳에는 작업실, 팝업스토어, 전시공간, 공동작업장 등 창작자들이 실제로 머물며 협업할 수 있는 다양한 공간이 결합되어 있다. 창작자 간 협력과 교류가 활발히 이루어지고, 이를 기반으로 새로운 콘텐츠·브랜드·문화적 실험이 끊임없이 탄생한다. 또한 지역 주민과 방문객의 참여를 통해 창작이 개인의 결과물을 넘어 도시 전체의 경험적 문화로 확산된다.

1) 창작 기반 도시 재편의 실험

2025년 안산 LH 다세대 지하공간을 예술가 스튜디오로 전환하는 계획은 이러한 '크리에이터 타운' 조성의 핵심적 시도이자 선도 사례이다. 이는 단순한 공간 리모델링이 아니라, 도시의 비활성 공간을 창작 인프라로 변환하는 창의적 도시 재생Creative Regeneration 의 실험이다. 즉, 도시의 기능 일부를 '소비 기반'에서 '창작 기반'으로 재편하는 행위이며, 예술가의 창의 활동이 곧 도시의 생산성으로 전환되는 구조를 상징한다.

2) 자생적 순환 구조로서의 로컬 창작 생태계

크리에이터 타운은 창작+창업+커뮤니티 운영이 결합된 복합 모델로, 창작활동이 수익화팝업, 브랜드, 창업 로 이어지며 자생적 순환 구조Self-sustaining Cycle 를 형성한다. 이 생태계 안에서 예술가는 단순한 창작자에 머무르지 않고, 기획자·운영자·비즈니스 리더로 성장하며, 예술이 지역경제와 문화산업의 동력으로 작동한다. 이를 지원하기 위해 대학·지자체·공공기관이 협력하여 운영 인프라, 창작공간, 자금 지원, 거버넌스를 제공한다. 그 결과 크리에이터 타운은 지역의 문화·경제 생태계를 이끄는 창의적 성장 엔진Creative Growth Engine 으로 기능한다.

3) 서울예대의 실험적 모델: 코스모스 – 안산 – LH 프로젝트

서울예술대학교는 이미 '코스모스Cosmos', '야간산행', '내향인 아파트', '시크릿 사파리' 등 학생 주도의 창업과 창작 프로젝트를 통해 '크리에이터 타운'의 시초적 모델을 실험해 왔다. 이 프로젝트들이 하나의 타운에 집적된다면, 콘텐츠가 공간을 만들고, 공간이 다시 사람과 프로그램을 불러들이는 창의 집적지Creative Cluster로 진화할 수 있다. 이것이 바로 서울예술대학교가 지향하는 예술·창업·지역이 순환하는 지속 가능한 로컬 크리에이티브 생태계Local Creative Ecosystem의 청사진이다.

4. 서울예술대학교 활동을 통해 발견한 가능성

(1) 예술가가 창업을 한다는 것의 긍정적 의미

예술가의 창업은 단순히 '예술가가 사업을 시작했다'는 차원을 넘어서 창의성·감수성·공공성을 가진 주체가 지역과 사회의 문제를 새로운 방식으로 해석하고 실천하는 행위이다. 서울예술대학교 로컬콘텐츠 실천 사례에서 보듯, 청년 예술가들은 지역의 지리적 조건(도림공원, 베드타운, 섬 관광지)과 사회적 맥락(다문화, 산업도시, 환경 이슈)을 창의적 자원으로 재해석하여 '야간산행', '내향인 아파트', '시크릿 사파리'와 같은 새로운 프로그램과 브랜드를 만들어 냈다. 이들은 단순한 아이디어에 그치지 않고, 마을과 행정, 공공기관과 협력하며 실제 창업으로 이어갔고, 이는 지역사회에 실질적인 변화를 만들어 내고 있다. 예술가의 창업은 지역의 자원과 문제를 예술적 상상력으로 전환하고, 사회적 가치를 담은 새로운 경제 모델을 제시한다는 점에서 큰 의미를 가진다. 감성적·상징적 영역에 강한 예술가가 창업 주체로 나설 때, 기존 시장 논리만으로는 만들어 낼 수 없는 새로운 유형의 콘텐츠·서비스·브랜드가 탄생한다. 이는 단순한 '사업'이 아니라, 지역을 해석하고, 공동체와 협력하며, 문화적 정체성을 재구성하는 사회적 실천의 장이다. 특히 로컬콘텐츠 창업은 예술가의 창의성이 지역의 경제·사회적 순환 시스템으로 연결되는 중요한 계기다. 예술가는 단발성 프로젝트의 창작자로 머무는 것이 아니라, 브랜드와 비즈니스 모델을 통해 지속성을 확보하고, 지역의 생태계 안에서 주체적으로 활동할 수 있게 된다. 결국 예술가의 창업은 '예술의 시장 진출'이 아니라, 예술적 상상력으로 지역의 미래를 디자인하는 전략적 실천이다. 이는 지역 활성화와 도시 브랜딩, 사회적 혁신, 청년 창업 생태계의 확장이라는 여러 층위에서 새로운 가치 창출의 촉매로 기능한다.

1) 지역 자원의 IP화 가능성

• 지역의 이야기와 기억이 지식재산으로 순환되는 구조

지역의 역사, 인물, 생활양식, 전통 기술, 구술 기록, 장소의 기억 등은 단순한 '소재'가 아니라, 콘텐츠 산업의 핵심 자원이 될 수 있다. 이러한 자원은 예술가와 시민의 해석을 통해 새로운 이야기를 입고, 시각화·디지털화되며, 스토리텔링→IP등록→사업화로 이어지는 일련의 창의적 전환 과정을 거친다.

서울예술대학교의 특화 교육 프로그램인 '로컬 한달살기Local One-Month Living'와 '코스모스시민대학Cosmos Citizen College' 프로젝트는 이 과정을 실험적으로 구현하고 있다. 학생과 시민, 창작자가 지역의 현장에 머물며 장소의 역사나 사람들의 기억을 인터뷰하고, 이를 스토리로 재구성한다. 그 결과는 영상, 브랜드, 일러스트, XR 콘텐츠 등으로 가공되어 지식재산IP 등록과 창업·전시·출판 등으로 확장된다. 예를 들어, 특정 마을의 설화가 애니메이션 시리즈로 재탄생하거나, 지역의 오래된 시장이 '로컬 브랜드 스토어'로 리디자인되는 식이다. 이러한 활동은 지역 자원이 단순한 향토적 기록에서 산업적 자산으로 전환되는 가능성을 보여준다. 즉, 예술적 창작 행위가 동시에 문화경제적 가치 창출 행위가 되는 것이다. 이 과정에서 대학은 지역 자원의 콘텐츠 뱅크Content Bank 역할을 수행하며, 창작자·연구자·주민이 공동으로 축적한 데이터를 교육과 산업 현장에 다시 공급하는 순환형 IP 생태계Circular IP Ecosystem를 구축한다.

결국 지역의 자원은 '보존'의 대상에서 '활용'의 자원으로, '기록'의 형태에서 '지식재산'의 형태로 전환된다. 이것이 바로 서울예술대학교가 제시하는 "지역이 곧 콘텐츠 뱅크Local is the Content Bank"라는 새로운 패러다임이다.

2) 대학이 도시 혁신 플랫폼으로 기능할 가능성

오늘날 대학은 더 이상 단순한 교육기관이 아니다. 대학의 인프라·인재·프로그램이 지역사회와 결합할 때, 대학은 도시의 변화와 혁신을 주도하는 캠퍼스타운 허브Campus Town Hub로 기능할 수 있다.

서울예술대학교는 이미 이러한 실험을 실질적으로 수행하고 있다. 대표적으로 코스모스Cosmos 공간은 대학이 지역 내 유휴 공간을 리모델링하여 예술 창작·시민참여·청년창업이 융합된 복합 거점으로 전환한 사례이다. 이곳에서는 학생과 시민이 함께 워크숍·전시·팝업스토어를 운영하며, 예술이 지역 사회의 일상 속으로 스며드는 로컬 크리에이티브 생태계Local Creative Ecosystem를 만들어 가고 있다.

또한 LH 협력 레지던시Artist Residency 프로젝트는 공공기관과 대학이 협력해 도시의 유휴 지하공간을 예술가 스튜디오로 전환하는 창의적 도시 재생 모델Creative Urban Regeneration을 제시하고 있다. 이 실험은 예술가가 거주하며 창작과 창업, 지역 기획을 병행하는 거주형 예술 인큐베이팅Residential Incubation의 형태로 확장되고 있다.

이러한 시도는 예술대학이 도시의 재생과 지역 혁신의 플랫폼 기관platform institution으로 전환될 수 있음을 보여준다. 즉, 교육과 연구의 결과가 교실 안에 머무르지 않고 도시의 문제 해결, 산업 창출, 문화적 재구성으로 이어지는 순환형 혁신 구조가 작동하고 있다.

① 서울예술대학교의 경우

캠퍼스 내에서는 예술 창업 인큐베이팅과 산학협력 실험이 이루어지고, 캠퍼스 밖에서는 코스모스, LH 지하공간, 크리에이터 타운 등 거점공간을 통해 예술적 실험이 도시의 구조 속으로 확장된다. 이렇게 '교육-창작-공공-산업'이 하나의 생태계로 연결되는 구조는 대학이 지역 혁신과 도시 재생의 핵심 플레이어Key Player로 기능할 수 있음을 보여주는 구체적 모델이다. 궁극적으로 예술대학이 도시 혁신 플랫폼으로 자리매김한다는 것은, 예술이 단순한 표현 행위를 넘어 도시를 새롭게 상상하고 설계하는 창의적 사회 기술Creative Civic Technology로 작동한다는 의미이다. 대학은 이 과정에서 지식을 '가르치는 곳'이 아니라, 지역의 변화를 실험하고 연결하는 실천적 허브Experimental Hub로 재정의된다.

② 시민과 함께 만드는 예술생태계 가능성

캠퍼스 밖에서는 코스모스, LH 지하공간, 크리에이터 타운 등 거점공간을 통해 예술적 실험이 도시의 구조 속으로 확장된다. 이렇게 '교육-창작-공공-산업'이 하나의 생태계로 연결되는 구조는 대학이 지역 혁신과 도시 재생의 핵심 플레이어Key Player로 기능할 수 있음을 보여주는 구체적 모델이다. 궁극적으로 예술대학이 도시 혁신 플랫폼으로 자리매김한다는 것은, 예술이 단순한 표현 행위를 넘어 도시를 새롭게 상상하고 설계하는 창의적 사회 기술Creative Civic Technology로 작동한다는 의미이다. 대학은 이 과정에서 지식을 '가르치는 곳'이 아니라, 지역의 변화를 실험하고 연결하는 실천적 허브Experimental Hub로 재정의된다.

3) 시민과 함께 만드는 예술생태계 가능성

주민들이 단순한 관객이 아니라 공동 창작자/참여자가 될 수 있음을 실증한다. '코스모스시민대학'은 예술이 커뮤니티 회복과 사회적 자본 형성에 기여할 수 있음을 보여준다. 이는 예술대학이 사회혁신 플랫폼으로 자리매김 할 수 있는 가능성을 의미한다.

4장
정책제언

1. 지역 거버넌스의 실질적 협력 모델 정착–안산시의 역할 강화

서울예술대학교의 실험적 창작 생태계가 지역에서 지속 가능하게 작동하기 위해서는, 지자체의 제도적 지원이 기반이 되어야 한다. 특히 안산시는 청년 인구 비율이 높고, 예술대학이라는 독특한 지역 자원을 보유하고 있어, 창작자 정착을 위한 거버넌스 모델을 제도화할 필요가 있다.

- 청년 주거공간 지원: LH 매입임대 반지하 주택과 같은 유휴 공간을 예술가 레지던시 및 창업 공간으로 지속적으로 전환하고, 장기적 운영 체계를 구축한다.

- 청년 정착지원금 제도화: 단기 창작·창업 활동을 넘어 중장기적으로 지역에 뿌리내릴 수 있는 '창작자 정착금 Seed Grant' 제도를 마련하여 안정적 기반을 제공한다.

- 콘텐츠 펀드 조성: 안산시와 지역 기업, 공공기관이 함께 출자하는 형태의 로컬콘텐츠 모태펀드 Local Content Fund 를 조성하여, 실험적 프로젝트와 초기 창업팀에 대한 후속 투자를 지원한다.

이를 통해 안산시는 단순한 수혜자가 아니라, 지역 창작 생태계를 함께 설계·투자하는 주체로 전환될 수 있다.

2. 중소벤처기업부 차원의 제도 개선—사후관리 및 후속지원 체계 마련

현재 로컬콘텐츠 중점대학 사업은 14개 대학이 참여하여 교육과 실험 단계에서 의미 있는 성과를 만들어 내고 있으나, 교육 이후의 후속지원 체계가 미흡하다.

현재는 기존의 창업지원사업(신사업창업사관학교 등)과 단순 연결하는 방식이 주를 이루지만, 이는 로컬 기반의 창작 프로젝트의 특수성을 반영하지 못하고 있다.

로컬콘텐츠 교육을 받은 학생들의 창업 전환율을 높이고 퍼포먼스를 극대화하기 위해, 별도의 후속 지원 프로그램Post-Education Incubation이 필요하다. 예를 들어 지역 정착형 창업자 대상 맞춤형 펀딩 및 컨설팅, 지역기관과의 매칭 프로그램 운영, 사업화 전 단계에서의 실험적 파일럿 지원제도가 있다.

중소벤처기업부는 이러한 실험들을 정책적 데이터로 관리하고, 성공사례를 제도화하여 정책의 지속성과 축적성을 강화해야 한다.

3. 대학의 학문화學文化 및 연구 체계 확립

서울예술대학교를 포함한 참여 대학들은 단발적 실천에 머물지 않고, 이를 학술적으로 정리·축적함으로써 정책과 산업으로 이어질 수 있는 근거를 마련해야 한다.

로컬콘텐츠 및 예술 기반 창업에 대한 학제 간 연구 체계를 강화하고, 정량적 성과와 정성적 서사를 병행한 학문적 축적을 지속한다.

국내 학회KCI와의 연계를 통해 연구 성과를 정기적으로 발표하고, 타 대학 및 지역과의 비교 연구를 통해 한국형 로컬 창작 생태계 모델을 제시한다.

나아가 교육, 창업, 행정이 연결된 실천-분석-확산의 순환 구조를 대학 내부에서 제도화할 필요가 있다.

지자체의 적극적 파트너십, 중앙정부의 제도적 후속지원, 대학의 학문적 축적이 유기적으로 연결될 때, 우리의 실험은 단발적 사례가 아닌 한국형 로컬 창작 생태계 모델로 확장될 수 있다. 이는 로컬이 단순한 문화현상이 아닌, 미래 콘텐츠 산업의 전략적 거점이 될 수 있음을 보여준다.

부록
로컬 리서치북

예술가처럼 조사하고, 지역을 감각하는 방법

<table>
<tr><th colspan="5">기본 정보</th></tr>
<tr><td>전 공</td><td>ㅇㅇㅇ학부 ㅇㅇㅇ전공</td><td>주요
관심사</td><td colspan="2">사람, 콘텐츠, 공간</td></tr>
<tr><td>성 명</td><td>ㅇㅇㅇ</td><td>예술적
탐구</td><td colspan="2">시간, 공간, 리듬, 에너지</td></tr>
<tr><td rowspan="2">개발
교과목</td><td>지역 대분류</td><td colspan="3">세부지역 및 탐구 영역(지리적 범위)</td></tr>
<tr><td>월피동, 성포동, 대부동</td><td colspan="3">지도나 이미지(사진)로 영역에 대한
구획을 제시</td></tr>
<tr><th colspan="5">지역을 바라보는 예술적 사유 프로세스</th></tr>
</table>

(1) 지역 그대로 감각하기

- 우선 지역을 목격하려고 노력하기
- 지역 그대로 받아들이기 (오감을 활용한 감각하기)

(2) 인상을 나열하기

- 지역으로 인한 떠오르는 인상에 대해서 알아보기

- 전혀 상관없는 순간의 기억일 수도, 읽었던 책의 구절일 수도 , 떠오르는 이미지/기억/사물/텍스트를 나열하기 (모종의 이유로 비슷할 수도 있고, 정반대의 것일 수도 있다)

- 왜 그 이미지/기억/사물/텍스트가 생각났을까? 어떤 점이 비슷하거나 다르다고 생각하는가? 이유를 생각하고 논리적으로 정리해 보기

- 그러나 어떤 이미지는 논리적으로 연결되지 않는다. 만약 완전히 이질적인 것이라면? (환유적인 것도, 대조적인 것도, 인과적인 것도 아닌, 논리성이 없는, 연속하지만 논리의 파괴를 의미하지 않는 연속, 새로운 감각을 깨우고 발전해 나갈 수 있을까?)

(3) 해석을 찾아내기(만들어 내지 말기)

- 눈앞에 있는 것 드러난 것을 드러나게 하기, 강력한 직접성, 해석의 당위성, 논리성, 확장성

지역현황조사 서식

00시 00구 00동 지역현황조사

<table>
<tr><td rowspan="6">조사개요</td><td colspan="2">조사일</td><td colspan="2">00년 00월 00일</td><td colspan="2">조사자명</td><td></td></tr>
<tr><td colspan="2">대상지역</td><td colspan="2">00시 00구 00동</td><td colspan="2">조사장소</td><td></td></tr>
<tr><td colspan="7">응답자 정보</td></tr>
<tr><td>성명</td><td></td><td>성별</td><td>(남 / 여)</td><td>연령</td><td colspan="2">세</td></tr>
<tr><td>거주기간</td><td colspan="3">년 개월</td><td>연락처</td><td colspan="2"></td></tr>
<tr><td>거주지 주소</td><td colspan="6"></td></tr>
<tr><td rowspan="16">지역자원</td><td>분류</td><td>항목</td><td>개수</td><td colspan="4">자원명</td></tr>
<tr><td rowspan="3">역사문화</td><td>역사 자원</td><td></td><td colspan="4"></td></tr>
<tr><td>문화 자원</td><td></td><td colspan="4"></td></tr>
<tr><td>종교</td><td></td><td colspan="4"></td></tr>
<tr><td rowspan="3">지리</td><td>자연</td><td></td><td colspan="4"></td></tr>
<tr><td>공간</td><td></td><td colspan="4"></td></tr>
<tr><td>교통</td><td></td><td colspan="4"></td></tr>
<tr><td rowspan="3">경제/산업</td><td>경제</td><td></td><td colspan="4"></td></tr>
<tr><td>산업</td><td></td><td colspan="4"></td></tr>
<tr><td>상권</td><td></td><td colspan="4"></td></tr>
<tr><td rowspan="3">생활</td><td>교육</td><td></td><td colspan="4"></td></tr>
<tr><td>인구</td><td></td><td colspan="4"></td></tr>
<tr><td>정치</td><td></td><td colspan="4"></td></tr>
<tr><td rowspan="3">공동체</td><td>인적 자원</td><td></td><td colspan="4"></td></tr>
<tr><td>지역 조직</td><td></td><td colspan="4"></td></tr>
<tr><td>연계 조직</td><td></td><td colspan="4"></td></tr>
<tr><td>비고</td><td colspan="7"></td></tr>
</table>

공간 종목 항목 분류표

공간 종류	공간명	공간 주소	연락처		공간 내용		개소일
문화시설	000	00시 00구 00길 00	담당자명		공간 목적		00/00/00
			전화번호		운영 프로그램		
			이메일		공간 이용방법		
상업시설	000	00시 00구 00길 00	담당자명		공간 목적		
			전화번호		운영 프로그램		
			이메일		공간 이용방법		
교육시설	000	00시 00구 00길 00	담당자명		공간 목적		
			전화번호		운영 프로그램		
			이메일		공간 이용방법		

맺음말
로컬, 한국 콘텐츠 산업의 차세대 성장동력

서울예술대학교가 지난 3년간 로컬콘텐츠 중점대학 사업을 통해 추진해 온 실험들은 바로 이러한 맥락에서 중요한 실천적 전환점을 제시한다. '한달살기' 수업, 로컬스튜디오 프로젝트, LH와의 반지하 창작 공간 실험, 코스모스 공간을 거점으로 한 비교과 프로그램 등은 단편적인 사례의 나열이 아니라, 예술교육-지역사회-공공정책-창업 생태계가 유기적으로 연결되는 새로운 모델의 축적 과정이었다. 이는 학생들이 예술가이자 창작자, 나아가 지역 기획자와 브랜드 디자이너로 성장하는 토대를 마련했고, 지역은 그 과정을 통해 새로운 콘텐츠와 정체성을 발견하며, 서로에게 활력을 불어넣는 공생의 장이 되었다.

특히 AI가 생산의 효율을 극대화하는 시대일수록, '사람의 경험'과 '장소의 기억'에서 비롯된 로컬 고유성은 그 자체로 대체 불가능한 창작의 원천이 된다. 우리가 안산이라는 도시에서 시도해 온 다양한 실험은, 바로 이 고유성을 예술적 방식으로 증폭·확장하는 과정이었다. 예술이란 단지 표현의 수단이 아니라, 지역의 서사와 생활양식을 연결하고, 공동체를 상상하게 하며, 창업과 문화산업으로 이어질 수 있는 스펙트럼의 확장 장치로 작동한다.

이러한 흐름이 일시적 실험에 그치지 않고 전국적 모델로 확산되기 위해서는, 정책적·재정적 지원 구조의 근본적인 혁신이 필요하다. 현재의 단기 공모사업 중심 지원 체계로는 지역 기반의 문화예술과 창작 생태계를 장기적으로 육성하기 어렵다. 따라서 지속 가능한 창의산업 생태계Creative Industry Ecosystem를 뒷받침할 콘텐츠 모태펀드Content Mother Fund와 같은 전략적 투자 구조가 요구된다.

이러한 펀드는 단순히 결과물 제작을 위한 지원금이 아니라, 창작자의 실험과 실패, 재도전의 전 과정을 견인하는 순환형 투자 시스템이어야 한다. 예술가와 창작자가 자유롭게 아이디어를 실험하고, 실패를 학습의 자산으로 축적하며, 재도전을 통해 결과를 고도화할 수 있는 행정적 유연성과 제도적 보호망이 함께 마련되어야 한다. 이때 공공의 지원은 '관리'가 아닌 성장과 실험의 인큐베이팅incubating 구조로 작동해야 한다.

문화정책 또한 단순히 소비를 촉진하는 지원 방식을 넘어, 창작의 생태계를 기초부터 지탱하는 투자 중심 구조로 전환되어야 한다. 이는 '창작자 중심의 투자', '지역 중심의 순환경제', '공공 중심의 혁신 거버넌스'라는 세 축을 기반으로 이루어져야 한다. 즉, 로컬은 더 이상 주변적 문화 현장이 아니라, 한국 콘텐츠 산업의 차세대 성장 동력Next Growth Engine으로 자리매김할 수 있다.

예술과 지역, 기술과 문화가 교차하는 이 지점에서 서울예술대학교가 실험해 온 로컬콘텐츠 기반 창의 생태계는 더 이상 지역적 프로젝트가 아니라 국가 전략적 모델로 확장될 가능성을 갖는다. 이 모델은 예술이 산업을 견인하고, 지역이 혁신의 플랫폼으로 기능하며, 정책이 이를 지속적으로 뒷받침하는 '창의 국가 생태계Creative National Ecosystem'의 방향성을 제시한다. 따라서 우리의 실험은 더 이상 '지방의 작은 이야기'가 아니라, 미래 산업의 토양이자 한국형 창의정책의 거점으로 진화해야 한다. 이것이야말로 예술이 국가 혁신의 언어로 작동하고, 로컬이 대한민국의 창의경제를 이끄는 핵심축Key Axis으로 자리 잡는 출발점이다.

에필로그

우리가 다시 지역을 배우는 이유, 로컬에서 대한민국의 미래를 보다

프롤로그에서 던진 질문은 단순한 물음처럼 보였지만, 이 책을 끝까지 관통하는 핵심이자 출발점이었다. "대학은 지역과 어떻게 함께 배우고, 어떻게 함께 살아갈 것인가?" 이 질문은 대학이 가진 고유한 지식체계와 지역사회의 생활세계가 구체적으로 교차하는 지점을 탐색하게 만들었고, 두 대학은 서로 다른 조건에서도 같은 방향을 향해 움직이기 시작했다. 땅 아래에서 천천히 솟아오르는 물결처럼, 두 대학은 각기 다른 지역의 온도와 결을 지닌 채 하나의 흐름을 이루기 시작했다.

어느 날의 골목길, 어느 시장의 비릿한 냄새, 어느 주민의 주름진 손, 어느 건물의 오래된 그림자 속에서 우리는 지역이라는 이름의 풍경을 다시 읽게 되었다.

1. 지역, 국가의 주변이 아니라 미래의 중심

대한민국의 많은 지역이 인구감소, 산업침체, 청년 유출 등 복합적 위기를 동시에 겪고 있다. 그러나 이 위기는 새로운 전환의 기회이기도 하다. 앞으로의 로컬은 지원 대상이나 보완재가 아니라 국가의 지속 가능성을 지탱하는 핵심 축으로 자리해야 한다.

• 지역은 새로운 창의산업의 기반이 되어야 한다.

지역이 품은 서사, 장소성, 역사, 환경은 콘텐츠·관광·브랜딩·교육 산업과 결합할 때 큰 잠재력을 가진다. 이것은 거대한 투자를 필요로 하지 않는다. 이미 지역에 존재하는 자원과 사람, 관계를 다른 방식으로 다시 엮는 일이다.

• 기술은 지역을 확장시키는 도구가 될 수 있다.

AI 기반 창작, AR/VR, 디지털트윈은 지역의 매력과 효용을 강화하며 인구구조 문제를 보완하는 역할을 할 수 있다.

• 로컬은 국가 전략의 핵심 인프라로 인식되어야 한다.

지방의 위기는 지방만의 문제가 아니라, 결국 대한민국 전체의 위기다. 지역을 재구성하는 일은 국가의 미래를 다시 설계하는 일과 다르지 않다.

2. 대학의 교육과 철학, 지역의 변화를 지탱하는 안정된 기반

대학은 지역 변화의 중심에 있다. 단순히 지식을 전달하는 기관이 아니라, 지역의 문제를 함께 읽고 함께 해결하는 파트너로 역할이 확대되고 있다.

경희대학교의 현장 중심 프로젝트 러닝은 지역을 이해하는 방식을 바꿨다. 서울예대의 연계·순환·통합 교육 구조는 창작과 창업을 지역 기반으로 연결하는 시스템을 만들었다. 이 두 흐름은 중요한 사실을 말해준다. 대학이 가진 교육적 철학이 지역의 변화를 가능하게 한다는 점이다. 앞으로 대학은 더 많은 실험을 수행해야 한다. 더 많은 현장을 만나고, 더 많은 문제에 접근하고, 더 많은 지역과 함께해야 한다. 교육이 바뀌면 지역의 태도도 바뀌고, 지역의 태도가 바뀌면 도시의 구조도

변한다. 대학의 철학은 지역의 미래를 안정적으로 지지하는 뿌리다.

3. 공공기관과 지자체의 지원이 만들어 내는 지역 생태계의 지속성

지역의 실험은 행정적 기반 없이 단기간의 성과로 끝나기 쉽다. 대학의 교육 실천과 시민의 참여가 지속적 효과를 가지기 위해서는 공공기관·지자체의 협력이 필수적이다.

행정은 지원자가 아니라 협력자로 참여해야 한다. 빈 공간의 창작 거점화, 지역경제 구조와 연계된 프로그램 설계, 공공데이터 기반 정책 협력 등은 행정의 참여 없이는 실현되기 어렵다.

서울예대의 LH 지하 레지던시 사례처럼, 공공의 자원과 대학의 실험이 연결될 때 지역은 지속 가능한 변화를 만들어 낼 수 있다. 행정의 작은 결정 하나가 청년의 정착을 가능하게 하고, 지역 프로젝트를 장기적 모델로 이끌어 갈 기반이 된다.

4. 시민의 참여에서 완성되는 지역의 지속성

지역의 변화는 시민이 주체가 될 때 지속성을 가진다. 시민은 단순한 '수혜자'가 아니라 지역 생태계의 중요한 구성원이다. 프로그램에 참여하고, 지역의 문제를 스스로 제기하고, 새로운 시도를 지지하는 일은 작은 행동처럼 보이지만 실제로는 지역의 미래를 결정하는 핵심 요소다. 시민의 참여는 지역을 움직이게 하는 가장 안정적 에너지다. 한 사람의 참여가 두 사람을 움직이고, 그 두 사람이 작은 변화를 만들어 낸다. 이 작은 변화들이 쌓여 지역의 방향을 다시 잡아준다.

5. 인구소멸과 지방위기를 넘어, 새로운 성장의 질서를 향해

로컬은 인구소멸과 지방위기를 해결하기 위한 단순한 수단이 아니다.

그보다 중요한 것은, 로컬이 대한민국의 다음 단계를 열어줄 핵심 전략이라는 점이다.

지역의 고유한 서사는 콘텐츠 산업의 기반이 되고, 지역의 생활문화는 새로운 산업의 씨앗이 되며, 지역의 공동체는 사회의 안정성을 만들어 낸다. 로컬을 강화하는 일은 경제적 성장을 위한 선택일 뿐 아니라, 나라의 지속 가능성을 확보하기 위한 장기적 전략이다. 대한민국의 미래는 더 이상 몇 개 도시의 성과에 의존할 수 없다. 앞으로의 50년은 각각의 지역이 가진 고유한 힘을 어떻게 키워낼 것인가에 달려 있다. 로컬은 그 질문에 대한 가장 현실적이면서도 지속적인 해답이다.

6. 다시 지역으로, 다시 사람으로

이 책은 두 대학이 지역에서 경험한 실천과 탐구의 기록이지만, 동시에 앞으로 나아갈 방향을 보여주는 작은 지침이기도 하다. 지역을 다시 배우는 일은 도시를 이해하기 위한 작업을 넘어, 우리가 어떤 공동체에 속하고 어떤 나라를 만들어 갈 것인지에 대한 근본적 질문이다. 미래는 거창한 비전에서 시작되지 않는다. 작은 지역의 일상, 지역을 지키는 사람들, 새로운 실험을 시도하는 젊은 세대의 움직임 속에서 시작된다.

프롤로그에서 던진 질문은 여전히 유효하다. 그리고 이제 이 질문은 새로운 자리로 옮겨진다. "우리는 지역과 함께 어떤 미래를 선택할 것인가?" 그 답은 앞으로의 현장에서, 앞으로의 교육에서, 앞으로의 시민적 실천에서 조용히 쓰여갈 것이다.

2025년 12월

서울예술대학교 로컬콘텐츠 중점대학 사업단장

오준현

로컬이 답이다

로컬 프로젝트 러닝 Vol.01

초판 1쇄 인쇄 2025년 12월 23일
초판 1쇄 발행 2025년 12월 29일

지은이 박상희 오준현
펴낸이 김진상
책임편집 최윤영
디자인 최성경

펴낸곳 경희대학교 출판문화원
주소 서울시 동대문구 경희대로 26
전화 02-961-0106~8
팩스 02-961-0291
설립 1960년 9월 16일 제5-8호
등록 1977년 11월 8일 제6-5호
홈페이지 www.khupress.com
전자우편 press@khu.ac.kr

ⓒ 박상희 · 오준현, 2025

ISBN 978-89-8222-823-0 (03300)

본 교재는 교육부 및 경기도 지역혁신 중심 대학지원체계(RISE)
사업비 일부를 지원받아 개발하였습니다.